Weniger arbeiten, mehr leben

Hajo Neu, geb. 1966, ist geschäftsführender Gesellschafter einer PR-Agentur. Er arbeitet in einer Branche, in der Überstunden und Nachtschichten eigentlich selbstverständlich sind, ist aber in der Auseinandersetzung mit den Möglichkeiten von Sabbatical, Work-Life-Balance und Downshifting selbst zum überzeugten Downshifter geworden. Neu ist verheiratet und hat zwei Kinder.

Hajo Neu

Weniger arbeiten, mehr leben

Strategien für konsequentes Downshifting

Campus Verlag
Frankfurt/New York

Bibliografische Information der Deutschen Bibliothek

Die Deutsche Bibliothek verzeichnet diese Publikation in der
Deutschen Nationalbibliografie. Detaillierte bibliografische Daten sind
im Internet über http://dnb.ddb.de abrufbar.

ISBN 3-593-37221-5

© 2003 Campus Verlag GmbH, Frankfurt/Main
Umschlaggestaltung: Guido Klütsch, Köln
Umschlagmotiv: The Image Bank, München
Satz: TypoForum GmbH, Seelbach
Druck und Bindung: Mediaprint, Paderborn
Gedruckt auf säurefreiem und chlorfrei gebleichtem Papier.
Printed in Germany

Besuchen Sie uns im Internet: www.campus.de

Inhalt

**Der zweite Meilenstein:
Geld und Glück – Mehr Leben
ohne den alten Überfluss**

Der dritte Meilenstein:
Ihr neuer Job – Der Markt der Möglichkeiten!

Der vierte Meilenstein:
Entdecken Sie neuen Lebenssinn

Einleitung:
Glücklich ohne die Million

Was wäre, wenn Sie morgen 1 Million Euro auf dem Konto hätten? Steuerfrei, ohne jede Verpflichtung und völlig zu Ihrer freien Verfügung. Ein verlockender Gedanke, den sicherlich jeder von uns schon einmal hatte. Denken Sie ihn für einen Moment weiter. Sie wären reich, keine Frage – Sie müssten sich zumindest um materielle Dinge keine Sorgen mehr machen. Was wäre in so einem Fall mit Ihrer Arbeit, Ihrem derzeitigen Job? Würden Sie kündigen? Würden Sie ernsthaft mit dem Gedanken spielen, auszusteigen und Ihr bisheriges (Arbeits-)Leben komplett und für immer hinter sich zu lassen? Wahrscheinlich nicht.

Die meisten erfolgreich im Beruf stehenden Menschen antworten auf dieses Gedankenspiel Folgendes: »Ich würde nicht aufhören zu arbeiten. Aber ich würde etwas kürzer treten. Mich um andere Dinge kümmern, die mir wichtig sind. Wahrscheinlich hätte ich mehr Zeit für meine Familie, meine Freunde.« Um dann meist resignierend hinzuzufügen: »Aber was soll's, ich habe das Geld nicht, und der Job nimmt mich voll in Beschlag. Es geht eben nicht.« Und bei dieser Überlegung belassen sie es – Menschen, die einen ausgeprägten Wunsch nach mehr Lebenssinn und Lebensqualität verspüren. Deren Welt von Hektik und Alltagsstress und bisweilen vielleicht auch von Existenzangst geprägt ist, und die gerne mehr leben und weniger arbeiten würden – wenn sie nur genug Geld auf dem Konto hätten, um diesen Traum zu verwirklichen.

Was aber, wenn Sie das Geld gar nicht brauchen? Vergessen Sie die Million, am besten sofort. Sie müssen nicht reich sein, um sich den Wunsch nach einem Leben zu erfüllen, in dem Zeit für Ihre Partnerschaft, Ihre Familie und die Erfüllung einiger lang gehegter Träume bleibt.

Glückwunsch!

Sie gehören also auch zu denen, die es geschafft haben – Sie haben einen gut bezahlten, spannenden Job mit reichlich Sozialprestige, und der nächste Schritt nach oben auf der Karriereleiter ist selbstredend nur noch eine Frage der Zeit. Auf Ihrer Visitenkarte steht ein wohlklingender Titel, Sie telefonieren immer mit dem neuesten Handy, und möglicherweise stellt Ihnen die Firma einen anständigen Dienstwagen. Auf jeden Fall haben Sie eine Menge erreicht und genießen fraglos hohe Anerkennung durch Ihren Chef, Ihre Kollegen, Ihre Kunden. Eigentlich müsste es Ihnen verdammt gut gehen.

Nein? Fehlt etwas? Vermutlich ist es etwas, das nichts mit Ihrem Konto oder dem Firmenwagen zu tun hat. Denn Sie haben Opfer gebracht. Wenn Sie ein Mann sind, sind Ihre Kinder vielleicht drei, vier oder acht Jahre alt, und Ihnen ist schmerzlich bewusst, wie schnell sie groß geworden sind – ohne dass Sie ihnen dabei zusehen oder sie ein größeres Stück des Weges begleiten konnten. Wenn Sie eine Frau sind, haben Sie wegen der Karriere vielleicht ganz auf eine Familie verzichtet. Und Sie fragen sich manchmal, wie jene erfolgreichen Frauen »Kinder und Karriere« so perfekt unter einen Hut bringen, die regelmäßig in den einschlägigen Magazinen porträtiert werden. Wenn Sie Single sind, stellen Sie vielleicht fest, dass Sie außerhalb des Büros kaum noch Freunde haben. Vielleicht blicken Sie manchmal erstaunt auf alte Schul- oder Studienkollegen, die trotz ihres Berufs in der Lage sind, sich Zeit für Dinge wie Kino, Klavierspielen oder Kanufahren zu nehmen.

Auf jeden Fall sind Freizeit, Familie und Freunde ins Abseits geraten, und Sie leiden unter dem dummen Gefühl, dass Sie praktisch Ihr halbes Leben damit verbracht haben, dorthin zu gelangen, wo Sie heute stehen. Schlimmer noch: Sie wissen, dass das, was vor Ihnen liegt, keine große Veränderung in Bezug auf einen ganz bestimmten Punkt bringen wird – Lebensqualität, Lebenssinn.

Im Moment beschäftigen Sie sich fraglos mit einer Vielzahl interessanter Projekte. Sie entwickeln Marketingkampagnen, verwalten Firmenabschlüsse oder optimieren Systemprogramme. Spannend und herausfordernd das alles, keine Frage, wäre da nicht die bittere Erkenntnis, dass es

Wichtigeres im Leben gibt, als dem nächsten großen Deal hinterherzulaufen und den nächsten Karriereschritt zu planen. Denn Ihnen ist klar geworden, dass all diese Dinge nicht den gleichen Stellenwert haben wie ein Wochenende, das man nicht hinter dem Schreibtisch, sondern mit Freunden verbringt, wie das Engagement für ein soziales Projekt oder die Verwirklichung irgendeines verrückten Traums, den Sie schon in der Schule hatten – sei es, ein Boot zu bauen, einen Obstgarten anzulegen oder ein Buch zu schreiben. Mit einem Satz: Es ist die nüchterne Erkenntnis, dass Ihr so genanntes Leben nur noch um eines kreist – die Arbeit.

Von der Karriere-Autobahn aufs Abstellgleis

Vielleicht gehören Sie auch zu denjenigen, bei denen das Karriere-Pendel plötzlich brutal zur anderen Seite ausgeschlagen ist und die jetzt denken: »Na wunderbar, aber ich bin gefeuert worden. Ich wäre froh, wenn ich einen Job hätte!« Natürlich ist auch das ein mögliches Szenario: Dass Sie in diesen Tagen mehr oder minder unerwartet und fassungslos vor jenen zertrümmerten Teilen ihres Lebens stehen, die einmal eine vielversprechende Karriere waren. Vielleicht haben Sie die letzten Jahre geackert wie ein Irrer – selbstbewusst, energisch, aber stets auch mit dem Hintergedanken: »Es ist schließlich nicht für die Ewigkeit. Ich zieh das hier noch eine Weile durch und fahre den Job dann etwas herunter, um mich anderen Dingen zu widmen.« – Der berühmt-berüchtigte »Noch 'X' Jahre, dann steige ich aus«-Gedanke also, den Millionen Menschen jeden Tag im Stau oder in der überfüllten Straßenbahn auf dem Weg ins Büro haben. Und dann das. Ein Anruf, ein kurzes Gespräch, ein nüchtern verfasster Brief von der Geschäftsleitung: »Für Ihren unermüdlichen Einsatz möchten wir Ihnen trotzdem herzlich danken!«

Im Grunde ist es gar nicht so entscheidend, ob Sie in einem fordernden Job ihr Bestes geben und bis zum Umfallen arbeiten oder einen scharfen Einschnitt in der Karriere verkraften mussten und nun voller Verbitterung resümieren, dass der Einsatz der letzten Jahre ein Stück weit nutzlos war. Ihr Wunsch und alle Planspiele, die Belastung durch den Job zugunsten anderer Dinge herunterzufahren, scheint in weite Ferne gerückt zu sein. Der nächstliegende Gedanke ist: In so schwierigen Zeiten kann man unmöglich darüber nachdenken, weniger zu arbeiten. Die Devise jetzt kann nur lauten: Ärmel hochkrempeln und noch mehr Gas geben. Im Moment sind Sie deshalb wahrscheinlich drauf und dran, sich noch tiefer in die Tretmühle aus Dauerbelastung und Jobangst einzugraben – mit so vermeintlich guten Argumenten wie »Schließlich machen es alle so« oder »Noch ist die Zeit nicht reif, aber ich kann das Licht am Ende des Tunnels schon sehen!« Tatsächlich, es gibt ein schwaches Glimmen da ganz hinten. Und tröstlich ist allemal: Spätestens mit 65 (oder auch 70, je nachdem, wie groß die Löcher in den Rentenkassen tatsächlich sind) haben Sie es ohnehin geschafft. Aber wie viele Jahre wären das noch …?

Wie wäre es stattdessen, wenn Sie den Blick nicht auf die Straße richten, sondern auf das, was sich am Wegesrand abspielt. Wenn Sie versuchen würden, mehr von jenen Dingen in Ihr Leben aufzunehmen, die Sie aufbauen, und weniger von allem, was Sie belastet, vor allem in beruflicher Hinsicht. Wie immer Ihre persönliche Situation auch aussieht: Nehmen Sie sich die Zeit, und denken Sie für die Länge dieses Buches über eine Alternative nach – eine Alternative, in der die Arbeit einen kleineren, aber wesentlich feineren Teil im Leben einnimmt.

Zwischen High-Speed-Karriere und Existenzangst

Man mag es kaum glauben, doch es ist bittere Realität: Es gibt nicht wenige Menschen, die einen angesehenen, einträglichen Job haben, ein hohes Lebensniveau mit den üblichen Insignien des Erfolgs und materiellen Wohlstands, Menschen, von denen man gemeinhin sagt, dass sie »es« geschafft hätten, und die trotzdem nicht zufrieden sind. Die Gründe dafür sind vielfältig. Die Arbeitswelt, in der wir heute leben, ist abwechslungsreicher und spannender als jemals zuvor. Einerseits. Andererseits ist das Berufsleben um ein Vielfaches unberechenbarer und rücksichtsloser geworden, als dies beispielsweise noch zur Zeit unserer Eltern der Fall war. Niemand kann sich heute mehr darauf verlassen, ein Leben lang bei derselben Firma beschäftigt zu sein. Im Zeitalter von multinational agierenden Großunternehmen, von Mega-Fusionen und -Pleiten, ist es sinnlos, auf einen lebenslang sicheren Job zu spekulieren. Viele haben es bei Kollegen oder Bekannten bereits miterlebt oder sogar am eigenen Leib erfahren: Ein Arbeitsplatz, der heute noch sicher scheint, eine Karriere, die scheinbar steil aufwärts weist, geht morgen verloren, weil Mitarbeiter wegrationalisiert werden, das Unternehmen seinen Standort schließt oder schlichtweg Pleite geht. Gleichzeitig ist bei Angestellten des mittleren und höheren Managements der Kampf im und um den Job alltäglich geworden. Ständig erreichbar, ständig präsent, immer auf dem Sprung, wenn es um die nächste Herausforderung geht. Anstatt um halb sechs den Stift fallen zu lassen und den Rechner runterzufahren, hängt der durchschnittliche Ingenieur, Journalist, Werber oder Produktmanager heutzutage lieber noch ein oder zwei Überstunden dran, schließlich will man ja vorankommen und Karriere machen.

Es ist ein Teufelskreis: Immer mehr persönlicher Einsatz und Engagement sind gefordert für einen Arbeitsplatz, der doch nie sicher ist, und an dem stets die Angst präsent ist, eines Tages wegrationalisiert oder Opfer der nächsten Fusion zu werden. In der unausweichlichen Konsequenz steigen Zeit und Lebensenergie, die in den Beruf fließen, oft ins Unerträgliche. Und der Druck fordert seinen Tribut. Zu den Belastungen im familiären und sozialen Bereich kommen die üblichen Symptome eines stressigen Berufslebens: Abgespanntheit, Unausgeglichenheit, im schlimmsten Falle Krankheiten. Wie in einer Achterbahn bewegen sich die meisten von uns beständig zwischen zwei Extremen: In Hoch-Zeiten, in denen man buchstäblich alles gibt, steht die Karriere im Mittelpunkt des Lebens. Dann folgen die stets wiederkehrenden, konjunkturell schlechten Phasen, die nicht selten in Existenzangst münden. Anders gesagt: Entweder befinden wir uns mit Vollgas auf der Überholspur oder wir liegen mit Motorschaden auf dem Standstreifen und warten auf den Abschleppdienst.

Wege aus dem Hamsterrad

Auswege aus der alltäglichen Tretmühle gibt es reichlich, nur muss man sie aktiv suchen und gestalten. Denn die neue Arbeitswelt, die sich in den letzten Jahren rasant entwickelt hat, hält auch reichlich Chancen bereit – Chancen für die vielen Menschen, die einen Weg suchen, der sinnvoll und lebenswert in der Mitte zwischen den Extremen liegt.

Wie immer Ihre individuelle Situation auch aussieht, in einem Punkt können Sie sicher sein: Früher oder später erwischt es jeden, und der Wunsch, das Leben zu verändern und neuen Lebenssinn zu finden, wird drängender. Unterschiedlich sind allerdings die Konsequenzen, die die Menschen aus ihren Selbstzweifeln ziehen. Die einen wischen alle Bedenken zumindest zeitweise beiseite und beschließen, so weiter zu machen wie bisher. Und die anderen entschließen sich, ein anderes, ein neues Gleichgewicht zwischen Berufs- und Privatleben zu etablieren.

Sie als Leser dieses Buches gehören vermutlich eher zur letzten Kategorie. Sicher haben Sie sich schon einmal gefragt, wie es wäre, weniger zu arbeiten, eine Auszeit zu nehmen oder sogar »spätestens mit 50 ganz aufzuhören«. Soviel gleich zu Beginn: Der Traum vom Ausstieg mit 50 bleibt für die allermeisten Menschen leider auch nur einer – für immer. Unter den vielen, erfolgreich im Berufsleben stehenden Menschen, deren Biografien in dieses Buch einflossen, gab es keinen Einzigen, der oder die eine realistische Perspektive zur Verwirklichung dieses Traumes gehabt hätte. Der Grund ist relativ banal: Diejenigen, die mit 50 aussteigen möchten, schieben ihr Lebensproblem vor sich her, anstatt es zu lösen. Im ungünstigsten Falle verschlimmern sie ihre Job- und Lebenskrise nur noch und erkaufen sich den Traum durch noch mehr Arbeit und Stress in den Jahren, die die Vorbereitung des Ausstiegs erfordern. Nur um hinterher zu erkennen, dass sie tiefer im Schlamassel stecken als zuvor.

Die vernünftigere Alternative lautet deshalb: Beginnen Sie, Ihren Lebens- und Berufsstil in vielen kleinen Schritten zu verändern. Weg von Stress, Hektik und materiellem Überfluss – hin zu jenen Lebens-Werten, die bislang zu kurz kamen.

Ausstieg aus der Aufstiegsgesellschaft

Ein Begriff, der sich für diese schrittweise Veränderung des eigenen Lebens etabliert hat, lautet Downshifting. Downshifting meint nichts anderes, als einen oder mehrere Gänge herunterzuschalten, Druck und Ruhelosigkeit des beruflichen Alltags abzuschütteln und sich den Dingen zu widmen, die tatsächlich lohnens- und lebenswert sind. Vielleicht gehören Sie zu denjenigen, die mit den traditionellen Ratgebern zum Thema Work-Life-Balance wenig anfangen können. Der Grund könnte darin liegen, dass bei diesen Ansätzen häufig eines ignoriert wird: Für viele Menschen besteht das zentrale Lebensproblem nicht darin, dass sie unorganisiert sind, zu wenig verdienen oder keine Freunde finden. Es ist schlicht und einfach die gnadenlose Dominanz der Arbeit über den Rest des Lebens, die diese Menschen erdrückt.

Vielleicht ist deshalb die Downshifting-Idee der weitaus bessere Ansatz für Sie. Anders als bei den herkömmlichen Work-Life-Balance-Konzepten geht es dabei vor allem und zuerst um eines: Die Neudefinition Ihres persönlichen Verhältnisses zur Arbeit. Egal, ob Sie nun seit Jahren 50 oder mehr Stunden in der Woche schuften oder infolge einer Kündigung aus Pflichtgefühl von einem Headhunter zum nächsten hetzen: Sie bestimmen Rolle, Umfang und Bedeutung von Arbeit und Beruf in Ihrem Leben neu und gestalten in notwendiger Konsequenz auch viele andere Aspekte des Lebens mehr oder weniger stark um. Wie stark, das hängt alleine von Ihren Wünschen und Ihrer persönlichen Situation ab. Dabei hat Downshifting nur auf den ersten Blick etwas mit »weniger« zu tun. In Wahrheit geht es beim Downshifting-Ansatz vor allem um »mehr« – mehr von den richtigen und wichtigen Dingen, die bislang zu kurz kamen und die Ihr Leben bereichern. Downshifting bedeutet deshalb nicht, völlig mit dem Arbeiten aufzuhören. Downshifter sind keine Aussteiger im klassischen Sinne, es sind Umsteiger oder besser noch: Einsteiger. Sie wählen den Einstieg in ein anderes Leben. Es sind im Beruf erfolgreiche, positiv denkende Menschen, die ihre Probleme anpacken und denen klar geworden ist, dass ihr anspruchsvolles Arbeitsleben, ihr materieller Wohlstand und meist auch Überfluss teuer erkauft sind – durch den Verzicht auf ein Leben außerhalb der Arbeit.

Wobei Ihnen dieses Buch hilft

Weniger arbeiten, mehr leben soll Ihnen nicht einfach nur die Augen öffnen. Dieses Buch erzählt alles, was Sie wissen müssen, um den so genannten »High Pressure Lifestyle« mit seiner Geschwindigkeit und all seiner lebensraubenden Hektik hinter sich zu lassen. Es enthält detaillierte Checklisten und praktische Ratschläge, wie der Traum eines sinnreicheren Lebens Wirklichkeit wird. Von dem Zeitpunkt, an dem der Wunsch nach mehr Lebensqualität erwacht, bis hin zu den Schritten, in denen Sie Ihr Berufsleben verändern und nach Ihren eigentlichen Wünschen neu gestalten – mit allen Herausforderungen und Problemen, die dabei ebenfalls auftauchen können. So viel allerdings gleich vorweg: Der Weg dorthin ist vielgestaltig, ein Patentrezept gibt es nicht. Mithilfe von Fragen und Checklisten am Ende eines jeden Kapitels werden Sie deshalb Ihre persönlichen Bedürfnisse nach mehr Lebensqualität genau eingrenzen können. So werden Sie klären, wie ernst es Ihnen mit Ihrem »Projekt Downshifting« tatsächlich ist, und dass es durchaus sinnvoll sein kann, einen fertigen Plan auch dann schon in der Tasche zu haben, wenn Sie Ihr Leben nicht von heute auf morgen komplett verändern möchten.

In diesem Zusammenhang deshalb auch gleich folgender Hinweis: Ein neues Lebens-Gleichgewicht zu definieren und schließlich auch zu etablieren ist keine Sache von wenigen Tagen. Es braucht einiges an guter Planung und Vorbereitung. Und wenn Sie sich jetzt fragen, ob Sie dazu überhaupt in der Lage sind, dann sollten Sie wissen: Es sind genau die menschlichen Qualitäten gefordert, die Sie persönlich im Beruf bereits dorthin gebracht haben, wo Sie jetzt stehen, nämlich Entscheidungsfreude, Willenskraft und Optimismus. *Weniger arbeiten, mehr leben* ist deshalb für Menschen geschrieben, die es schon einmal geschafft haben – im Beruf. Und die sich nun einer neuen Herausforderung stellen möchten, die ihr Leben betrifft.

Downshifting besteht aus insgesamt vier Schritten, die wir Meilensteine nennen. Stellen Sie sich vor, Sie sind mit Ihrem Wagen auf der Karriere-Autobahn unterwegs. Ihr Ziel ist es, einen oder mehrere Gänge herunterzuschalten oder die Rennstrecke vielleicht sogar ganz zu verlassen. Bevor Sie so weit sind, geht es an die Vorbereitungen: Jeder Meilenstein bringt Sie Ihrem Ziel auf dem Downshifting-Weg ein großes Stück näher. Dabei müssen diese Markierungen nicht in jedem Fall Meilen voneinander entfernt sein; es ist gut möglich, dass Sie den einen Meilenstein schnell und unkompliziert erreichen, während die Reise zum nächsten etwas mehr Zeit kostet.

- Den *ersten Downshifting-Meilenstein* erreichen Sie, indem Sie zunächst den Abstand definieren, den Sie zu Ihrem bisherigen (Berufs-)Leben herstellen möchten. Sie klären, wie groß Ihr Veränderungspotenzial ist und wie weit Sie Ihr Leben tatsächlich neu definieren und verlangsamen möchten.
- Der *zweite Meilenstein* trägt die Inschrift »Geld und Glück – Mehr Leben ohne den alten Überfluss«. Sie erreichen ihn, indem Sie klären, auf welche materiellen Dinge Sie in Zukunft verzichten können, um sich so auch von geistigem Ballast zu befreien.
- Der *dritte Meilenstein* ist ganz Ihrem bisherigen und zukünftigen Beruf gewidmet. Es geht darum, Ihren Job auf ein vernünftiges und lebenswertes Maß zurechtzustutzen und notwendige Veränderungen für Ihre berufliche Zukunft zu planen.
- Anlässlich des *vierten und letzten Meilensteins* geht es schließlich darum, all das auf- und auszubauen, was in Ihrem Leben bislang unterrepräsentiert war. Je nachdem, zu welchen Ergebnissen Ihre bisherige Reise geführt hat, werden Sie den neu entstandenen Freiraum neu ausfüllen und Ihrem Leben neuen Sinn geben.

Am Ende dieses Buches finden Sie zu guter Letzt einen detaillierten Plan und eine neue »Straßenkarte«, mit deren Hilfe Sie Ihre Ziele auch sicher erreichen. Auf dieser Karte erkennen Sie die Lage der Meilensteine und die Entfernungen, die noch vor Ihnen liegen. Sie können Erfolge überprüfen, aber auch feststellen, ob Sie vielleicht zu weit vom festgelegten Weg abgewichen sind.

Sind Sie bereit? Die ersten Meter auf dem Weg zum ersten Downshifting-Meilenstein haben Sie bereits zurückgelegt!

Der erste Meilenstein:
Gewinnen Sie Abstand

1

»Mir reicht's!«

Jeder hofft, es möge nicht ihn erwischen, doch letztlich ist niemand sicher: Die Zeiten des ungetrübten Wachstums und der scheinbar niemals endenden Prosperität sind endgültig vorbei, die Jahre, in denen eine glanzvolle Karriere alleine das Ergebnis von Fleiß und Ausdauer war, damit ebenfalls. Den Erhebungen der Industrie- und Handelskammern zufolge wird sich die Phase der Konsolidierung und des schleichenden Arbeitsplatzabbaus auch in den nächsten Jahren unerbittlich fortsetzen. Jedes dritte Unternehmen in Deutschland will weiterhin Arbeitsplätze abbauen. Und im Unterschied zu den achtziger und neunziger Jahren trifft es diesmal auch die hoch qualifizierten und gut ausgebildeten Mitarbeiter im Management und in der Entwicklung – Ingenieure, Produktmanager, Juristen. Menschen, die über eine exzellente Ausbildung verfügen und die bisher glaubten, der Weg nach oben sei ohne Hindernisse.

Mittlerweile ist in vielen Firmen das Klima frostiger geworden. Die Herzlichkeit, der freundliche Umgangston, die hehren Ideen der neunziger Jahre, die im Zuge der kurzen New-Economy-Revolution aufflackerten – Gemeinschaft, Eigenverantwortung, gute Laune, denn heitere Menschen arbeiten einfach lieber – sind passé. Niemand redet heute mehr von einer Arbeitswelt, in der die Menschen fröhlich an gemeinsamen, großen Zielen arbeiten. Im Gegenteil: Selbst in Unternehmen, denen es gut geht, fragen sich die Mitarbeiter, wie sicher ihr Job noch ist. Und wem der neue Umgangston nicht passt, der kann ja gehen. Nicht nur die Globalisierung, auch das rasende Tempo der Entwicklungen verwandelt Unternehmen und die Art, wie die Menschen in ihnen arbeiten. Zusammenschlüsse und Fusionen, Änderungen der Firmen- und Marktstrategie, die Konkurrenz, die einfach schneller ist – wenn sich Marktbedingungen ändern, sind die Angestellten die ersten Leidtragenden. Dies gilt mehr denn je auch für die Informationstechnologie- und die Dienstleistungsbranche, die dem Wandel am härtesten unterworfen sind. Und es gilt für Spezialisten ebenso wie für Generalisten, auf jeder Ebene der Hierarchie. Bittere Konsequenz: Viele Mitarbeiter wissen heute nicht, wem sie morgen gehören. Ob ihr Arbeitsplatz sicher ist oder ob sie auf der Straße stehen werden.

Arbeitslosigkeit, Jobverlust, das waren für den gelernten Bankkaufmann und studierten Betriebswirt Markus Q. lange Zeit Dinge, die außerhalb seiner Welt stattfanden. Der 31-Jährige legte sein Diplom mit Auszeichnung ab, studierte in London und Genf. Als ihn schließlich eine Frankfurter Großbank im Investment-Bereich anstellte, war das für den ehrgeizigen Diplom-Kaufmann nur die logische Forsetzung seines bisherigen Lebensweges, auf dem es außer der Karriere bisher nicht viel gegeben hatte. Markus Q.s Misere begann im Sommer 2002 mit den Stellenstreichungen der Großbanken. Als auch in seiner Abteilung die ersten Kündigungs-Gerüchte aufkamen, wiegelte sein damaliger Chef noch ab und versicherte, sich für ihn einzusetzen – ein Versprechen, das genau zwei Wochen hielt. Dann kam das Kündigungsschreiben. Seine anschließende Phase der Wut und Selbstzerfleischung dauerte genau zwei Wochen, bis ihm endlich klar wurde, dass sein bisheriges Leben zu einseitig auf die Karriere fixiert war.

Dynamisch und flexibel

Nicht nur die äußeren Bedingungen, auch die Intensität unserer Beschäftigung hat sich dramatisch verändert. Noch vor 30 Jahren gehörten Menschen, die mehr als 50 oder sogar 60 Stunden in der Woche arbeiteten, zu den Ausnahmeerscheinungen – eine Randgruppe, weit abseits des Durchschnitts der arbeitenden Bevölkerung. Heute dagegen ist es selbst für Angestellte des mittleren Managements üblich, abends Überstunden zu schieben und am Wochenende Seminare und Fortbildungen zu besuchen. Dynamisch, flexibel und auch nach einem 12-Stunden-Tag noch bereit für ein forderndes Meeting – das sind die Vorgaben, die viele Unternehmen an ihre Mitarbeiter stellen. Und das ist das Selbstbild, das viele erfolgreiche Berufstätige von sich haben. Dabei merken wir lange Zeit oft nicht, welche Konsequenzen ein solcher Lebensstil hat. Der Druck und die tägliche Belastung sind mit Ende zwanzig und Anfang dreißig noch verkraftbar, oft spüren wir nicht einmal, wie Zeit und Energie unaufhaltsam von unserem Lebenskonto abgezogen werden. Doch spätestens mit 40 oder 50 Jahren schlägt das Pendel unerbittlich zurück. Dann nämlich, wenn es darum geht, so fit sein zu müssen wie ein Mittzwanziger – oder der Umwelt diese Kraft vorzuspielen.

Dass diese Belastungen nicht ohne Folgen für die körperliche Verfassung bleiben, versteht sich von selbst. Allzu häufig ist es die Gesundheit, die wir als Erstes auf dem Altar unseres beruflichen Daseins opfern. Gesundheitskiller Nummer eins ist der Stress, das heißt ständige Anspannung, Druck von außen und natürlich das Bestreben, stets erstklassig und fehlerfrei zu funktionieren. Die Folgen sind Nervosität, Abgespanntheit, Schlafstörungen und nicht selten auch Angst. Die fatale Konsequenz: Wer Herausforderungen nicht mehr als Chance, sondern als Bedrohung wahrnimmt, ist nicht nur unglücklich, sondern auch krankheitsanfälliger.

Was die Sache noch schlimmer macht: Menschen, die viel arbeiten, ernähren sich ungesund und treiben meist auch weniger Sport – die größten Risikofaktoren für die eigene Gesundheit. Eine Untersuchung des Instituts für Arbeits- und Sozialhygiene Stiftung (IAS) in Karlsruhe aus dem Jahre 2001 bescheinigt deutschen Führungskräften den gefährlichen Trend, sich selbst zu vernachlässigen: »Gerade in Phasen hoher beruflicher Belastung besteht eine Tendenz, die sportlichen Aktivitäten einzuschränken.« Und die Autoren der Studie folgern: »Dass dies erhebliche negative Konsequenzen sowohl hinsichtlich des kardiovaskulären Risikos als auch des Stressabbaus und des psychischen Wohlbefindens hat, wird durch neuere Untersuchungen unterstrichen.« Als Folge diagnostiziert das Institut, das jedes Jahr mehrere tausend Manager auf ihren Gesundheitszustand hin checkt, bei jedem dritten Untersuchten Bluthochdruck, Übergewicht oder erhöhte Blutfettwerte – allesamt erhebliche Risikofaktoren für Herz-Kreislauf-Erkrankungen, Infarkt oder Schlaganfall. Mit anderen Worten: Wer viel arbeitet, ist fatalerweise auch am ehesten bereit, zugunsten der Karriere auf die billigste und beste gesundheitsfördernde Maßnahme zu verzichten, die es gibt: regelmäßigen Sport. Die boomende Gesundheitsindustrie hat dies längst erkannt und bietet für jeden Geschmack und Geldbeutel das passende Programm, um gestresste Berufstätige in (falscher) Sicherheit zu wiegen. Ob Tai-Chi-, Töpfer- oder Paragliding-Kurse: Als Teilnehmer hat man für kurze Zeit das beruhigende Gefühl, der Hektik entflohen zu sein. Dauerhafte Veränderungen, gar ein veränderter, gesünderer Lebensstil werden dadurch jedoch fast nie bewirkt. Häufig geraten die frisch Therapierten schon kurze Zeit später erneut in die Tretmühle.

Zu den körperlichen Leiden kommt ein weiterer negativer Aspekt: Einseitig aufs Berufsleben fixierte Menschen laufen Gefahr, dass sich ernste Jobkrisen schnell zu ernsten Lebenskrisen ausweiten. Wer alles für die Karriere gibt und außerhalb des Berufs keine Haltepunkte hat, gerät in Gefahr, die schwache Balance vollends zu verlieren, sobald Rückschläge eintreten. Das kann ein vergeigtes Projekt, ein verlorener Auftrag oder auch nur ein Rüffel vom Chef sein. Wer solche Niederlagen nicht durch Erfolge außerhalb des Berufs ausgleichen kann, kommt über Rückschläge nur schwer hinweg und stellt mit dem (vermeintlichen) Versagen im Beruf auch gleich einen erheblichen Teil seiner Persönlichkeit infrage. Wer dagegen über ein von Psychologen so genanntes »selbstkomplexes Selbstbild« verfügt, kennt solche Probleme nicht. Denn selbstkomplexe Menschen definieren ihr Ich nicht ausschließlich über Job und Karriere, sondern ebenfalls über eine Vielzahl weiterer Identitäten: als sozial engagierte Menschen, als Familienväter und -mütter, als erfolgreiche Hobby-Künstler oder Sportler.

Am Anfang steht meist einfach nur Zeitmangel, wie bei Karen G., einer Werbe-Managerin aus Hamburg. Die 34-Jährige hatte eine Full-Speed-Karriere absolviert und sich in Rekordzeit von der Praktikantin zur Etat-Direktorin in einer großen Werbeagentur hochgearbeitet. Der Preis für ihren spannenden und gut bezahlten Job, aus dem die Power-Frau einen Großteil ihres Selbstbewusstseins zog: Zehn- bis Zwölf-Stunden-Tage, Wochenendarbeit, permanenter Stress und Druck von den Kunden. Was die sozialen und menschlichen Defizite betraf, ging es ihr nicht anders als vielen Kollegen: »Man sagt sich, mein Gott, ich mach das noch ein paar Jahre, dann spring ich ab auf einen ruhigeren Posten.«

Naturgemäß besitzt jeder Mensch eine ganze Reihe von unterschiedlichen Talenten und Fähigkeiten; eine wunderbare Vielseitigkeit, die in uns schlummert, die jedoch bei Menschen verkümmert, deren einseitiges Selbstbild nur die Karriere als Maßstab für Erfolg und Misserfolg kennt. Bittere Konsequenz: Eine kleine Niederlage im Büro wird zur großen Niederlage im Lebensentwurf.

Der arbeitende Mensch vor seiner größten Veränderung

Es klingt paradox, aber die Chance, eine positive Veränderung im persönlichen Arbeits- und Lebensstil herbeizuführen, liegt eben in der sich wandelnden Arbeitswelt, die Downshifting und damit einen anderen, vom Berufsstress befreiten Lebensstil für viele Menschen zu einer echten Alternative werden lässt. Der »Homo Laborans«, der arbeitende Mensch, steht vor einem Prozess fundamentaler Umgestaltung, nach Expertenmeinung der tiefgreifendste Wandel seit der industriellen Revolution.

Das konstante, beständige Arbeitsleben, das wir noch von der Generation unserer Eltern kennen, und damit auch der klassische Lebenslauf (Ausbildung, eventuell Uni, jahrelange Anstellung bei einem einzigen Unternehmen mit anschließender feierlicher Verabschiedung) werden schon bald endgültig der Vergangenheit angehören. Karriere, Job, Geld verdienen – all dies wird immer weniger eine Sache sein, die einfach stur in eine Richtung verläuft. Dagegen werden Arbeitsverhältnisse für viele von uns zu Zweckbündnissen auf Zeit. Es wird immer mehr begrenzte und kürzere Beziehungen zwischen Arbeitgeber und Arbeitnehmer geben, die so lange gelten, wie beide Seiten davon profitieren. An die Stelle von Festangestellten treten freie Mitarbeiter und Teilzeitbeschäftigte, an die Stelle von festen Abteilungen Projektteams, die so lange zusammen arbeiten, wie es der Auftrag erfordert. Job-Sicherheit und lebenslange Garantien gibt es nicht mehr.

Der Grund dafür ist einfach: Produkte werden in immer kürzeren Abständen auf den Markt geworfen, das technische Innovationstempo verlangt von Unternehmen, dass sie ihre Strategien und Marktauftritte in immer kürzerer Zeit verändern. Dem müssen die Anzahl und die Qualifikation der Mitarbeiter fortwährend angepasst werden. Wer jetzt glaubt, diese neue Art der Beschäftigung sei eine zeitweilige oder zyklische Erscheinung, irrt. Es handelt sich um einen langfristigen und tiefgreifenden Strukturwandel. Ein Trend, der nach Zukunftsmusik klingt, der aber in vielen Unternehmen und Bereichen bereits Realität ist.

»Interessant«, denken Sie jetzt vielleicht immer noch. »Aber mich betrifft das noch nicht. Mein Job ist sicher.« Das Statistische Bundesamt – wahrlich keine Institution, der man Panikmache oder einseitige Parteinahme vorwerfen könnte – hat in einer Umfrage zu diesem Thema, dem »Mikrozensus 2001«, ermittelt, dass die Zahl der Teilzeitbeschäftigten in Deutschland von April 1991 bis April 2001 um 44 Prozent von 4,7 auf 6,8 Millionen Menschen gestiegen ist. Die Zahl der Selbstständigen erhöhte sich in diesen zehn Jahren um 20 Prozent auf 3,6 Millionen. Die Anzahl aller Vollzeitstellen in Deutschland sank dagegen um 11 Prozent. Überzeugt? Die einfache Konsequenz, die jeder von aus dieser Entwicklung ziehen sollte: Das Berufsleben künftig flexibler und vor allem eigenverantwortlicher zu gestalten.

Erwarten Sie also besser keine bruchlose, strikt geradeaus gerichtete Karriere mehr, an deren Ende Ihnen Ihr Chef einen goldenen Füller überreicht und Sie in den wohlverdienten Ruhestand schickt. Stellen Sie sich stattdessen auf den Wandel und die neuen Bedingungen ein. Wenn Sie vorbereitet sind, kann Sie nichts überraschen. Und genau damit sind Sie bereits mitten im Thema Downshifting. Ein erfolgreich umgesetzter Downshifting-Plan bedeutet auch, dass Sie zu einem flexiblen und gleichzeitig unabhängigen Lebens- und Arbeitsstil finden: Flexibel im Job und unabhängig von den stark schwankenden Anforderungen und Beschäftigungsmöglichkeiten eines einzelnen Unternehmens. Personalberater sprechen in diesem Zusammenhang bereits von der »Patchwork-Karriere«: Ein Arbeitsleben, das auch mal seitwärts oder (scheinbar) rückwärts verläuft, das Sprünge und Umwege zulässt. Und das die Möglichkeit bietet, den Job individuell an das Leben anzupassen.

Gerade für Downshifter bieten also die Stürme, durch die wir augenblicklich segeln, zahlreiche Ankermöglichkeiten. Und wer den Wandel begriffen und sich auf mögliche Veränderungen eingestellt hat, kann von der neuen Arbeitswelt profitieren und wählt den günstigsten Zeitpunkt zum Downshifting selbst.

Die neuen Statussymbole

Die Gründe, den Weg zu wechseln sind dabei so vielfältig wie das Leben selbst und haben nichts mit einer besonderen Herkunft oder Ausbildung zu tun. Menschen, die beschließen, in ihrem Arbeitsleben einen oder mehrere Gänge herunterzuschalten, kommen aus völlig unterschiedlichen sozialen Schichten und haben völlig unterschiedliche Biografien. Sie hatten und haben alle ihre ganz persönlichen Gründe. Eines allerdings ist ihnen gemeinsam: Eine tiefgehende Unzufriedenheit mit dem bisherigen Lebensentwurf und das sichere Gefühl, mit einem Wechsel die Dinge zum Besseren zu verändern. Es sind Menschen, die erkannt haben, dass sie für ihr bisweilen ansehnliches Einkommen und den daraus resultierenden Lebensstandard einen zu hohen Preis zahlen, wie Stress und Krankheiten, gestörte Beziehungen, viele Stunden der Trennung von Partnern und Freunden, von Familie und Kindern.

Auch wenn Sie sich bisher noch nicht in einem der geschilderten Beispiele wiedergefunden haben – in Ihrem Wunsch nach mehr Lebensqualität haben Sie in jedem Fall prominente Fürsprecher. So rief vor gar nicht langer Zeit ausgerechnet in den USA einer der Hohepriester des Managements und Turbo-Kapitalismus zur inneren Einkehr auf: »Es gibt keinen Erfolg im Geschäftsleben, der ein Versagen im privaten Bereich kompensieren könnte!« gab der Dekan der Harvard Business School seinen Absolventen mit auf den Weg (*Wirtschaftswoche* Nr. 32/2000, S. 100 ff.). Auch in Deutschland suchen immer mehr erfolgreiche Menschen Auswege aus dem beschriebenen Dilemma. In einer Studie des Magazins *Wirtschaftswoche* aus dem Jahr 2000 zur »Elite der Zukunft« (Nr. 15 und 25/2000) erklärten mehr als 50 Prozent aller Manager unter vierzig Jahren, dass der Stellenwert der Familie »deutlich höher« liege als der von Beruf und Karriere und betonten gleichzeitig die Wichtigkeit eines ausgeglichenen Privatlebens. Der Grund ist: Gerade die jüngeren Berufstätigen haben häufig noch die Generation ihrer Eltern vor Augen, die sich von der Arbeit auffressen ließen. Ein Wertewandel findet also statt hin zu Familie und Freizeit als den neuen Statussymbolen. Die Menschen streben nach der Erfüllung ihres Lebens wieder in einem umfassenderen Sinn, anstatt die berufliche Karriere unbedacht zum alleingültigen Maßstab zu erheben.

Reif für die Entscheidung

Lebenskrisen werden von vielen Menschen gerne vorschnell als negative Erfahrungen abgetan, auf die man gut verzichten kann. Solche Überzeugungen stammen dabei meist von Leuten, die selbst noch nie durch eine echte Krise gegangen sind – und die nicht wissen, dass eine Krise ihren Nutzen und Sinn hat. Vergegenwärtigen Sie sich an dieser Stelle einmal kurz, was dies im Zusammenhang mit Wirtschaftskrisen bedeutet, von denen es gemeinhin heißt:»Nach den notwendigen Anpassungen und Restrukturierungen werden die gesunden Unternehmen aus dieser Krise gestärkt hervorgehen.« Dies ist ein Punkt, der auch in anderer Hinsicht noch von entscheidender Bedeutung sein wird: Was für Unternehmen gilt, gilt nämlich auch für die darin beschäftigten Menschen, mithin für Sie persönlich.

Krisen sind Chancen – Chancen, die man statt ins Grübeln zu verfallen und mit seinem Schicksal zu hadern aktiv nutzen sollte, um die persönlichen Ziele zu überdenken und nötigenfalls zu verändern. Radikaler ausgedrückt, kann eine Lebenskrise der längst überfällige Auslöser sein, sich endlich auf den Weg zu begeben, von dem man vielleicht schon seit längerer Zeit geträumt hat. Der Anstoß, sich zu dem Menschen zu entwickeln, der man immer sein wollte, bevor man sich durch irgendwelche Zufälle verleiten ließ, dem Lebensweg eine andere Richtung zu geben.

Das wohl populärste Beispiel in diesem Zusammenhang ist die so genannte Midlife-Crisis. Was immer Sie bis jetzt darüber gehört und gelesen haben: Die Midlife-Crisis ist nichts Schlimmes. Das bemerkenswert Dümmste daran ist allenfalls der Zeitpunkt, zu dem sie auftritt und wie wir sie (wenn wir sie denn bekommen) verarbeiten. Im Idealfall sollten wir unsere Midlife-Crisis spätestens mit Ende zwanzig hinter uns gebracht haben, um gestärkt und von Selbstzweifeln gereinigt das anzupacken, was wir vom Leben wirklich erwarten. Leider haben natürlich die wenigsten von uns in den Zwanzigern den Mut, das Selbstvertrauen und das Wissen, einen solchen, manchmal radikalen Schritt zu wagen. Stattdessen passen wir uns in allzu vielen Fällen den Wünschen unseres äußeren Umfelds an und das Unglück nimmt seinen Lauf. Eines sollten Sie deshalb um jeden Preis vermeiden: Nach der (oberflächlichen) Bewältigung einer Lebenskrise so weiter zu machen wie bisher. Verglichen mit einem Unternehmen könnte das bedeuten, dass Sie Ihre strukturellen Probleme weiter mit sich herumschleppen und spätestens beim nächsten Abflauen der Konjunktur erst richtig in Schwierigkeiten geraten.

Ein Auffahrunfall bei hoher Geschwindigkeit – so beschreiben viele Menschen den entscheidenden Moment, der bei ihnen der Auslöser war, ihr Berufs- und Privatleben zu überdenken und neu zu ordnen. Das Ende von Karen G.s »erster Karriere«, wie sie es heute nennt, begann mit dem überraschenden Tod ihres Vaters, der mit Mitte fünfzig an einem Schlaganfall starb. Bis dahin war der Architekt in vielen Dingen für seine Tochter ein nie ernsthaft hinterfragtes Vorbild: Er war wie sie ein ausgesprochener Workaholic, immer auf Achse, gönnte sich kaum einmal einen Urlaub und lebte stets im festen Glauben daran, nur ein unter Hochdruck arbeitender Mensch könne auch erfüllt und glücklich sein. Was für die erfolgreiche Werberin folgte, war ihre erste große Lebens- und Sinnkrise und eine weitreichende Entscheidung: Nicht sofort wieder auf den Karriere-Zug aufzuspringen, sondern sich endlich dem lange vernachlässigten Privat- und Freizeitleben zuzuwenden; mithin all jenen Aspekten, die bisher nie dazu ausersehen waren, in ihrem Terminkalender auf Prioritätsstufe »2« oder gar »1« vorzurücken.

▶ **Ihr Downshifting-Tipp:** *Auf die innere Stimme hören! Und wenn das nichts hilft: Das neutrale Urteil anderer Menschen zurate ziehen, die sich außerhalb des beruflichen Umfelds bewegen.*

Viele Menschen, die erkannt haben, dass im Beruf etwas falsch läuft, dass sie im Grunde weder mit ihrem Chef noch den Kollegen klarkommen, dass ihr Arbeitsplatz nicht mehr sicher ist, reagieren darauf zunächst mit Fassungslosigkeit, teilweise sogar Ohnmacht. Sie fühlen sich betrogen und sind wie gelähmt. Das führt nicht weiter. Denn wer sich selbst bedauert oder hasserfüllt auf seine Arbeit oder seinen Arbeitgeber starrt, kommt spätestens bei der nächsten Turbulenz erneut ins Trudeln.

Ganz gleich, ob Sie persönlich nun tatsächlich in einer ernsten Job- und Lebenskrise stecken und alles, wirklich alles hinschmeißen möchten oder einfach nur den Wunsch haben, einen halben Tag in der Woche weniger zu arbeiten, um Joggen zu gehen oder Ihren Kindern bei den Schularbeiten zu helfen: Zögern Sie nicht länger. Zufriedenheit mit sich selbst und dem eigenen (Arbeits-)Leben ist kein Zustand, der sich von alleine einstellt, sondern der geplant und gestaltet werden muss. Die Angst vor falschen Entscheidungen ist dabei völlig überflüssig, denn den Grad, die Intensität des Downshiftings und damit die Ausgestaltung Ihres neuen, veränderten Lebens bestimmen natürlich Sie selbst. Sie müssen nicht gleich ihren Job kündigen, das Auto verkaufen und das Handy in die Mülltonne werfen. Downshifting ist vielfältig, und nur Sie alleine können entscheiden, was für Sie passt. Und selbst wenn Sie noch keine konkrete Absicht hegen – einen Plan zu haben ist niemals verkehrt! Viele Menschen beginnen bereits bei den ersten Anzeichen beruflicher Un- zufriedenheit oder Unsicherheit, Szenarien für ein verändertes Arbeits- und Privatleben zu entwickeln. Denn eine fertig ausgearbeitete Alter- native kann wie eine gute Versicherung sein, die Sie unter Umständen niemals brauchen.

Den Downshifting-Kompass ausrichten

Kommen wir nun zu den ersten Vorbereitungen. Es gibt verschiedene Lebensbereiche, die sich mehr oder weniger stark verändern, wenn Sie es mit Downshifting ernst meinen und Ihr Berufsleben neu definieren:

- Ihre Finanzen und Ihr Konsumstil,
- Ihr Job und die Intensität, mit der Sie in Zukunft arbeiten werden,
- Ihre Freizeit und Ihre persönlichen Interessen,
- und schließlich auch die Erwartungen, die andere Menschen an Sie haben.

Die wichtigsten Fragen, die sich daraus ergeben und die Sie sich stellen müssen, sind: Wie und wo möchten Sie in Zukunft arbeiten, um Ihren Lebensunterhalt zu verdienen? Worauf können und wollen Sie verzichten – materiell wie ideell? Was werden Ihre Familie, Ihr Partner und Ihre Freunde zu Ihrem Entschluss sagen, und wie können Sie sie möglichst sinnvoll in Ihren Plan miteinbeziehen? Und schließlich: Was waren bisher die Momente in Ihrem Leben, in denen Sie sich besonders gut gefühlt haben? Wo Sie wussten: Jetzt tue ich genau das, was ich tun will! Darauf werden Sie aufbauen.

Vor all diesen Überlegungen aber müssen Sie zunächst die Frage klären, wie ernst es Ihnen tatsächlich ist mit dem Wunsch nach einem neuen Gleichgewicht zwischen der Arbeit und einem nach Ihren eigenen Bedürfnissen gestalteten Leben. Ob Sie wirklich reif für einen Spurwechsel sind oder ob Sie – auch das ist möglich – nur durch eine vorübergehende Phase beruflicher Frustration gehen. Anders gesagt: Im Moment rauschen Sie mit Tempo 180 inmitten einer Lawine von weiteren Fahrzeugen auf einer achtspurigen Autobahn dahin; Sie sind Teil einer hektischen, bisweilen auch aggressiven Welt, in der sich Erfolg und Lebensqualität fast ausschließlich über berufliche Leistung definieren. Halten Sie dieses Tempo und den damit verbundenen Stress weiter aus? Gehören Sie vielleicht zu den Typen, die auch auf der Überholspur noch in der Lage sind, per Handy ein Gespräch mit einem wichtigen Geschäftspartner zu führen und sich gleichzeitig in Gedanken ganz entspannt auf das anschließende Zusammentreffen mit ihrem Partner oder ihrer Partnerin vorzubereiten? Oder ist Ihr Frustrationspotenzial überschritten? Sollten Sie das Tempo verlangsamen und einen oder mehrere Gänge herunterschalten?

Bedenken Sie dabei auch Folgendes: Genauso wichtig wie der Wille, einen Wechsel einzuleiten, ist das klare Bewusstsein darüber, dass man einen Downshifting-Plan nicht vorschnell romantisieren oder gar ohne reife Planungen umsetzen sollte. Das könnte für kurze Zeit anregend und erholsam sein wie ein überraschender Urlaub, danach würden Sie jedoch mit hoher Wahrscheinlichkeit in die alte Mühle zurückfallen, ohne die wirklichen Ursachen bekämpft und beseitigt zu haben.

Der erste Test: Wenn der Job zur Lebensfalle wird

An dieser Stelle deshalb die Frage: Wie schlimm ist es um Ihren Job, um Ihre Arbeitszufriedenheit bestellt? Sind die Akkus so leer, dass Sie es nicht einmal mehr zur nächsten Steckdose schaffen? Das könnte der Fall sein, wenn Sie bereits seit Jahren in einer beruflichen Situation stecken, in der Sie weit mehr geben, als Sie zurückbekommen. Das klassische Symptom ist in solchen Fällen das berühmt-berüchtigte Licht am Ende des Tunnels, von dem wir glauben, es käme näher und näher, doch in Wahrheit handelt es sich um eine Fata Morgana. Damit wären Sie schlimmstenfalls bereits über das viel zitierte Burnout-Syndrom hinaus, weil Sie den Ernst der Lage schon gar nicht mehr wahrnehmen, und es wäre tatsächlich höchste Eisenbahn.

Die Fragen im folgenden Test ermöglichen es Ihnen festzustellen, ob alles nur halb so schlimm ist oder ob Sie Ihren Downshifting-Plan besser heute als morgen angehen sollten.

Test: Lesen Sie die nachstehenden Statements aufmerksam durch und entscheiden Sie ehrlich und wahrheitsgetreu, inwieweit sie auf Sie zutreffen. Nutzen Sie dafür ein einfaches Bewertungs-Schema:

- Für jede Aussage, die Sie mit »Das trifft voll auf mich zu« beantworten, notieren Sie 2 Punkte.
- Wenn Sie der Meinung sind, dass die jeweilige Aussage teilweise zutrifft, geben Sie sich 1 Punkt.
- Und für jeden Fall, bei dem Sie sagen, »Das kann ich von mir nicht behaupten«, gibt es 0 Punkte.

Aussage	Ihre Punktzahl
■ Sie haben das Gefühl, dass die Arbeit Sie emotional auslaugt, dass Sie wesentlich mehr geben, als Sie zurückbekommen.	
■ Sie haben das Gefühl, dass der ideelle wie materielle Beitrag, den Sie mit Ihrer Arbeit leisten, gering und im Prinzip wertlos ist.	

■ Sie spüren eine gewisse Hartherzigkeit im Umgang mit anderen Menschen – der Job hat Sie emotional härter gemacht, als Sie es eigentlich wollten.

■ Es ist Ihnen im Grunde gleichgültig, was mit der Firma, Ihrer Abteilung oder den Mitarbeitern passiert.

■ Sie haben immer häufiger das Gefühl, von Kunden oder Ihrem Chef vor Aufgaben gestellt zu werden, die Sie nicht bewältigen können oder möchten.

■ Sie haben das Gefühl, mehr tun zu müssen als Ihre Kollegen oder andere Leute in der Firma, die eine vergleichbare Position bekleiden.

■ Sie haben den Verdacht, dass man Sie einseitig und ungerechtfertigt für Probleme im Unternehmen verantwortlich macht.

■ Ihre Kunden oder die Leute, mit denen Sie im Job zu tun haben, sind für Sie keine ebenbürtigen Menschen mehr, für deren Wünsche Sie Verständnis aufbringen, sondern in erster Linie Problemverursacher.

Summe:

Auflösung: Wenn Ihre Gesamtpunktzahl zwischen 1 und 4 Punkten liegt, könnte es sich bei Ihrem Problem auch um eine Phase von vorübergehendem Jobfrust handeln. Halten Sie sich die kritischen Punkte noch einmal vor Augen: Handelt es sich dabei vielleicht um Dinge, die nicht das Ergebnis langfristiger Belastungen sind, sondern kurzfristig entstanden sind und sich ebenso schnell wieder auflösen lassen?

Ein Ergebnis von 5 bis 9 Punkten würde bedeuten, dass Ihre Nadel sich bereits dem Anschlag nähert – hier ist Hilfe dringend geboten, zumindest partiell. Auch wenn Sie wahrscheinlich nicht gleich Ihr gesamtes (Arbeits-)-Leben auf den Kopf stellen müssen: Sie sollten die Ursachen des Arbeits- und

Karrieredrucks erkennen, beseitigen und anschließend ein spürbares Mehr an Lebenslust gewinnen.

Jedes Ergebnis, das im zweistelligen Bereich – also von 10 Punkten an aufwärts – notiert, ist ein Alarmzeichen. Die Grenze Ihrer emotionalen Belastbarkeit in Sachen Arbeitsdruck ist nicht nur erreicht, sondern bereits stark überschritten. Auch hier heißt es: Beseitigen Sie das, was Sie bedrückt, und schaffen Sie sich neue Freiräume jenseits der Arbeit.

Grundsätzlich gilt dabei für alle Fragen: Wenn Sie auch nur einmal heftig mit dem Kopf genickt haben, ist es zumindest Zeit, punktuell etwa zu verändern. Sie sollten den Job wechseln, sich von Ihren Kunden und/oder Kollegen trennen, in Rente gehen – oder in Ruhe einen detaillierten Downshifting-Plan ausarbeiten.

Der zweite Test: Worin besteht Ihr Lebenssinn?

Vermutlich hat sich bei dieser ersten Analyse herausgestellt, dass es tatsächlich Verbesserungspotenzial in Ihrem (Arbeits-)Leben gibt. Das ist ein Hinweis in Richtung: Vom Gas gehen, vielleicht den nächsten Rastplatz ansteuern und einen Blick in den Autoatlas werfen. Wo sind wir hier überhaupt? Geht's weiter geradeaus? Oder sollten Sie die Autobahn besser mal verlassen? Und damit wären wir beim nächsten Punkt: Nun müssen Sie Ihren Downshifting-Kompass ausrichten – das heißt, Sie sollten am Ende dieses Kapitels nicht nur wissen, dass Sie herunterschalten möchten, sondern auch ungefähr, wie viele Gänge und in welche Richtung es anschließend gehen soll.

Nachfolgend finden Sie deshalb eine Reihe von Statements, die nicht nur Ihr bisheriges Arbeitsleben betreffen, sondern auch alle weiteren Lebensbereiche mit einbeziehen. Es handelt sich dabei um eine erste Übersicht. Alle diese Punkte werden wir in späteren Kapiteln noch genauer unter die Lupe nehmen. Zunächst geht es einfach darum herauszufinden, wie stark Ihr Wunsch nach einem veränderten und um belastende Aspekte reduzierten Leben tatsächlich ist.

Test: Das Prinzip der Punktevergabe ist das gleiche wie schon beim letzten Test:

- Jede Frage, die Sie mit »Trifft voll zu« beantworten, ergibt 2 Punkte,
- »Teils, teils« bedeutet 1 Punkt,
- »Trifft überhaupt nicht zu« 0 Punkte.

Notieren Sie sich die Gesamt-Punktzahl dabei getrennt für jeden einzelnen der nun folgenden vier Bereiche.

Berufliche Zukunft	**Ihre Punktzahl**
■ Haben sich Ihre Ziele und Ambitionen praktisch in Rauch aufgelöst? Haben Sie schon seit längerer Zeit das Gefühl, Ihre Karriere-Pläne seien wertlos, überflüssig oder in Wahrheit gar nicht zu erreichen?	
■ Haben Sie das Gefühl, dass es sich bei dem, was Sie beruflich tun, letztlich nur um Oberflächlichkeiten handelt? Gibt es nichts, was Sie auf längere Sicht mit besonderem Tatendrang erfüllt?	
■ Welches Bild haben Sie vor Augen, wenn Sie sich persönlich in zehn Jahren sehen? Ist es ein frustrierender Gedanke, eines Tages in die Fußstapfen älterer Kollegen oder Ihres Chefs zu treten?	
■ Haben Sie Angst um Ihren Arbeitsplatz? Gibt es Anzeichen dafür, dass in Ihrer Firma oder Ihrem Bereich umstrukturiert wird?	
	Summe:

Familie, Freunde, Partnerschaft	**Ihre Punktzahl**
■ Haben Sie keinen festen Lebenspartner weil Ihnen bislang schlichtweg die Zeit fehlte, eine stabile und erfüllende Partnerschaft aufzubauen?	

■ Hören Sie öfter Vorwürfe von Freunden, Ihrem Partner oder Ihrem familiären Umfeld, dass die Zeit mit ihnen zu kurz käme? Haben Sie vielleicht sogar das Gefühl, Sie seien zwar ein Sieger im Beruf, aber ein Versager im familiären/sozialen Bereich?

■ Haben Sie das Gefühl, dass Ihnen der Wechsel zwischen Berufs- und Familien- beziehungsweise Freizeitleben nur mit Anstrengungen gelingt? Wünschen Sie sich kontinuierlich mehr Zeit mit Ihrem Partner, der Familie und Freunden?

■ Haben Sie Angst, jemanden aus Ihrem nächsten Bekanntenkreis an sich heranzulassen, der oder die Ihnen die unangenehme Wahrheit sagen könnte, dass etwas Grundsätzliches in Ihrem Leben schief läuft?

Summe:

Freizeitleben	**Ihre Punktzahl**

■ Haben Sie außerhalb des Jobs nur wenige oder gar keine Freunde und Bekannte? Sind Sie manchmal vielleicht sogar froh darüber, nach der Arbeit niemanden sehen zu müssen?

■ Sind Ihre außerberuflichen Interessen, Hobbys und Freizeitbeschäftigungen dem Beruf klar untergeordnet? Haben Sie das Gefühl, dass Sie dauerhaft zu wenig Zeit für sich selbst, Ihre Freizeit und Ihre persönlichen Interessen haben?

■ Wenn Sie einmal freie Zeit haben, nutzen Sie diese Zeit, um zu konsumieren? Konsumieren Sie ausgiebig und um sich einen »Ausgleich« für beruflichen Stress zu schaffen? Haben Sie vielleicht sogar das Gefühl, der Job raubt Ihnen so viel Energie, dass Sie noch nicht einmal genug Zeit haben, Ihr hart verdientes Geld auszugeben?

■ Angenommen, Sie müssten durch eine längere Phase der Arbeitslosigkeit gehen. Auch wenn Sie diese Zeit finanziell möglicherweise locker überstehen könnten – wie sähe es mit außerberuflichen Tätigkeiten aus? Gäbe es wenige oder vielleicht sogar überhaupt keine Dinge, die Sie aufrichtig mit Freude erfüllen und mit denen Sie sich während einer solchen Auszeit beschäftigen könnten?

Summe:

Gesundheit und innere Ausgeglichenheit	Punktzahl

■ Leiden Sie unter Stress-Symptomen wie Nervosität, Gereiztheit oder Einschlafstörungen? Sind Sie vielleicht sogar besonders krankheitsanfällig?

■ Gehen Sie bereits morgens abgespannt und genervt zur Arbeit und sind auch tagsüber häufig erschöpft?

■ Verbringen Sie viel Zeit damit, sich in Tagträumen Ihre nächsten Urlaube auszumalen – womöglich, um während dieser Auszeiten dann auch noch frustriert festzustellen, dass sich die gewünschten Erholungseffekte nicht einstellen?

■ Treiben Sie wenig oder gar keinen Sport und weist Ihre Ernährung die typischen berufsbedingten Defizite auf – unregelmäßige und ungesunde Mahlzeiten, zu viel Alkohol und/oder Nikotin?

Summe:

Zugegeben, es war eine Aufzählung von reichlich vielen Negativ-Energien, mit der Sie sich da konfrontieren mussten. Trotzdem war dies ein sehr wichtiger Schritt, der Ihnen hilft einzukreisen, wohin die Reise in Zukunft gehen soll. Wohlgemerkt: Die Details sind dabei noch irrelevant – es geht einzig allein um die Tendenz, die Ihr Downshifting-Plan haben sollte.

Auflösung: Wenn Sie bei einzelnen oder sogar allen vier Fragekomplexen eine niedrige Punktzahl zwischen 0 und 2 erreicht haben, scheinen Sie Job und Zukunftsplanung, Job und Familie, Job und Freizeit gut unter einen Hut zu bringen. Ihre Defizite sind allenfalls punktuell zu bewerten, und Sie müssen Ihr Lebenskonzept sicherlich nicht komplett verändern, um eventuelle Mängel zu beheben.

Dort, wo Sie im mittleren Bereich, also zwischen 3 und 5 Punkten liegen, sind Ihre eigenen Bedürfnisse inzwischen in den Hintergrund getreten – Berufs- und Privatleben harmonieren nicht mehr miteinander, und Sie sollten gezielt daran arbeiten, diese Defizite zu beheben.

Wenn Sie in einem oder mehreren Bereichen 6, 7 oder sogar 8 Punkte erreicht haben, besteht größter Handlungsbedarf. In diesem Fall wird Ihre gesamte Lebensenergie in hohem Maße von der »Job- und Karriere-Energie« aufgezehrt. Ihre durch die Arbeit verursachte Unzufriedenheit beeinträchtigt mittlerweile sämtliche Lebensbereiche. Offenbar ist Ihnen das Gespür für Ihre eigenen Bedürfnisse und ein sinnerfülltes Leben schon sehr weitgehend abhanden gekommen, und Sie sollten einige tiefgreifende Veränderungen angehen.

In welche Richtung zeigt die Kompass-Nadel?

Der weitere Weg ist klar: Die obigen Fragen und Statements haben Ihnen gezeigt, wie groß Ihr Downshifting-Potenzial bei jedem einzelnen der vier Komplexe ist. Da, wo die Nadel jeweils am stärksten ausgeschlagen hat, müssen Sie am intensivsten ansetzen. Sei es, dass Sie sich um einen neuen Job bemühen, den Beruf wechseln, sich stärker Ihrer Familie widmen oder mehr Zeit für sich selbst einplanen. Notieren Sie Ihre Ergebnisse für alle vier Bereiche. Diese Resultate sollten Sie bei allen nun folgenden Meilensteinen stets im Hinterkopf behalten. Am besten lassen Sie Ihre Antworten nach einem ersten Durchgang für einige Zeit liegen, bevor Sie sie erneut überprüfen. So können Sie am besten feststellen, ob die Unzufriedenheit mit Ihrem Arbeitsleben weiter fortdauert oder ob Sie nur durch eine kurze Phase von beruflicher Frustration gegangen sind.

Natürlich kann das Ergebnis durchaus ambivalent und mehrdeutig ausfallen. Vielleicht stellt sich heraus, dass Ihr Job Sie ermüdet und erschöpft und zu viel von Ihnen abverlangt – Sie aber glücklich sind mit dem, was Sie tun und wie Sie es tun. Dies wäre ein geradezu klassisches Dilemma unserer Tage; eines, unter dem außer Ihnen vermutlich noch Millionen anderer gestresster Menschen leiden. In diesem Falle wäre die Lösung Ihres Downshifting-Problems recht einfach. Sie könnte darin liegen, mit Ihrem Chef/Ihrem Unternehmen flexiblere Arbeitszeiten zu vereinbaren, ein Home Office einzurichten oder ab und an eine Auszeit zu nehmen.

Ist es schlimmer? Sind Sie bereits so weit von Ihren eigentlichen Zielen abgerückt, dass Sie eigentlich alles hinter sich lassen möchten? Vielleicht sollten Sie in einem solchen Fall tatsächlich die Reißleine ziehen und sich nicht nur einen neuen Job, sondern gleich einen neuen Beruf suchen. Welche Lösungen es im Einzelnen gibt und auch mit welchen Argumenten Sie sich wappnen sollten, bevor es zu einem Gespräch mit dem Arbeitgeber kommt, erfahren Sie beim Erreichen des dritten Meilensteins.

Ganz gleich, wie bescheiden die ersten Schritte und Lösungsansätze auch aussehen mögen: Sie können der Beginn von wesentlich weitreichenderen Plänen sein – sei es, weil sie noch nicht den gewünschten Erfolg brachten, sei es, weil Sie Ihren Downshifting-Plan erst einmal auf einer sicheren Basis austesten wollten, sei es, weil Sie Gefallen an der ganzen Sache gefunden haben und mehr wollen!

Falls Sie am Ende dieses Kapitels noch immer unsicher sind, was Ihre künftigen Pläne angeht, so stellen Sie sich zwei weitere Fragen, die Ihre Ausgangssituation auf den Punkt bringen sollten:

Fühlen Sie sich dank Ihres Berufs als ausgeglichener, vollwertiger Mensch? Haben Sie in Ihrem jetzigen Beruf Ziele, deren Verwirklichung Sie mit aufrichtiger Freude erfüllt? Oder haben Sie das sichere Gefühl, dass Ihnen mit jedem Tag bei der Arbeit ein Stück wertvoller Lebenszeit genommen wird? Zeit, die Sie gerne anders verbringen würden? Haben Sie das sichere Gefühl, dass einige Ihrer Talente brachliegen, die Sie gerne nutzbar machen möchten? Sehen Sie keinen echten Sinn mehr in dem, was Sie tun? Denken Sie, dass Sie in Ihrem bisherigen Leben nicht Sie selbst gewesen sind?

Wenn Sie auch nur bei einem dieser Punkte stutzig geworden sind und gedacht haben »Ja, das könnte auf mich zu treffen«, wäre Downshifting für Sie eine echte Alternative. In diesem Falle sollten Sie Ihr bisheriges (Arbeits-)Leben komplett überdenken mit dem festen Ziel, künftig ein anderes, besseres Gleichgewicht zwischen Beruf und Privatleben zu verwirklichen.

Für die besonders hartnäckigen Fälle, die sich noch immer schwer damit tun, Klarheit über ihr Downshifting-Potenzial zu gewinnen, empfiehlt sich eine letzte, wirksame Methode: Fragen Sie sich, wie Sie Ihr Leben führen und gegebenenfalls umgestalten würden, wenn Sie wüssten, dass Sie nur noch drei, vier oder fünf Jahre zu leben hätten. So dramatisch diese Frage auf den ersten Blick auch scheint, sie eignet sich hervorragend, um ernsthaft zu ergründen, was Sie wirklich von Ihrem Leben erwarten.

Werfen wir abschließend noch einmal einen Blick in den Rückspiegel: An erster Stelle stand die Einschätzung, wie stark die Grenze Ihrer beruflichen Belastbarkeit tatsächlich überschritten ist. Als zweiten Punkt sollten Sie geklärt haben, in welche Richtung(en) Ihre Kompass-Nadel ausschlägt. Um beim Bild mit dem Wagen zu bleiben: Noch rasen Sie auf der Autobahn dahin und haben kaum einen Blick für das, was sich am Wegesrand abspielt. Am Ende dieses ersten Kapitels sollten Sie allerdings Gewissheit darüber erlangt haben, dass Sie wirklich abbremsen und die Spur wechseln möchten. Mit welchen Vorbereitungen Sie das Bremsmanöver am besten ausführen und auf welche Spur genau Sie schließlich abbiegen – darum geht es in den folgenden Abschnitten.

2
Downshifting für jeden Typ:
Den Spurwechsel vorbereiten

Den wichtigsten Schritt auf dem Weg zu Ihrem ersten Meilenstein haben Sie nun getan. Sie haben beschlossen, dass es Zeit für eine Veränderung ist oder wissen zumindest, dass Sie ein alternatives Szenario zu Ihrem bisherigen (Arbeits-)Leben entwickeln möchten. Natürlich sind Sie noch nicht hundertprozentig sicher, wie es weitergehen soll. Vielleicht zögern Sie auch noch. Das wäre kein Wunder – schließlich geht es darum, Ihr Leben tiefgreifend zu verändern. Sie sollten sich allerdings im Klaren darüber sein, dass zu viel Zögerlichkeit Ihren Plänen schnell ein Ende bereiten kann. Die Sache ist eigentlich recht simpel: Fast jeder kommt irgendwann einmal an den Punkt, wo er oder sie – aus den unterschiedlichsten Gründen – die Brocken hinschmeißen möchte. Viele Menschen neigen in solchen Fällen allerdings dazu, abzuwarten oder den unangenehmen Zustand, wenn auch widerstrebend, zu akzeptieren. Und was die Sache noch schlimmer macht: Sie schieben äußere Faktoren als Ausrede für ihre persönliche Lethargie vor, anstatt zuzugeben, dass es in Wahrheit innere Widerstände sind, die sie an einer Änderung hindern.

Gerade im Berufsleben ist die Leidensfähigkeit vieler Menschen beklagenswert stark ausgeprägt. Dieselben Menschen, die keine Mühen scheuen, wenn es darum geht, eine Urlaubsreise zu reklamieren, weil das Wasser im Hotel-Pool nicht die richtige Temperatur hatte, schlagen sich lieber jahrelang mit einem cholerischen Chef herum oder leiden Qualen, weil ihre Talente nicht gefördert werden, anstatt aktiv eine berufliche Veränderung herbeizuführen. Nach einer Umfrage des Emnid-Instituts aus dem Jahr 2002 unter 100 Personalberatern sind drei Viertel aller potenziellen Umsteiger beispielsweise nicht bereit, für einen neuen Arbeitsplatz oder einen beruflichen Wechsel einen Umzug auf sich zu nehmen. Und das sind die Hauptgründe für diese Ablehnung: 93 Prozent der Befragten gaben an, dass sich dann der Partner ebenfalls eine neue Stelle suchen müsste. 83 Prozent wollen sich nicht von ihrer derzeitigen Wohnung oder dem eigenen Haus trennen. Fast 50 Prozent haben Angst davor, den alten Freundeskreis aufgeben zu müssen. Man könnte es auch drastischer ausdrücken: Das komplette Arrangement an Hindernissen setzen sich die befragten Personen selbst. Es sind Barrieren, die im Kopf existieren – und sonst nirgends. Die positiven Konsequenzen eines Jobwechsels oder auch einer Zweitkarriere werden dabei gar nicht erst in Betracht gezogen.

Der Grund dafür ist ebenso banal wie tragisch: Bequemlichkeit. Man hat sich gewöhnt – an die behagliche und gemütliche Regelmäßigkeit, in der das eigene Leben verläuft. Auf der anderen Seite nimmt man dafür eine ganze Reihe von Unannehmlichkeiten in Kauf: Einen Job, der nicht befriedigt, Menschen, die man im schlimmsten Falle nicht mehr erträgt, Talente und Fähigkeiten, die verkümmern. Im schlimmsten Falle heißt es dann: »Ich würde ja gerne, aber mir fehlen die Möglichkeiten.« Und genau das ist der Irrglaube. Die Leibeigenschaft ist in Deutschland seit langem abgeschafft. Niemand ist gezwungen, sein Leben lang mit einer Arbeit zuzubringen, die ihn unglücklich macht.

Was bedeutet das für Sie? Wenn Sie das sichere Gefühl haben, dass Downshifting und damit ein veränderter Lebens- und Arbeitsstil das Richtige für Sie sind, sollten Sie Ihr Vorhaben auch konsequent vorantreiben. Viele Menschen hören leider nicht auf ihre innere Stimme, weil sie Angst davor haben, was andere dazu sagen könnten. Diesen Fehler sollten Sie nicht begehen: Folgen Sie Ihrem Wunsch, Ihrem Gefühl, schließlich kennen Sie sich selbst am besten. Mit der nötigen Vorbereitung und den richtigen Entscheidungen wird Ihr Downshifting-Plan gewiss auch zum gewünschten Erfolg führen. Der Preis, den Sie dafür zahlen, ist anfangs eine mehr oder minder große Unsicherheit. Es ist dieselbe Unsicherheit, die Sie verspürten, als Sie bei Ihren Eltern auszogen, den ersten Job annahmen oder schon einmal den Sprung zu einem neuen Arbeitgeber wagten. Nichts Neues also. Deshalb: Entweder Sie packen es jetzt – oder lassen es für alle Zeiten sein. Und ärgern sich morgen früh auf dem Weg ins Büro mal wieder schwarz.

Jörg D. war so etwas wie der Idealtypus des erfolgreichen New-Economy-Managers. Mit Anfang dreißig, belastbar und kreativ, stieg er bei einer der ersten deutschen Multimedia-Agenturen als Kundenberater ein. Was dann folgte, war ein unvergleichlicher, kometenhafter Aufstieg bis hin zum Börsengang des einstigen Fünf-Mann-Unternehmens. Die Zukunft schien golden: ewiges Wachstum, ein fürstliches Gehalt, jede Menge Stock Options – und Arbeit bis zum Anschlag. Der Druck vom Vorstand, der Druck, unter den er sich selbst setzte, die stetig wachsenden Ansprüche der Kunden, all das hinterließ jedoch seine Spuren. Der frühere Handballer fing an zu rauchen, aß Schokoriegel anstelle richtiger Mahlzeiten und kippte abends vor dem Einschlafen ein paar Drinks, um den Stress des Tages abzuschütteln. Und stets sagte er sich: Irgendwann hat das alles ein Ende. Das Ende kam tatsächlich. Es war der Tag, an dem er buchstäblich vom Stuhl kippte und per Notarzt in die Klinik gebracht werden musste. Diagnose: akutes Herz-Kreislauf-Versagen. Als er nach ein paar Tagen wieder auf dem Damm war und zurück in die Firma wollte, nahm ihn der behandelnde Arzt gehörig ins Gebet. Dessen vernichtendes Urteil: Noch vier, maximal fünf Jahre, wenn er im selben Tempo weitermachen würde. 24 Stunden später reichte Jörg D. die Kündigung ein und entmottete gleichzeitig seine alten Sportutensilien.

▶ **Sein Downshifting-Tipp:** *Warnsignale frühzeitig beachten und hellhörig werden, wenn sich berufsbedingt immer mehr schädliche Gewohnheiten ausprägen.*

Die Auslöser, die Menschen zu einer radikalen Kehrtwende veranlassen, sind individuell völlig unterschiedlich. Wenn aber auch Sie reichlich Anlass zu einem solchen Schritt sehen, dann sollten die einzig zulässigen Zweifel, die Sie jetzt noch haben, Ihren Weg und die detaillierte Ausgestaltung Ihres Downshifting-Plans betreffen. Vielleicht sind Sie noch nicht sicher, ob Sie Ihrem bisherigen Job komplett den Rücken kehren möchten, oder ob Sie vorerst nur eine Teilzeitkarriere anstreben. Vielleicht scheuen Sie auch davor zurück, sich endgültig von Ihrer Karriere zu verabschieden. Kein Problem: Keine Entscheidung wird für die Ewigkeit gefällt. Niemand hindert Sie daran, die nötigen Sicherungen einzubauen, um nach ein oder zwei Jahren sagen zu können »Ich gebe wieder Gas!« Genau darum geht es in diesem Kapitel: Herauszufinden, welcher Weg und welche Downshifting-Intensität für Sie persönlich infrage kommen.

Runter vom Gas, aber wie stark?

Ein weniger stark von der Arbeit dominierter und dafür erfüllenderer Lebensstil kann für jeden Menschen eine sinnvolle und vor allem durchführbare Alternative sein. Der Wunsch danach bedeutet allerdings nicht automatisch, dieses Ziel auch problemlos zu erreichen. Falsch vorbereitet kann ein solcher Traum schnell zum Albtraum werden. Das Worst-Case-Szenario nach einem schlecht durchgeführten Wende- oder Haltemanöver könnte so aussehen, dass Sie die wichtigsten Haltepunkte in Ihrem Leben verloren haben, Ihrem Job nachtrauern und materiell wesentlich schlechter dastehen als vorher. Im Moment befinden Sie sich noch in voller Fahrt auf einer achtspurigen Autobahn. Was Sie jetzt auf keinen Fall tun sollten, ist eine Vollbremsung vorzunehmen, auf dem Seitenstreifen stehen zu bleiben und inmitten des rauschenden Verkehrs nach Ihrem neuen Leben Ausschau zu halten. Das könnte gefährlich werden.

Alles hängt davon ab, ob Sie die Ihren persönlichen Lebensumständen entsprechende Balance finden. Und bevor Sie loslegen und konkrete Maßnahmen ergreifen, sollten Sie sich folgende Frage stellen: Wie stark will ich mein Leben tatsächlich verändern und welcher Lebensstil ist für mich persönlich eine realistische Perspektive?

Die folgenden Abschnitte geben Ihnen die Gelegenheit, das eigene Bedürfnis nach mehr Lebensqualität konkreter zu bestimmen und schrittweise die persönliche Ideallinie auf dem Weg dorthin herauszuarbeiten. Dabei gibt es zwei wichtige Bereiche, die Sie als Erstes zu beleuchten haben und die unmittelbar miteinander verknüpft sind:

- Ihren Job,
- Ihre Finanzen.

Anders gesagt: Vielleicht genügt es Ihnen ja, wenn Sie mit Ihrem Wagen einfach die Spur wechseln und ein wenig das Tempo drosseln. Oder Sie sind der Typ, der am Ende sein Auto ganz verkauft und stattdessen aufs Fahrrad umsteigt. Um das herauszufinden, müssen Sie sich zunächst ein paar Gedanken über sich selbst machen – über die Frau oder den Mann hinter dem Steuer.

Vom modernen Arbeitsethos

Machen wir uns nichts vor: Natürlich besteht die Gefahr, dass Sie mit Ihrem Wunsch nach weniger Arbeitsbelastung völlig schief liegen. Dass Sie ein unverbesserlicher Workaholic sind, der oder die ohne Karriere und Kollegen gar nicht leben kann. Im Moment jedenfalls bewegen Sie sich noch in einer schnellen, bisweilen aggressiven Welt voller Hektik und täglich neuen Herausforderungen. Sie sind rund um die Uhr gefordert, bekleiden eine wichtige Position in einem mächtigen Unternehmen, und häufig genug lässt Ihnen Ihr Job kaum Zeit zum Nachdenken. Sie befinden sich auf der äußersten, der Überholspur, wo es – das wissen wir alle – gehetzt und manchmal auch kopflos und ruppig zugeht. Verblüffenderweise ist es jedoch genau das, was viele Menschen schätzen und brauchen, ohne sich dessen überhaupt hinreichend bewusst zu sein: Eine Aufgabe, die sie bis an die Grenzen fordert, inmitten einer Organisation, die sie teilweise bis über das Erträgliche hinaus einbindet.

Ursache dieses Dilemmas ist das, was wir gemeinhin »Arbeitsethos« nennen; eine Einstellung, die Ergebnis unserer Erziehung und folglich tief in der Psyche der meisten Menschen verwurzelt ist. Das moderne Arbeitsethos besagt: Wer glücklich und geachtet sein will, rückt den Job in den Mittelpunkt seines Lebens. In der Konsequenz heißt das: Wer wenig arbeitet, ist wenig wert – wer viel arbeitet, umso mehr. Der Status im Job gilt weithin als gleichbedeutend mit dem Status im Leben. Gerade bei Männern ist das Arbeitsethos besonders stark ausgeprägt. Sie sehen sich selbst in der Rolle des Jägers, der morgens in den unbarmherzigen Dschungel aufbricht, um sich gegenüber einer feindlichen Umwelt zu behaupten, zu kämpfen und Beute zu machen. Auch die Art und Weise, wie andere uns einschätzen, folgt häufig unmittelbar aus dem, was wir in der Arbeitswelt repräsentieren. Als Kinder werden wir von den Erwachsenen zuerst gefragt: »Und was willst du später einmal werden?« Später steht man dann auf Partys beisammen, macht sich bekannt und fragt sich wieder: »Und was machen Sie beruflich?«

Nadine B. war leitende Managerin in einem Wellness-Hotel an der mecklenburgischen Ostseeküste. Die 38-jährige Mutter von zwei Kindern verfügte zusammen mit Ihrem Mann über ein Jahreseinkommen von mehr als 100 000 Euro und vom Auto bis zum Haus über alle denkbaren Insignien des Erfolgs. Der Preis für den anspruchsvollen Lebensstil war: Zwölf bis vierzehn Stunden täglich Dienst am Kunden, freundlich sein, lächeln und stets so tun, als sei man selbst im Urlaub. Doch dann kam der Tag, an dem sich die alten Investoren verabschiedeten. Obwohl es keinen Grund gab, Nadine B.s Leistungen zu bemängeln, ließ das neue Management keinen Zweifel daran, dass man die entscheidenden Positionen nur mit Leuten aus den eigenen Reihen besetzen wollte. Zwei Wochen später hatte sie einen neuen Chef vor der Nase sitzen und wusste, dass sie gehen musste. Die dann folgende, mehrmonatige Auszeit war entgegen ihren ursprünglichen Befürchtungen keineswegs ein Unglück, sondern ein Hochgenuss. Zum ersten Mal seit Jahren hatte sie wieder Zeit für all die Beschäftigungen, die bei einem anspruchsvollen Job sonst zu kurz kommen. Und sie fasste den Entschluss, ihre Zukunft, ihren gesamten Lebensplan neu zu überdenken.

▶ **Ihr Downshifting-Tipp:** *Regelmäßige Auszeiten nehmen, in denen man den eigenen Lebensweg überprüft.*

Auch wenn einiges darauf hindeutet, dass sich dieses traditionelle Bild langsam zu verändern beginnt – noch immer ist es schwer vorstellbar, dass etwa ein Mann von Ende dreißig, der in Teilzeit arbeitet und seine Kinder erzieht, gesellschaftlich die gleiche Anerkennung genießt wie ein erfolgreicher Manager, der in einem angesehenen Unternehmen eine Abteilung mit hundert Mitarbeitern leitet – auch wenn Letzterer möglicherweise so stark unter Stress leidet, dass er nur noch die Tage zählt, bis er endlich »aussteigen« kann. Und das ist kein Wunder: Das hehre Bild von der Fach- und Führungskraft, die bei bester Laune ackert wie am Fließband und stets für das Unternehmen da ist, haben wir alle über die Jahre aufgebaut und fleißig gepflegt. Die Erkenntnis, dass es mit weniger Arbeit vielleicht auch geht, dass ein Manager auch mal um vier gehen, von zu Hause aus arbeiten oder gar seine Arbeitszeit reduzieren darf, ohne dass gleich der ganze Betrieb zusammenbricht, lässt sich da nicht von heute auf morgen durchsetzen.

Genau das ist eine oft unterschätzte Konsequenz von Downshiftern, von Menschen, die ihr Leben verändern oder neu ordnen möchten: Wer sich – ganz oder teilweise – von seinem Beruf löst, verliert zunächst fast zwangsläufig einen gewissen Teil seiner Identität, seines bisherigen (auf die berufliche Sphäre beschränkten) Lebenssinns. Hinzu kommt, dass er oft einem erheblichen sozialen Druck ausgesetzt ist. Erfolgreiche Downshifter kompensieren diesen Druck und ersetzen den anfänglichen, mehr oder minder großen Verlust der beruflichen Identität durch andere Tätigkeiten und die Entfaltung bisher vernachlässigter Fähigkeiten – das ist schließlich der Sinn, der hinter dem ganzen Vorhaben steht. Nicht in jedem Falle funktioniert dies allerdings völlig reibungslos. Auch wenn es dramatisch klingt: Es gehört Stärke dazu, um fünf den Rechner herunterzufahren, wenn alle anderen noch arbeiten, und es gibt Arbeitspsychologen, die die Loslösung von einer High-Speed-Karriere mit einem Drogenentzug vergleichen.

Gerade für diejenigen, die Downshifting eigentlich am nötigsten hätten – gut ausgebildete Menschen im »besten Karrierealter« – ist es häufig am schwierigsten, sich vom gewohnten (Arbeits-)Leben zu trennen oder davon auch nur in Teilbereichen Abstand zu nehmen. Zu offensichtlich widerspricht dies der landläufigen Meinung, die da lautet: Wer zwischen Ende zwanzig und Mitte vierzig im Job nicht anständig Gas gibt, für den ist der Karriere-Zug abgefahren. Umso schwerer wiegt da natürlich die Entscheidung, sich in diesem Lebensabschnitt für einen völlig andern Weg zu entscheiden, der nichts oder nur wenig mit Arbeit im herkömmlichen Sinne zu tun hat. Insgeheim beschleicht einen vielleicht die Angst, »etwas zu verpassen«. Und tatsächlich ist ein solcher Entschluss natürlich auch mit Einbußen verbunden.

Seien Sie sich dieser möglichen Schwierigkeiten bei allen weiteren Schritten bewusst. Halten Sie sich aber auch vor Augen: Wer eine Full-Speed-Karriere absolviert, verpasst sein Leben.

Der Tritt auf die Karrierebremse und die Folgen

Der Entschluss zum Downshifting – in welcher Form und Intensität auch immer – ist also das eine. Sich jedoch auch über die anschließenden, persönlichen Konsequenzen klar zu werden, das andere. Und diese Konsequenzen betreffen zunächst einmal den bereits beschriebenen »Entzug« von Ihrer bisherigen Arbeitswelt. Konkret heißt das: Werden Sie mit Ihrer neu gewonnenen Freiheit umgehen können? Oder wird Ihnen vielleicht doch etwas Entscheidendes fehlen, wenn Sie das Büro, Ihre Kollegen und den hektischen, fordernden Arbeitsalltag erst einmal hinter sich gelassen haben? Soviel vorab: Auch wenn das der Fall sein sollte, müssen Sie Ihren Downshifting-Plan nicht gleich im Papierkorb entsorgen; eine Lösung wäre es etwa, die Bremse weniger stark zu ziehen.

Um all diese Aspekte gründlicher zu durchleuchten, finden Sie nachfolgend sieben Statements, mit deren Hilfe Sie Ihre Arbeit und den Stellenwert, den Sie ihr beimessen, bewerten können. Lesen Sie diese Statements wieder aufmerksam durch und fragen Sie sich bei jedem Punkt, inwieweit die jeweilige Aussage auf Sie persönlich zutrifft. Sie werden feststellen, es handelt sich um eine Art Gegenentwurf zu den Fragen, die Sie sich im letzten Kapitel gestellt haben.

Test: Das Prinzip der Punktevergabe ist das gleiche wie im ersten Kapitel:

- Für jedes Statement, das Sie mit »Das trifft voll auf mich zu« beantworten, notieren Sie sich 2 Punkte.
- Wenn Sie der Meinung sind, dass die jeweilige Aussage teilweise zutrifft, geben Sie sich 1 Punkt.
- Und für jeden Fall, bei dem Sie sagen, »Das kann ich von mir nicht behaupten«, gibt es 0 Punkte.

Aussage	Ihre Punktzahl
■ **Job-Sicherheit:** Die Sicherheit einer Festanstellung und eines Unternehmens, in dem Sie sich gut aufgehoben fühlen, bedeutet Ihnen nicht viel. Sie können sich gut vorstellen, etwa auch projektweise für mehrere Firmen zu arbeiten.	
■ **Arbeit als Statussymbol:** Ihr beruflicher Status und Ihr Platz in der Firma tragen kaum oder nur wenig zu Ihrem Selbstwertgefühl bei. Sie könnten sich ebenso gut vorstellen, Ihre jet-	

zige Stellung durch Erfolge in anderen, außerberuflichen Bereichen zu ersetzen.

■ **Berufliche Gemeinschaft:** Sie empfinden das Beisammensein mit Kollegen oder Geschäftspartnern – beispielsweise auch im Rahmen von Geschäftsessen – eher als lästige Verpflichtung denn als angenehme Zerstreuung.

■ **Karriere-Knick:** Sie haben keine Angst davor, dass ein Umweg oder Teilzeit-Ausstieg Ihre Karriere beschädigen oder beenden könnte.

■ **Beruf und Freizeit:** Wenn Sie die Wahl und die Möglichkeit haben, fliehen Sie schon jetzt vom Berufs- ins Privatleben. Sie haben eine konkrete Vorstellung davon, womit Sie – im Falle eines weniger stark von der Arbeit dominierten Lebens – die entstandene freie Zeit ausfüllen könnten.

■ **Risikobereitschaft:** Der Gedanke an eine neue berufliche Situation, von der Sie nicht hundertprozentig wissen, wie sie ausgeht, spornt Sie eher an, als dass er Sie ängstigt. Sie würden Ihr Vorhaben lieber heute als morgen anpacken und durchziehen.

■ **Optimismus:** Die Tatsache, dass es in Ihrem Bekanntenkreis noch niemanden gibt, der oder die Ihnen erfolgreiches Downshifting vorgemacht hat, werten Sie eher als Schwäche der anderen. Wenn es um die Ausgestaltung Ihres Lebens geht, brauchen Sie keine Vorbilder.

Summe:

Auflösung: Die Antworten auf diese Fragen verraten Ihnen viel über sich selbst: Sind Sie ein unverbesserlicher Workaholic? Oder würde Ihnen die Loslösung vom Beruf wenig Schwierigkeiten bereiten?

Wenn Ihre Punktzahl zwischen 0 und 4 liegt, sind Sie mit Sicherheit kein

Kandidat für einen allzu scharfen Downshifting-Kurs. Der Grund liegt ganz einfach darin, dass Ihnen Job und Karriere verhältnismäßig viel bedeuten und Sie aller Voraussicht nach mit den Unsicherheiten und Risiken eines stark umgestalteten Lebens Schwierigkeiten hätten. Konsequenz: Drosseln Sie die Geschwindigkeit, aber wechseln Sie die Spur nicht zu abrupt. Eine Lösung wäre, dass Sie sich Zeitfenster innerhalb Ihres bisherigen Arbeitslebens schaffen, um den Beschäftigungen nachzugehen, die Sie bisher vernachlässigt haben. Wie das im Einzelnen aussehen kann, und wie es Ihnen gelingt, bisher unterrepräsentierte Lebensbereiche trotzdem erfolgreich zu integrieren, dazu erfahren Sie bei den Meilensteinen drei und vier mehr.

Wenn Ihre Gesamtpunktzahl zwischen 5 und 9 liegt, stehen Chancen und Aussicht für ein in entscheidenden Bereichen erfolgreich verändertes Leben schon besser: Sie sind mit Sicherheit nicht der klassische Karrieretyp, zumindest nicht in Ihrem derzeitigen Beruf. Als Folge sollten Sie die daraus resultierenden Belastungen deutlich herunterfahren. Sie haben die Wahl, ob Sie sich einen günstigeren Wagen zulegen oder vielleicht sogar die Autobahn verlassen.

Wenn Ihre Gesamtpunktzahl bei 10 oder sogar darüber liegt, wenn Sie also alle oben stehenden Statements guten Gewissens bejahen konnten, steht einem erfolgreich und konsequent umgesetzten Downshifting-Plan praktisch nichts mehr im Wege. Und mehr als das: Sie sollten sich mit der Vorstellung vertraut machen, auch eine ganz tiefgreifende, Ihr Leben weitgehend verändernde Lösung zu wählen – sei es, dass Sie Ihr Glück bei völlig neuen Tätigkeiten suchen oder sogar vom Auto aufs Fahrrad wechseln.

Männer und Frauen

So viel also zur Frage, wie leicht oder schwer Ihnen ein Wechsel fallen würde. Und damit zu einem letzten, wichtigen Punkt auf diesem Streckenabschnitt Ihrer Vorbereitungen. Wenn es darum geht, die beruflichen Belastungen zu reduzieren, vielleicht sogar der Karriere gleich ganz Adieu zu sagen und ein besseres Gleichgewicht zwischen Job und Leben zu finden, gibt es in der Denkweise von Männern und Frauen kleine, aber sehr feine Unterschiede. Dies betrifft vor allem die selbstkritischen Fragen, die sie sich stellen.

Gerade für Männer ist die Berufswelt häufig stärkster, wenn nicht gar einziger Anker im Leben. Beherrschender Antrieb ist das Erklettern der Hierarchie, ein Gefühl von Sendung und Wichtigkeit und die Angst vor einem Verlust der beruflichen Anerkennung. In ihrer Eigensicht sprechen Männer dagegen natürlich gerne von »beruflichen Herausforderungen« oder »spannenden Aufgaben«, die sie vorantreiben. Die üblichen, sich daraus ergebenden Bedenken lauten:

- »Ich setze meine Karriere aufs Spiel«: Wie bereits angesprochen, geht mit der Einschränkung des Arbeitsumfangs oder gar der Aufgabe eines Arbeitsplatzes auch das Gefühl einher, anschließend weniger wert zu sein.

- »Ich verdiene zu wenig«: Als die traditionellen Versorger reagieren Männer sehr viel nachdenklicher, wenn es darum geht, das Einkommen neu zu definieren und mit weniger Geld über die Runden zu kommen.

Für beide Einwände gilt: Sie lassen sich aus dem Weg räumen, und zwar auf unterschiedliche Weise, wie Sie im Verlaufe der nächsten Meilensteine noch erkennen werden. Um Ihnen den weiteren Weg zu erleichtern, sei zusammenfassend bereits jetzt gesagt:

- Downshifting muss nicht heißen, dass Sie die Karriere vollständig beenden. Und falls doch: Der verlorene Job-Status kann und soll durch andere Aktivitäten und Werte ersetzt werden.

- Ein verringertes Gehalt lässt sich durch Einsparungen ausgleichen. Wenn Ihnen ein Jobwechsel vorschwebt: Manchmal ist es auch unter finanziellen Gesichtspunkten besser, in einen Beruf zu wechseln, von dem man vielleicht schon immer träumte.

Für viele Frauen stellt sich die Lage etwas anders dar, denn gerade für sie gilt heutzutage die Devise: Es ist möglich, alles zu haben. Kinder und Karriere, ein glückliches Familienleben und einen anspruchsvollen, fordernden Job. Aus dieser Theorie, diesem hohen Anspruch erwächst allzu häufig der Druck, das alles tatsächlich auch erreichen zu müssen, um vor der

Umwelt nicht wahlweise als Heimchen am Herd oder karrierefixierte Rabenmutter dazustehen. Die folgenden Bedenken sind für Frauen wahrscheinlich:

- »Die anderen könnten denken, ich sei zu schwach«: Dahinter steckt die Angst vor Vorwürfen und Ressentiments, man sei als Frau schlicht zu zart, um in einem fordernden Beruf eine steile Karriere durchzustehen.
- »Ich verliere meine finanzielle Sicherheit«: Dahinter stecken Bedenken, bei reduzierter Arbeitszeit die finanzielle Unabhängigkeit einzubüßen.
- »Ich verliere einen Großteil meiner sozialen Kontakte«: Das umschreibt die Angst vor Isolation und Einsamkeit ohne die regelmäßigen Arbeitszeiten im Büro.

Natürlich gibt es auch bei solchen Bedenken probate Lösungsansätze, die zunächst kurz beschrieben seien.

- Der erste Vorbehalt ist mittlerweile genauso antiquiert und überflüssig wie seinerzeit das Argument, Job und Haushalt seien klar zwischen Männern und Frauen zu trennen. Letztlich gilt (natürlich auch für Männer): Warum mit einer einfachen Wahrheit hinter dem Berg halten? Wenn man tatsächlich nicht mehr den Nerv hat, sich in einem zermürbenden Job aufreiben zu lassen, sollte man das auch offen zugeben.
- Punkt zwei und drei sind mit ein wenig Planung ebenso schnell aus dem Weg zu räumen. Gerade für die Angst vor Isolation gilt: Das meiste davon dürften Sie ausgleichen, indem Sie mehr Zeit mit Ihren Freunden, Bekannten und Ihrer Familie verbringen. Ergänzen lässt sich dies durch Arbeitsformen, die beispielsweise klar definierte Zeiten in der beruflichen, mithin kollegialen Gemeinschaft enthalten. Und die Angst vor dem Verlust finanzieller Sicherheit und Unabhängigkeit kann Ihnen eine klare Analyse Ihrer persönlichen finanziellen Situation und Zukunft geben.

Je nachdem, wie hartnäckig diese Vorbehalte sich äußern, geht es in letzter Konsequenz schließlich um eine einzige Frage, die Sie sich persönlich stellen müssen. Sie lautet: Okay, es gibt in Zukunft wahrscheinlich weniger Geld, weniger Ruhm im Office und weniger Dinners in Nobelhotels – bin ich bereit, solche Einbußen und das damit verbundene Risiko auf mich zu nehmen?

Dass es dieses Risiko gibt, ist offensichtlich. Nur: Ohne ein gewisses Risiko erreichen Sie nichts.

Dafür oder dagegen: Downshifting im Kreuzfeuer

Um Ihre Entscheidungsfindung darüber, wohin die Reise künftig für Sie gehen soll, abzuschließen, sollten Sie nun in einem letzten Schritt sämtliche Argumente notieren, die Ihnen zum Thema Downshifting einfallen – sowohl solche die für als auch jene, die gegen diesen Plan sprechen. Bei der Aufstellung aller für Sie wesentlichen Gesichtspunkte können Sie sich an den folgenden Themenkreisen orientieren:

- Ihre Job-Zufriedenheit, Job-Sicherheit und Ihr Einkommen,
- Ihr Familien-, Sozial- und Freizeitleben,
- Ihr persönliches Wohlbefinden, Ihre Zufriedenheit und innere Ausgeglichenheit.

Warum diese Einteilung? Natürlich ist es nicht zwingend erforderlich, genau drei Themenbereiche zu wählen. Die Erfahrung lehrt jedoch, dass sich unter diesen drei Kernbegriffen die meisten Pro und Kontras zusammenfassen lassen. Welche das sind, ist dabei individuell ganz unterschiedlich. Hier einige Beispiele:

Pro Downshifting

- weniger Stress im Beruf – mehr Zeit für sich selbst
- mehr Zeit für Familie, Freunde und alle sozialen Kontakte
- bessere Möglichkeiten, um (auch außerberufliche) Fort- und Weiterbildungen wahrzunehmen
- die Möglichkeit, sich neben dem Beruf einen lang gehegten Traum zu verwirklichen

Kontra Downshifting

- ein niedrigeres Einkommen
- Verlust des beruflichen Status und der Sicherheit einer Festanstellung
- Verlust von beruflichen Kontakten – eventuell auch von Kontakten und Beziehungen, die auf den ersten Blick wichtig erscheinen
- Angst vor der großen inneren Leere, falls sich der Plan als Hirngespinst entpuppen sollte

Häufig – sehr häufig – sind die Pro-Argumente ideeller Natur und betreffen vor allem den Aspekt der verfügbaren Lebenszeit. Die Kontras gelten hingegen überwiegend dem Verlust an finanzieller Sicherheit. Die entscheidende Frage an dieser Stelle lautet: Welche Argumente überwiegen? Und: Welche Hindernisse können eventuell leicht beseitigt werden? Das Handicap, dass Sie ein niedrigeres Einkommen verkraften müssen und nicht wissen, ob Sie von weniger Geld überhaupt leben können, lässt sich durch eine detaillierte Finanzanalyse klären und mit hoher Wahrscheinlichkeit auch beseitigen.

Der (berechtigten) Angst vor der großen inneren Leere, dem sagenhaften Karriere-Blues, kann mit vernünftiger Planung ebenfalls wirksam begegnet werden. Die Befürchtung, dass die Kollegen sich hinter Ihrem Rücken über Ihr Vorhaben lustig machen, lässt sich am besten dadurch entkräften, dass Sie das im Grunde überhaupt nicht stört. Und für fast alle übrigen Punkte gilt: weiterlesen. Manch ein Problem, das jetzt vielleicht noch unüberwindbar scheint, entpuppt sich am Ende als unbedeutend und absolut lösbar.

Blick in den Rückspiegel, Blinker setzen

Mit den zurückliegenden Schritten haben Sie einige der wichtigsten Vorbereitungen abgeschlossen. Am Ende des ersten und zweiten Kapitels geht es nicht nur um die Bewertung, auf welcher Stufe der Downshifting-Skala Sie sich persönlich einordnen, sondern auch um die Einschätzung, wie stark Sie überhaupt auf die Karrierebremse treten möchten. Vielleicht sind Sie der Typ, der es in der Mitte der Autobahn bei Tempo 140 gerade noch so aushält – um jederzeit wieder auf die Überholspur wechseln zu können. Oder Sie haben erkannt, dass Sie dringend die nächste Ausfahrt nehmen müssen; nicht nur, um die Geschwindigkeit zu drosseln, sondern um gleich den Dienstwagen gegen ein weniger prunkvolles Modell auszuwechseln, das Sie weniger Zeit und Nerven kostet.

Falls Sie noch zögern, sollten Sie die oben stehenden Statements und Fragestellungen in einigen Wochen erneut betrachten und überprüfen, ob und inwieweit sich Ihre Haltung und Ihr Wunsch nach einer geringeren Arbeitsbelastung verändert haben. Darüber hinaus gibt es eine weitere, wirksame Methode, um herauszufinden, wie stark Sie sich von Ihrem gegenwärtigen Berufsleben lösen möchten: Nehmen Sie Ihren Kalender zur Hand und notieren Sie am Ende jedes Arbeitstages, wie Sie sich fühlen. Wenn Sie nach vierzig Arbeitstagen, also etwa zwei Monaten, zwanzig oder sogar dreißig Mal gesagt haben »Mir reicht's!«, wäre es tatsächlich Zeit, zu gehen und den Wechsel einzuleiten.

3
»Hallo, Freunde und Familie ...
hier bin ich!«

»Überraschung, Schatz: Ich habe heute meinen Job gekündigt und unser Haus verkauft. Nächste Woche ziehen wir aufs Land! Ist das nicht großartig?«

Sie haben bereits einen Plan vor Augen: Sie wissen, wo Sie in Zukunft leben und womit Sie Geld verdienen werden. Sie kennen Ihren neuen Job, und Sie sind sich sicher, dass er sowohl finanziell als auch zeitlich perfekt in Ihren Downshifting-Plan passt. Ein offener – ein angenehm offener – Punkt ist vielleicht noch Ihre neu hinzu gewonnene Freizeit. Sie haben eine Menge Ideen, die noch gefiltert und in die richtige Reihenfolge gebracht werden müssen. Ja und dann sehen Sie diesen alten Bauernhof vor sich, etwas renovierungsbedürftig und weit ab vom Schuss, aber wie geschaffen für Ihre Pläne. Was soll da schon schief gehen ...?

Spätestens hier heißt es: Alle Maschinen stopp. Downshifting meint nicht nur, den Job und die Spur zu wechseln. Es bedeutet, das eigene Leben umzugestalten – und damit automatisch auch das von vielen anderen Leuten, von Familie, Freunden und Partner. Alle diese Menschen sind in unterschiedlicher Ausprägung genauso stark von Ihren Zukunftsplänen betroffen wie Sie selbst. Downshifting ist deshalb eine gemeinsame Entscheidung. Auch wenn Sie das sichere Gefühl haben, dass es so wie bisher nicht weitergehen kann und bereits voller Pläne und Ideen sind: Ohne gründliche Rücksprache mit den Menschen, die ihr Leben mit Ihnen teilen, geht nichts. Bevor Sie also darangehen, die neuen Karten hervorzuholen und die Fahrtrichtung zu wechseln, sollten Sie mit Ihren Mitfahrern sprechen. Vielleicht stellt sich heraus, dass Ihre Ziele erklärungsbedürftig sind.

Wenn die Karrierefalle über den Nächsten zuschnappt

Zehn bis zwölf Stunden täglich im Office, grenzenlose Opferbereitschaft für die Sache der Firma und ein Geist, der stets auf den nächsten Deal, das nächste Meeting, den nächsten Termin fixiert ist. Am Abend und am Wochenende herrscht dann meist nur noch grenzenlose Erschöpfung vor. Die Folge ist, dass der Beruf nicht nur unser Leben dominiert, sondern leider auch das der Menschen, die uns am nächsten stehen. Es ist eine der traurigsten Erscheinungen unserer Zeit, dass viele Menschen den Weg, auf dem sie Kinder, Freunde oder auch ihre Eltern begleiten sollten, gegen das äußerst vergängliche Glück tauschen, als Marketing-Manager einem neuen Toaster-Modell zu einem Marktanteil von 9 Prozent im Bereich der Kombi-Toaster zu verhelfen (der beim nächsten Angriff der Konkurrenz wieder unter 5 Prozent sinkt), die Abteilung Strategical Development innerhalb des Unternehmensbereichs New Business aufzubauen (den die Firmenzentrale bei der nächsten Fusion ersatzlos streicht), oder den Chef mit unermüdlichem Einsatz beim Überstunden-Schieben zu beeindrucken (der die Ergebnisse dankbar aufnimmt – und als seine eigenen verkauft).

Die Auswirkungen davon kennt jeder von uns. Sie äußern sich in dem schlechten Gefühl, wenn der Kontakt zu alten Freunden schleichend verendet und die Liste der Bekannten, die man unter der Rubrik »Müsste ich dringend mal wieder anrufen« führt, immer länger wird. Nur allzu häufig ist das Ergebnis einer rasanten, beruflichen Karriere schlichtweg Einsamkeit. Eine Einsamkeit, die sich unter dem Mantel der zahlreichen beruflichen Kontakte verbirgt, die man im Laufe der Jahre sammelt. Nur leider versanden jene Kontakte meist genauso schnell wieder, wie sie entstanden sind, weil es sich um reine Zweckbündnisse handelt. »Es ist einsam an der Spitze.« Dieses geläufige Wort bedeutet nicht nur, dass sich Menschen im Zenit ihres beruflichen Erfolgs häufig von Feinden und Neidern umgeben sehen, sondern auch, dass sie trotz eines gut gefüllten Adressregisters ohne das sind, was Sozialforscher »ein stabiles soziales Netzwerk« nennen. Und dieses Netzwerk besteht eben nicht oder nur zu einem geringen Teil aus Kollegen und Geschäftsfreunden, sondern vor allem aus Menschen, zu denen man echte, tiefe Beziehungen pflegt.

Nicht anders sieht es mit der Familie aus. Meist beginnt das Dilemma kurz nach der Geburt des ersten Kindes. Junge Mütter sind frustriert, weil sie zunächst für Jahre vollständig aus dem Job katapultiert wurden. Anschließend plagt sie das schlechte Gewissen, weil der Spagat zwischen Laptop und den vor dem Kindergarten wartenden Sprösslingen kaum zu bewältigen ist. Nicht viel besser ergeht es den Vätern. Entgegen landläufiger Vorurteile nimmt deren Belastung unmittelbar nach der Geburt genauso stark zu wie die der Mütter. Sie sind nun alleine für den Lebensunterhalt zuständig und haben alles in allem noch weniger Zeit für die Familie; Zeit, die sie nun auch noch »gerecht« zwischen Kindern und Ehefrau aufteilen müssen. Daraus erwachsen für beide Partner Frust, Ärger, gegenseitige Vorwürfe und ein ewig schlechtes Gewissen. Der LBS-Familienstudie 2002 zufolge kommt es vor allem unmittelbar nach der Geburt von Kindern zwischen Paaren am häufigsten zu Streit. Die Gründe sind unschwer zu ermitteln: Die Frauen sind unzufrieden, weil sie die vermeintliche Last der Kindererziehung alleine übernehmen müssen; die Männer sind frustriert, weil sie ihrem Anspruch, gute Familienväter zu sein, nicht genügen, meist eben gar nicht genügen können. Im schlimmsten Falle ist für junge Familien schon nach wenigen Jahren, wenn die Kinder kaum das schulpflichtige Alter erreicht haben, der Traum vom gemeinsamen Familienglück zu Ende. Statistisch gesehen ist dies der Zeitpunkt mit der höchsten Scheidungsrate.

Die goldenen Achtziger

Schwer zu sagen, wann die Misere ihren Anfang nahm. Zumindest was das Familienleben betrifft, war bis in die siebziger Jahre hinein eine übermäßige Belastung durch Karriere und Beruf eher die Ausnahme als der Standard. »Ganztagsschule« war ein Fremdwort und Kinder, deren Erziehung nicht die leiblichen Eltern, sondern eine Armada von Dienstmädchen und wechselnden Hausangestellten übernahm, ein eher exotisches Schicksal. »Unbelastet« heißt dabei natürlich nicht, dass es keine familiären Probleme gab. Nur waren Väter und Mütter mit 12-Stunden-Tagen und geschäftlichen Pflichten auch am Wochenende eine Minderheit, für die überwiegende Zahl der Familien stellte sich dieses Problem nicht. Unbestritten ist natürlich auch, dass in diesen Zeiten die Frauen die Hauptlast des »Familien-Managements« trugen, während sich die Männer meist dem widmeten, was sie traditionell schon von jeher zu tun hatten: Geld verdienen.

Irgendwann, etwa Anfang der achtziger Jahre, begann sich ein verändertes Rollenbild dann sehr rasch durchzusetzen, in dieser Zeit nahm der Mythos »Kind und Karriere? Kein Problem!« seinen Anfang. Der Tenor dieses modernen Aberglaubens war: Es kommt nicht unbedingt auf die Quantität, sondern vor allem auf die Qualität der mit der Familie verbrachten Zeit an. Im Prinzip – und das hört man auch heute noch häufig – sei alles eine Frage der Zeiteinteilung, des ausgeklügelten Job- und Familien-Managements. Liebevoller Vater/treu sorgende Mutter, erfolgreicher Verkäufer und smarte Abteilungsleiterin auf einmal – alles eine Frage des Zeitmanagements.

Ein Ideal mit folgenschweren Konsequenzen, noch immer, noch heute, bei Frauen wie bei Männern. Denn der Mythos ist einer ernüchternden Erkenntnis gewichen: Der Versuch, Kinder und Karriere unter einen Hut zu bringen, führt Eltern oft bis an die Grenzen der geistigen und körperlichen Belastbarkeit. Ein Top-Manager/eine Top-Managerin der/die wie ein Ass funktioniert, stets gut schläft, vor Einsatzwillen nicht kleinzukriegen ist, nach der Arbeit abschaltet, um den Kindern daheim die Sorgen vor der nächsten Klassenarbeit zu nehmen und am Wochenende mit ihnen Angeln geht – zugegeben, das mag es tatsächlich geben. Vielleicht einmal unter Tausend. Der Regelfall sieht allerdings so aus, dass Menschen, die 50 oder mehr Stunden in der Woche arbeiten und in einem fordernden Job ihren Mann und ihre Frau stehen, ganz einfach nicht mehr die Kraft und Nerven aufbringen, sich anschließend den kleinen und großen Lebensproblemen anderer Menschen zu widmen, sich intensiv um eine harmonische Partnerschaft zu bemühen oder Freundschaften zu pflegen. Die Männer und manchmal Frauen an der Spitze der Wirtschaft bieten denn meist auch kein geeignetes Vorbild für ein gelungenes Gleichgewicht zwischen beruflichem Engagement und erfüllendem Privatleben. Top-Manager Jürgen Schrempp von DaimlerChrysler etwa bekannte in einem Gespräch mit Journalisten: »Ich stand vor der

Alternative: Arbeit oder Ehe. Und ich habe gemerkt, die Herausforderung der neuen Aufgabe bedeutet mir mehr als alles andere auf der Welt.« Bitter an diesem Bekenntnis ist vor allem eines: Jene Unternehmen, die die Konzernchefs von heute lenken, wird es in zwanzig oder dreißig Jahren längst nicht mehr geben. Das Ruder haben dann Leute übernommen, die wieder alles anders machen und sich für ein im Grunde völlig abstraktes Ziel verausgaben. Die Kinder der einstmaligen Management-Heroen aber sind dann fünfundzwanzig oder dreißig Jahre alt und werden sich an ihre Väter höchstens als Leute erinnern, die ihnen außer dem Nachnamen nicht viel mit auf den Weg gaben.

Dass es auch anders geht, sogar an der Spitze, erklärte der vielfache Vater und langjährige Geschäftsführer der Unternehmensberatung Arthur D. Little, Tom Sommerlatte, im Gespräch mit der *Wirtschaftswoche* (Nr. 32/2000): »Die Fähigkeit, beispielsweise eine Familie durch dick und dünn aufzubauen und durch Verbundenheit voranzubringen, äußert sich in der Beratungsfirma in Form von Kollegialität, Teamgeist und Loyalität und den Klienten gegenüber durch Pflege einer langfristigen, kooperativen Beziehung, die viel befriedigender ist, als die geschäftserheischende Beziehungsraffinesse.« Fast überflüssig zu erwähnen, dass dies auch für Freundschaften gilt – mithin generell für die Fähigkeit, ein stabiles soziales Netzwerk zu errichten und auch in schwierigen Zeiten mit Leben zu erfüllen.

Die Hotel-Managerin Nadine B. war sich in all den Jahren ihres atemlosen Vorankommens insgeheim stets bewusst, dass dies vor allem um den Preis familiärer und sozialer Defizite geschah. Sie sah allerdings lange Zeit keine Alternative. Nach der Geburt ihrer beiden Kinder arbeitete sie konsequent vom Telefon aus weiter, anschließend übernahmen Kinderfrauen und Tagesmütter große Teile der Erziehung. Das hohe Einkommen federte anfangs viele Unannehmlichkeiten ab. Bis sie eines Tages ihre Tochter vom Kindergarten abholte und eine der Kindergärtnerinnen fragte: »Ach, Sie sind die Mutter?« Da wurde ihr klar, dass sie im Begriff war, das Leben ihrer Kinder wie ein lästiges Projekt auf andere zu delegieren.

Führungskräfte – führend auch beim Arbeitspensum

Auf den ersten Blick könnte man meinen, dass alles halb so schlimm ist. Die Arbeitswelt wandelt sich – und es wird immer weniger gearbeitet. Laut Statistischem Bundesamt sank die durchschnittliche Arbeitszeit aller Erwerbstätigen in Deutschland von 40,6 Wochenstunden im Jahr 1978 (im damaligen westdeutschen Bundesgebiet) auf mittlerweile 37,1 Wochenstunden im Jahr 1997. Paradiesische Zustände, so scheint es. Etwas anders sieht die Sache allerdings bei näherer Betrachtung aus, nämlich bei der Gruppe der leitenden Angestellten. Laut einer von den Berufsverbänden VAF (Verband Angestellter Führungskräfte) und VdF (Verband der Führungskräfte) im Jahr 2001 vorgestellten Arbeitszeiterhebung liegt die durchschnittliche Arbeitszeit der deutschen Fach- und Führungskräfte mit durchschnittlich 52,5 Wochenstunden »auf gewohnt hohem Niveau«. Wohlgemerkt: Das ist der Durchschnitt. Jedem Manager, Ingenieur oder Rechtsanwalt, der tatsächlich nur neun Stunden am Tag arbeitet und sich das Wochenende freihält, steht ein Kollege gegenüber, der zwölf Stunden täglich schuftet. In vielen Fällen hat die Erhebung dementsprechend auch Wochenarbeitszeiten von mehr als 60 Stunden ausgemacht.

»Selbst schuld«, mag jetzt mancher denken, »das sind doch Leute, die wollen es nicht anders.« Lassen wir dazu noch einmal die Autoren der eben zitierten Erhebung zu Wort kommen: »Zugleich artikulieren die Führungskräfte deutlich ihre Wünsche nach einem Ausgleich für diese dauerhaft hohe Arbeitszeitbelastung.« Worin könnte der bestehen? Mehr Geld? Schnellere Dienstwagen? Weit gefehlt: »Überwiegend wird für eine kürzere Lebensarbeitszeit plädiert. Daneben finden zusätzliche freie Ausgleichstage großes Interesse.«

Das oft gebrauchte und in den Medien widergespiegelte Bild vom ehrgeizigen Manager, der für die Karriere auf alles verzichtet, ist eben nur ein zynisches Klischee. Zwar ist die Leistungsbereitschaft bei den meisten jungen, gut ausgebildeten Menschen hoch, doch bezieht sie sich nicht länger alleine auf den Job, sondern eben auch auf die sozialen und privaten Bereiche des Lebens. Erfolg ist nicht länger eine Frage von Kontostand und beruflicher Anerkennung, sondern auch von privatem Erfolg, von Freundschaften und Familienglück.

Ganz gleich, ob Sie sich in Zukunft also verstärkt Ihrer Familie widmen, neue Freundschaften eingehen oder die Beziehung zu Ihren Nachbarn pflegen möchten: Sie sind nicht alleine.

Eine Arbeitsatmosphäre, in der grenzenloser Einsatz zum guten Ton gehörte und stabile soziale Beziehungen allenfalls schmückendes Beiwerk waren: Dem ehemaligen Investmentbanker Markus Q. wurde schnell klar, dass es eigentlich keine Entschuldigung gab, sich nicht bedingungslos der eigenen Firma zu verschreiben. Das hatte natürlich seinen Preis. Kollegen mit rundum intakten Familien und Beziehungen gab es nicht. Praktisch jeder, den er kannte, schleppte irgendein persönliches Problem mit sich herum – eine gescheiterte Ehe, Kinder mit Schulproblemen, zerbrochene Freundschaften. Erst nach seiner Kündigung wurde ihm klar, wie sträflich er selbst diesen Bereich seines Lebens bisher vernachlässigt hatte.

▶ **Sein Downshifting-Tipp:** *Sich nicht von den falschen Vorbildern im Berufsleben irreleiten lassen. Im Büro wird kaum jemand offen zugeben, dass er wegen des Jobs vereinsamt.*

Zeit, sich auf eine neue Zielgruppe einzustellen

Kommen wir nun zu Ihren Mitfahrern, zu den Menschen, die sich bei Ihnen im Wagen befinden, und die Sie möglicherweise schon seit längerer Zeit nicht mehr danach gefragt haben, ob sie mit Automodell, Geschwindigkeit und Wegstrecke überhaupt einverstanden sind.

Test: Wie groß ist Ihr Defizit hinsichtlich sozialer und familiärer Bindungen? Um das einmal genauer zu quantifizieren, müssen Sie sich nicht auf die Couch legen. Ein einfacher Test wird Ihnen eine klare Antwort erteilen. Überschlagen Sie einmal die nachfolgend aufgeführten »Zeit-Posten«:

Wie viele Stunden pro Woche verbringen Sie ...	Stunden
■ ... im Stau?	

- … in Meetings?

- … im Gespräch mit Ihrem Chef, mit Kollegen, eventuellen Kunden?

Summe:

- … und im Vergleich dazu im Gespräch mit Ihrem Lebenspartner, den Kindern, Freunden und Bekannten?

Auflösung: Möglicherweise fällt das Ergebnis mehr oder weniger niederschmetternd aus. Im schlimmsten Falle kommen bei den ersten drei Punkten Stunden zusammen, während Sie beim letzten Zeit-Posten Schwierigkeiten haben, die Minuten zusammenzuzählen. Natürlich kann bei diesem Test kein voll Berufstätiger eine hundertprozentig ausgeglichene Bilanz vorlegen; genauso wenig, wie es eine allgemein gültige Regel gibt, die besagt »Widmen Sie sich jeden Tag mindestens X Minuten Ihrer Familie …«. Sie sollten allerdings skeptisch werden, wenn die Summen allzu weit auseinander klaffen, wenn die Gespräche mit den für Sie wichtigsten Menschen etwa im (möglicherweise sogar einstelligen) Minutenbereich liegen. Dann könnten Ihnen Ihre Kinder, Ihr Lebenspartner und auch Ihre (inzwischen vermutlich ehemals) besten Freunde schon zu Fremden geworden sein; Menschen, die Sie abends am Kühlschrank oder vor dem Fernseher treffen, mit denen Sie ab und an telefonieren, und deren Probleme – ganz im Gegensatz zu denen Ihres Chefs und Ihrer Kollegen – Ihnen unbekannt sind. Höchste Zeit also, auch in dieser Hinsicht einen Wechsel einzuleiten.

Zunächst sollten Sie eine Liste all derjenigen Menschen aus Ihrem Privatleben anfertigen, die wichtig für Sie sind – einschließlich der Gründe, warum das so ist. Fügen Sie dieser Liste zwei weitere Spalten hinzu, die Sie zunächst noch offen lassen.

Klar dürfte sein, dass Ihr Lebenspartner und Ihr familiäres Umfeld in diese Aufstellung mit aufgenommen werden, ebenso aber auch Geschwister, gute Freunde und andere Menschen, auf deren Urteil und Rückhalt Sie Wert legen. Chefs und Kollegen, also berufliche Kontakte, sollten nur dabei sein, wenn Ihr Verhältnis zu diesen Personen ein gutes Stück über den Job hinausgeht.

Name der Person	Warum ist mir dieser Mensch wichtig?		

Der Grund für die Anfertigung dieser Liste ist: Sie müssen sichergehen, dass die für Sie wichtigsten Menschen Ihren Downshifting-Plan schätzen und vor allem auch unterstützen. Der Zeitpunkt, um offene Fragen zu klären und eventuelle Konflikte aus dem Weg zu räumen, liegt dabei immer vor der Umsetzung – nicht während und erst recht nicht danach.

Auf wen kommt es dabei besonders an? Nachfolgend finden Sie eine Aufstellung Ihrer wichtigsten Downshifting-Partner. Sie erhalten Hinweise auf mögliche Probleme, die sich im Rahmen Ihrer Gespräche ergeben können sowie Vorschläge für die entsprechenden Lösungsansätze. Was Sie außerdem tun können, um diese Menschen von Ihrem Plan zu überzeugen, und wie Sie die Gespräche im Einzelnen vorbereiten, erfahren Sie anschließend.

Partner, Freunde und Familie

Ihr Partner/Ihre Partnerin: Ihr Ehe- beziehungsweise Lebenspartner ist diejenige Person, mit der Sie als Erstes über Ihr Vorhaben sprechen sollten. Es ist der wichtigste Mensch bei der Umsetzung Ihres Plans – der Dreh- und Angelpunkt neben Ihrer eigenen Person. Gleich zu Beginn deshalb die

Frage: Ist er oder sie auf Ihrer Seite? Falls nein, wird die Sache zwar nicht unmöglich, aber ein ganzes Stück schwieriger. Eine mögliche Lösung läge natürlich in der »Downshifting-Dosis«. Anders gesagt: Wenn Ihr Partner/ Ihre Partnerin auf Ihre gegenwärtige Karosse beim besten Willen nicht verzichten kann, können Sie ihn oder sie vielleicht davon überzeugen, zumindest langsamer zu fahren und einen Gang niedriger zu schalten. Im Allgemeinen – und diese Erfahrung haben fast alle Menschen gemacht, die erfolgreich die Spur gewechselt haben – sind die Ehe- und Lebenspartner jedoch diejenigen, die einen solchen Plan am stärksten bejahen und am aktivsten unterstützen. Schließlich sind sie auch diejenigen, die bisher am stärksten unter der beruflichen Belastung gelitten haben.

Wenn Sie Ihre Absichten erstmals offenbaren, könnte sich als ein geradezu klassisches Problem allerdings erweisen, dass Ihr Partner gar nicht um Ihre Schwierigkeiten, Konflikte und wirklichen Wünsche weiß. Dann nämlich, wenn Sie jahrelang still vor sich hingearbeitet und auch vor sich hingelitten und sämtliche Alternativen ebenfalls im Stillen entwickelt haben. Die typische Reaktion in so einem Fall wäre:»Mein Gott, warum hast du denn nie was gesagt?« Ebenso denkbar ist der umgekehrte Fall: Vielleicht ist auch Ihr Partner zu stark gefordert, zu sehr ein- und angespannt, um sich mit irgendetwas anderem als dem eigenen beruflichen Fortkommen zu befassen.

Wie immer die Situation auch aussieht: Wählen Sie für dieses Gespräch einen Moment, der ausnahmsweise einmal nicht von Berufshektik oder Ärger über die Kollegen geprägt ist. Dann muss aber auch die ganze Wahrheit auf den Tisch. Was Sie außerdem parat haben sollten, sind die Wege, die Ihnen in groben Zügen vorschweben, aber auch mögliche Alternativen und Kompromisse. Seien Sie auf jeden Fall offen für Einwände und kritische Fragen: Die Möglichkeiten, einen Downshifting-Plan zu fassen und umzusetzen, sind mehr oder weniger grenzenlos, und die Chancen stehen gut, dass Sie in diesem Gespräch auch Aspekte entdecken und entwickeln, die Ihren Plan bereichern.

Generell gilt: Erfolgreiches Downshifting ist nahezu unmöglich, wenn Ihr Lebenspartner nicht auf Ihrer Seite ist und Ihr Vorhaben aktiv unterstützt.

Ihre Kinder: Was werden Ihre Kinder sagen, wenn Sie sie davon in

Kenntnis setzen, dass Sie zukünftig einen (möglicherweise auch materiell) reduzierten Lebensstil anstreben? Werden sie künftig auf Dinge wie drei Urlaubsreisen pro Jahr, ein eigenes Pferd und regelmäßige, teure Ausflüge in Freizeitparks verzichten müssen? Können Sie sie von den Vorteilen Ihres Downshifting-Plans überzeugen? Wenn Sie schon jetzt mit dem Gedanken an einen Umzug spielen: Werden Ihre Kinder eventuell ihre gewohnte Umgebung und damit auch ihre Freunde verlassen müssen? Könnten Sie sie in diesem Falle davon überzeugen, dass dieser Ortswechsel auch mit Vorteilen verbunden ist?

Auch Ihre Kinder sollten im Prinzip nicht schwer von den Vorteilen eines Downshifting-Plans zu überzeugen sein – abhängig natürlich davon, wie weit Ihre Absicht geht. Für Kinder steht meist ein einziges Argument im Vordergrund: die Zeit, die Sie früher nicht hatten, und die Sie jetzt geben können. Wenn Sie selbst glücklich sind, ist die Wahrscheinlichkeit, dass die Leute um Sie herum es auch sind, hoch. Gerade Kinder nehmen sehr genau wahr, was in ihren Eltern vorgeht. Denken Sie einmal an Ihre eigene Kindheit zurück ...

Ihre Ursprungsfamilie: Eltern, Geschwister, nähere Verwandte: Was werden Ihre Eltern, Ihre Geschwister oder andere, Ihnen besonders nahe stehende Verwandte zu Ihrem Vorhaben sagen? Menschen, die Ihre Karriere bislang möglicherweise mit einigem Stolz und Wohlwollen verfolgt haben? Häufig bedeutet gerade für Eltern der Beruf und vor allem berufliche Erfolg der Kinder auch die Erfüllung des eigenen Lebensglücks. Und häufig genug ist es für Kinder enorm wichtig, diesen Erwartungen auch zu entsprechen. Möglicherweise sind Ihre Eltern noch sehr stark der alten, tradierten Denkweise verhaftet, nach der nur ein intensiv arbeitender Mensch auch ein glücklicher Mensch sein kann. Vielleicht erleben Sie aber auch eine Überraschung, und Ihre Eltern reagieren nachdenklich und verständnisvoll, indem sie zum Beispiel sagen: »Liebe Güte. Genau das hätte ich vor dreißig Jahren auch tun sollen.«

Ähnlich kann es sich bei Ihren Geschwistern verhalten. Nicht selten sind Kämpfe oder zumindest intensive Auseinandersetzungen vorprogrammiert, wenn Sie sich nicht im Vorhinein darüber im Klaren sind, wie diese Menschen Sie bisher gesehen haben, und mit welchen neuen Erwartungen Sie sie nun konfrontieren.

Richten Sie sich bei Gesprächen mit den Mitgliedern Ihrer Ursprungs-Familie vor allem darauf ein, dass diese höchstwahrscheinlich dem finanziellen Aspekt der ganzen Sache große Bedeutung beimessen werden. Es wird Fragen geben nach dem Schema: Werden Sie in Zukunft genug Geld verdienen, um Ihren bisherigen Lebensstil beibehalten zu können? Um Ihrer Familie all die gewohnten Annehmlichkeiten zu bieten? Gerade beim Gespräch mit den Eltern können plötzlich auch unerwartete Aspekte wie Pflegedürftigkeit auftauchen: Werden Sie nach einem erfolgreich umgesetztem Downshifting-Plan genug Zeit haben, sich gegebenenfalls um Ihre Eltern zu kümmern? (Definitiv ja) Werden Sie genug Geld übrig haben, das Sie in die Pflege investieren könnten? (Eher nicht – dieser Aspekt gehört dann beispielsweise noch in Ihre Finanzplanung.)

Womit können Sie Ihre nächsten Verwandten letztlich überzeugen? Wenn Sie sie all die Jahre im Unklaren darüber gelassen haben, wie es wirklich in Ihnen aussieht, wird die Sache schwierig. In diesem Falle sehen sie in Ihnen noch den glücklichen Menschen, der sich erfolgreich nach oben gearbeitet hat und jetzt einen anspruchsvollen Posten bekleidet. Auch da hilft nicht viel: In einem solchen Fall muss als Erstes die ganze Wahrheit heraus. Anschließend geht es darum, die Vor- und möglichen Nachteile gründlich gegeneinander abzuwägen.

Gute Freunde: Es ist schwer vorauszusagen, wie Ihre Freunde auf den geplanten Spurwechsel reagieren werden. Denkbar ist eine eher amüsierte Reaktion, die Ihnen deutlich macht: Ihre Freunde halten Sie für einen jener Kandidaten, die unter dem klassischen Burnout-Syndrom leiden. In dem Fall hilft nur eines: Sehen Sie sich als Trendsetter und versuchen Sie, den Kontakt zu ihnen zunächst so weit als möglich zu reduzieren. Denkbar ist aber auch der umgekehrte Fall, dass Sie von Ihnen ermutigt und bestätigt werden. Dann pflegen Sie Ihre Freundschaften offenbar mit den richtigen Leuten. Wenn Ihre Freunde Ihren Plan ernst nehmen, kann deren Rat äußerst wertvoll sein.

Soviel zunächst zu den vier wichtigsten Gruppen, die es von Ihrem Downshifting-Plan zu überzeugen gilt. Diese Menschen sitzen mit Ihnen im Wagen, und Sie werden vermutlich auch zukünftig noch mit Ihnen unterwegs sein. Nehmen wir das Ergebnis der Gespräche einmal vorweg:

Gegen den Widerstand der ersten beiden Gruppen von Mitfahrern (Lebenspartner und Kinder) geht nichts oder nur sehr wenig. Einwände der dritten und vierten Gruppe (Ihre Ursprungsfamilie und wirklich gute Freunde) lassen sich schlimmstenfalls ein Stück weit ignorieren. Allerdings wäre der Start Ihres Downshifting-Plans dann nicht gerade ideal. Die Konsequenz daraus kann nur sein: Mögliche Konflikte im Vorhinein klären. Und nur wenn gar nichts mehr geht, den Kontakt einschränken. Dann, wenn beispielsweise Ihre Großmutter hartnäckig darauf besteht: »Kind, für mich bleibst du immer die erfolgreiche Rechtsanwältin/der erfolgreiche Arzt!«

Bekannte und Kollegen

Kommen wir jetzt zu zwei weiteren Gruppen von Menschen, die in Ihrem Leben eine Rolle spielen. Zum einen wären da diejenigen, die sich von Zeit zu Zeit bei Ihnen im Wagen befinden – die Sie beispielsweise manchmal morgens im Rahmen einer Fahrgemeinschaft mit zur Arbeit nehmen.

Ihre Bekannten: Ob es sich um Nachbarn, Freunde aus dem Tennisclub oder jene Schar an Bekannten handelt, mit denen Sie sich einmal im Monat zum Kegeln treffen: Wenig spricht dafür, Ihnen weniger nahe stehende Menschen schon vorab in Ihren Downshifting-Plan einzuweihen. Vielleicht werden sie eines Tages erstaunt (und neidvoll) feststellen, dass Sie mehr Zeit haben als früher. Sie sollten aber keinesfalls Ihren persönlichen Downshifting-Plan von deren Meinung abhängig machen. Das wäre ganz einfach zu viel.

Und schließlich wären da noch die Leute, die gegenwärtig neben Ihnen auf der Autobahn dahinrasen.

Ihre Kollegen: Die Reaktionen im Büro sind meist relativ leicht vorhersehbar. Erwarten Sie besser nicht, dass man Ihnen dort allzu stark Beifall klatscht. Einige Kollegen werden Sie vielleicht heimlich bewundern, andere werden darauf warten, dass Sie scheitern und nach wenigen Wochen oder Monaten zerknirscht zurückkehren. Auch wenn Sie im Verlauf Ihrer Vorbereitungen mit allen wichtigen Menschen sprechen; Ihre Kollegen und erst recht Ihren Chef sollten Sie dabei (anfangs zumindest) ausklammern. Warum? Weil dies jene Menschen sind, die selbst viel zu stark in der allgemeinen Tretmühle gefangen sind und die folglich in den meisten Fällen nicht viel Verständnis für Ihren Plan aufbringen werden. Die meisten Menschen sind leider selbst zu schwach, sich aus ihrer eigenen Stress- und Karriere-Misere zu befreien und können es folglich schwer ertragen, wenn andere dies tun. Ärgern Sie sich nicht darüber.

Für Bekannte und Kollegen gilt deshalb: Es spielt im Grunde keine Rolle, ob Sie mit deren Widerstand oder Unterstützung rechnen können. Sie sollten deren Reaktion auf Ihren Downshifting-Plan allenfalls dazu nutzen, Ihre gegenwärtigen Beziehungen zu überdenken.

Ihre Downshifting-Gespräche

Wenn es im Folgenden um die Gespräche mit jenen Menschen geht, die Ihnen am wichtigsten sind, sollten Sie zunächst zwei Ratschläge beherzigen:

1. Es ist wichtig, mit den wahren Absichten nicht hinter dem Berg zu halten. Genauso wichtig ist es aber auch, nicht mit der Tür ins Haus zu fallen. Wenn Sie sich jahrelang im Büro und auf Dienstreisen verschanzt haben, werden Lebenspartner, Kinder oder Freunde mehr oder weniger stark überrascht sein, wenn Sie ihnen plötzlich Ihre Pläne präsentieren – auch wenn die Wahrscheinlichkeit groß ist, dass diese Menschen positiv reagieren. Was heißt das konkret? Denken Sie an das Bild zu Anfang dieses Kapitels zurück. Wenn Sie von heute auf morgen einen Umzug planen würden, käme das einer Vollbremsung gleich, nach der die Insassen mit der Nase an der Windschutzscheibe kleben. Genauso wie Sie Ihren Downshifting-Plan Schritt für Schritt verwirklichen, müssen Sie auch Ihre Beifahrer Schritt für Schritt von den notwendigen Änderungen überzeugen.

2. Viele Menschen betreiben ihre Berufskarriere fast ausschließlich aufgrund des Drucks äußerer Erwartungen. Die Frage ist nun, ob beziehungsweise wie stark dies für Sie persönlich gilt. Anders gesagt: Haben

Sie das dumme Gefühl, dass andere Menschen an Ihrem gegenwärtigen Dilemma (mit) schuld sind? Haben Sie Karriere vor allem gemacht, weil Ihre Eltern es von Ihnen verlangten? Sitzen Sie in Ihrem dicken Wagen nur, weil es Ihre Frau so irrsinnig stolz macht? Geht ein großer Teil Ihres Einkommens für den hohen Lebensstil Ihrer Kinder drauf und ärgert Sie das? Auch in diesem Falle sind Sie zu einem guten Teil natürlich selbst für Ihre Situation verantwortlich. Sie haben falsche Erwartungen bei den für Sie wichtigen Menschen erzeugt. Ihre erste Aufgabe wäre es folglich nicht, bereits einen fertig ausgefeilten Plan zu präsentieren, sondern zunächst diese Erwartungen auf das Maß herabzusetzen, das Ihren persönlichen Bedürfnissen entspricht.

All die Unterredungen, die Sie mit den Menschen Ihres persönlichen Umfelds zu führen haben, hängen im Detail stets davon ab, wie weit Sie persönlich gehen möchten. Planen Sie nur einen Teilzeit-Ausstieg, um einen halben Tag in der Woche Angeln zu gehen? Oder haben Sie schon den Kaufvertrag für das alte Gutshaus auf dem Lande in der Aktenmappe? Versuchen Sie von Anfang an deutlich zu machen, welche Konsequenzen Ihr Downshifting-Plan haben wird, positive wie negative. Wichtig ist dabei: Beginnen Sie nicht mit den kompliziertesten Änderungen (»Ich möchte umziehen und Öko-Landwirt werden«), sondern mit den einfachsten und nahe liegendsten (»Ich möchte weniger arbeiten«). Nach jedem dieser Punkte heißt es »Stopp« und zuhören, mögliche Einwände akzeptieren und argumentieren. So nähern Sie sich Schritt für Schritt Ihrem Fernziel an. Wenn es tatsächlich darin besteht, dass Sie als Bio-Bauer im Bayerischen Wald leben, sollten Sie das letztlich auch nicht verschweigen. Wie eingangs schon gesagt: Die ganze Wahrheit muss auf den Tisch.

Und damit noch einmal zu der Liste, die Sie bereits am Anfang dieses Kapitels erstellt haben. Ergänzen Sie die beiden bisher leeren Spalten nach dem unten stehenden Muster nun in der Überschrift durch »Nachteile / Mögliche Einwände« und »Vorteile / Argumente für …«.

In der Spalte »Nachteile / Mögliche Einwände« sollten Sie versuchen vorwegzunehmen, welche Vorbehalte die jeweilige Person gegen Ihren Plan vorbringen könnte. Dabei ist es zunächst nicht entscheidend, ob

Name der Person	Warum ist mir dieser Mensch wichtig?	Nachteile/ Mögliche Einwände	Vorteile/ Argumente für ...

diese Vorbehalte berechtigt oder unberechtigt sind, sachlich oder unsachlich. Versetzen Sie sich in die Lage Ihres Gesprächspartners und versuchen Sie ehrlich zu bestimmen, welche negativen Konsequenzen sich für diesen aus Ihrem Downshifting-Plan ergeben könnten.

In der Spalte »Vorteile/Argumente für ...« sammeln Sie alle Argumente »Pro Downshifting«, die Ihnen einfallen – jede einzelne positive Konsequenz, die sich für Ihre Mitmenschen auf dem Weg zu Ihrem Downshifting-Ziel ergibt. Ist es etwa der Umstand, dass Sie in Zukunft schlicht mehr Zeit für Freunde und Familie haben werden? Schreiben Sie es auf. Sind es so einfache Dinge wie die Gartenarbeit, um die Sie sich kümmern wollen? Auch das gehört in die Liste. Oder sind es die ganz großen Fernziele, wie diese USA-Reise, die Sie und Ihre Freunde schon seit über zehn Jahren planen, ohne dass bisher jemand Zeit gehabt hätte, endlich mal die Details in Angriff zu nehmen? Auch das nehmen Sie mit auf.

Der Marketing-Manager Simon G. konnte Frau und Familie anfangs nur mit Mühe von seinen Plänen überzeugen. Der Grund lag in einer selbst verordneten Härte und falschen Selbstdisziplin, mit der er den auf ihn lastenden Arbeitsdruck stets verborgen hatte, um niemanden damit zu behelligen. Entsprechend groß war das Erstaunen, das er mit seinem unerwarteten Vorhaben bei allen seinen Gesprächspartnern auslöste. Den größten Rückhalt fand er ausgerechnet bei einem Ex-Kollegen, der die Job-Belastung selbst bereits erfolgreich reduziert hatte und ihn nun mit Tipps versorgte. G.s Downshifting-Plan verlief sehr moderat: Ein schrittweiser Abbau der Arbeitsbelastung ohne allzu große finanzielle Einbußen und dementsprechend ohne allzu abrupte und einschneidende Veränderungen

▶ **Sein Downshifting-Tipp:** *Allen Beteiligten entgegenkommen! Wenn man erst einmal damit begonnen hat, sich für das Leben der Mitmenschen zu interessieren, wird auch deutlich, wie Sie diese am sinnvollsten in die eigenen Pläne einbinden können.*

Idealerweise können Sie ernstzunehmende Vorbehalte Ihrer Gesprächspartner überzeugend durch gute Argumente entkräften. Dies wird natürlich nicht in jedem Fall gelingen. Dann sollten Sie bereit sein, Kompromisse zu schließen. Und auch das sollten Sie beherzigen: Hier geht es nicht um die Verhandlungsführung mit einem Lieferanten oder neuen Angestellten, den man später nach Belieben wieder austauschen kann. Sie planen hier Ihr neues Leben – mit den Menschen, die daran teilhaben sollen. Machen Sie Ihre Gesprächspartner deshalb auch auf negative Konsequenzen aufmerksam, die diese vielleicht übersehen.

Was Sie in Ihre Überlegungen ebenfalls mit einbeziehen sollten, ist die Tatsache, dass Ihr neu errungener Freiraum ungeahnte Erwartungen und manchmal auch Spannungen erzeugen kann. Viele Menschen werden hoffen, dass Sie nun mehr Zeit für sie aufbringen – nicht nur bei Theaterbesuchen, sondern auch im Haushalt. Wie gehen Sie mit diesen Erwartungen, vor allem seitens Ihrer Familie um? Ein nicht zu unterschätzender Punkt, der häufig erst in der Praxis entdeckt wird, ist daher: Sie werden einander zukünftig weniger gut ausweichen können.

Zu den Ergebnissen der Gespräche sei Folgendes gesagt: Nur wenn die für Sie wichtigsten Downshifting-Partner genauso überzeugt von Ihren Plänen und deren Durchführbarkeit sind wie Sie selbst, kann die Sache auch erfolgreich umgesetzt werden. Und zum Timing: Stellen Sie sich darauf ein, dass diese Gespräche nicht an einem Abend zu einem abschließenden Ergebnis führen werden. Es kann Wochen dauern, die Familie oder andere wichtige Menschen in Ihrem Leben davon zu überzeugen, dass es Zeit für einen Perspektiv- und Lebenswechsel ist. Und es kann auch Momente geben, in denen man Ihnen skeptisch begegnet … Lassen Sie sich davon nicht beirren.

Ihre nächste große Herausforderung ist dann kein Firmenprojekt, sondern die höchst spannende Aufgabe, das zu verwirklichen, was bisher in Ihrem Leben zu kurz kam. Dazu gehört vor allem auch die Entwicklung eines stabilen und erfüllenden Beziehungsnetzes. Sie sollten diese Aufgabe nicht unterschätzen: Eine Familie und Freundschaften zu pflegen, Zusammengehörigkeits- und Gemeinschaftsgefühl zu erzeugen, all das erfordert Engagement und persönliche Qualitäten – Fähigkeiten, die im Berufsleben Kollegialität, Teamgeist und Loyalität heißen – und, ja, auch Disziplin. In dieser Hinsicht werden Anforderungen an Sie gestellt, die zwar anders, aber nicht unbedingt geringer sind, als das, was man im beruflichen Umfeld von Ihnen erwartet. Ihr neues Vorhaben ist also eines, an das man unter Umständen ebenso strategisch herangehen sollte wie an ein neues Unternehmensprojekt.

Was spricht also dagegen, wenn Sie von nun an statt des Geschäftsbereichs »Akkubohrschrauber« bei der Hammer & Nagel GmbH einfach Ihr Projekt »Familie & Freunde« aufbauen? Einen guten Teil der Zeit, die Sie früher in Meetings verbrachten, widmen Sie fortan Ihren Kindern, Ihrem Ehepartner und den Personen aus Ihrem Bekanntenkreis, die schon nach Ihrer ersten zaghaften Äußerung sagten: »Whow, eine tolle Idee!« – allesamt Menschen, die nun zum festen und unverrückbaren Teil Ihrer neuen Zeitplanung werden.

Geld und Glück – Mehr Leben ohne den alten Überfluss

4
Genug ist genug

Was wir heute als Downshifting bezeichnen, ist beileibe nicht erst ein Phänomen unserer modernen, hektischen Zeiten. Der Wunsch nach einem sinnerfüllten und einem zwischen Arbeit und Genuss ausgewogenen Leben existiert, seit es Menschen gibt. So propagierten schon die großen griechischen Philosophen wie Sokrates, Plato oder Aristoteles den Wert eines ausgeglichenen Lebens, wobei das vernünftige »Maß« der Genüsse eine wesentliche Rolle spielte. Bereits Sokrates entzog sich offenbar dem, was wir Konsumstress nennen, als er angesichts des Überangebots von Waren auf dem Athener Markt gesagt haben soll: »Wie viele Dinge gibt es doch, die ich nicht brauche!« Der ursprünglich vom römischen Dichter Horaz stammende und insbesondere im Barockzeitalter wiederbelebte Sinnspruch »Carpe diem« betont ebenfalls den Wert der gelungenen Lebensgestaltung. »Nutze den Tag«: Die Menschen früherer Generationen brachten damit vor allem ihr tiefes Bedürfnis zum Ausdruck, das von noch vielfältigeren Unwägbarkeiten als heute bedrohte Leben intensiv zu nutzen.

An dem alten Menschheitstraum vom Leben ohne die Last einer als erdrückend empfundenen Arbeit hat sich bis heute nicht viel geändert. Man könnte sogar so weit gehen zu behaupten, dass die Entwicklung der letzten Jahrzehnte, in denen Beruf und Kontostand für viele Menschen zu den alles dominierenden Fixpunkten wurden, nur die Folge eines historischen Unfalls war. Heute setzt sich zunehmend wieder die Erkenntnis durch, dass Arbeit im Leben nicht alles ist und Geldausgeben kein wirkliches Lebensglück bedeutet. Das Downshifting unserer Tage ist größtenteils eine Sache des Kampfes gegen die Uhr, gegen den modernen Arbeitsethos und gegen die Verlockungen der Werbung und des Konsums. Die moderne Version des Carpe diem ist keine Aufgabe, die zwischen Altar und Acker gelöst werden muss. Die Herausforderer unserer Tage sind Handy, Kreditkarte und E-Mail-Assistent.

Dass der Wunsch nach mehr Lebenssinn, nach einem weniger stark von Arbeit und Konsumwahn dominierten Leben ein so verbreitetes Phänomen unserer Zeit geworden ist, hängt indes mit einem glücklichen Umstand zusammen: Noch nie waren die Voraussetzungen so günstig, dass sich dieser Wunsch für die meisten Menschen auch verwirklichen lässt. Jeder hat heutzutage eine realistische Perspektive, der persönlichen Entscheidung gegen Arbeitsdruck und für mehr Lebenssinn auch Taten folgen zu lassen. Denn das ist das Wunderbare am Downshifting-Ansatz: Er ist vollkommen flexibel und passt sich perfekt Ihren individuellen Plänen an – ganz gleich, ob es sich um »Teilzeit-Downshifting« oder einen Komplett-Ausstieg mit stark reduzierten Einkünften handelt.

Und darum geht es in den nächsten Abschnitten: Wie Sie Ihr Leben nicht nur beruflich, sondern auch materiell und damit in letzter Konsequenz ideell von Überflüssigem befreien. Wie Sie den andauernden Versuch, die eigene Existenz durch ein Mehr an materiellen Dingen aufzuwerten, beenden und stattdessen Lebensqualität und Kontrolle zurückgewinnen.

Sinn und Unsinn des Konsums

Autos, Häuser, teure Urlaubsreisen – wer im Beruf viel leistet, leistet sich meist auch im Privatleben viel. Das Beispiel vom gut verdienenden Manager, der asketisch lebt und sein Einkommen für schlechte Zeiten oder einen angenehmen Lebensabend beiseite legt, dürfte wohl einer Traumwelt entspringen. Tatsächlich geht ein prestigeträchtiger Job in den allermeisten Fällen mit einem ebenso prestigeträchtigen Lebensstil einher. Die meisten Menschen reden sich dabei gerne ein, dass ihr ausschweifender Konsum eine Art gerechter Ausgleich für das anstrengende und fordernde Berufsleben sei. Das alleine wäre schon schlimm genug. Doch die Wahrheit ist meist noch viel unangenehmer: Luxus ist kein souverän und unabhängig gewählter Ausgleich, sondern vielfach überhaupt erst die Ursache für Stress und Überarbeitung. Denn die unbarmherzige Spirale, in die Power-Shopping und Dauer-Konsum uns treiben, sieht so aus: Mehr Stress im Job bedingt mehr Konsum, um die Belastung durch die Arbeit für kurze Zeit scheinbar zu kompensieren – und um diesen Luxus zu finanzieren, müssen wir noch mehr arbeiten, was wiederum zu noch mehr Stress führt.

Die Art und Weise, wie wir mit unseren Kreditkarten umgehen, sagt dabei meist viel mehr über uns selbst aus, als wir wahrhaben möchten. Hektik und dauernde berufliche Belastung haben zur Konsequenz, dass wir im Umgang mit Geld Verhaltensweisen an den Tag legen, die fast ausschließlich instinkt-, nicht aber verstandesorientiert sind. Das heißt: In Wahrheit folgen wir nicht unserem freien, kritischen Willen, den wir im Beruf gerne wie einen Schild vor uns hertragen, sondern spontanen Erschöpfungs- und Erregungszuständen. Was das heißt, weiß jeder, der einmal in der Mittagspause gehetzt in einem Reisebüro gesessen und Reisekataloge gewälzt hat. Ob am Nachmittag eine schwierige Kundenpräsentation oder das berüchtigte Abteilungsleiter-Meeting ansteht, irgendwann kommt der Punkt, an dem man zu sich selbst halb rechtfertigend und entschuldigend sagt: »Egal, das gönn ich mir jetzt einfach. Wäre ja noch schöner: Ackern wie ein Pferd und dann auch noch beim Urlaub sparen.« Und schon wieder sind ein paar tausend Euro für eine Reise draufgegangen, die ihren Zweck für einen kurzen Augenblick vielleicht erfüllt. Bei näherer Betrachtung hätte es allerdings auch eine Woche in einem weniger luxuriösen Ferienhaus in einer weniger entlegenen Gegend getan, oder ein Besuch bei guten Freunden, die man schon ewig nicht mehr gesehen hat. Aber leider, leider … die Zeit fehlt. Und dann noch der fordernde Job …

Downshifting bedeutet nicht nur, weniger zu arbeiten. Downshifting hat auch wesentlich mit der Kunst zu tun, das Leben mit einfachen Mitteln zu genießen und von materiellen Dingen zu entrümpeln, die Sie in Wahrheit nicht benötigen und die Sie nicht glücklich machen. Auch Freizeit kann ein Stress- und vor allem Kostenfaktor sein. In Ihrem Downshifting-Plan geht es jetzt deshalb darum, das richtige Gleichgewicht zwischen seelischen und materiellen Werten zu finden und wiederherzustellen mit dem Ziel, den Konsum sinnvoll zu reduzieren und dafür mehr Zeit zu gewinnen.

Ein wichtiger Punkt sei jedoch vorab erwähnt: Im Unterschied zu vielen anderen Ratgebern aus dem Bereich Work-Life-Balance soll an dieser Stelle keine Lanze für das einfache, beschauliche Leben auf dem Lande gebrochen werden, wo man Shopping-Malls und Boutiquen vergeblich sucht und stattdessen glückliche, einfach lebende Menschen ihre Pullover in Heimarbeit stricken und das Gemüse selbst ziehen. Der Grund dafür ist schlicht: Eine allzu abrupte Wandlung vom Hochleistungs-Verbraucher hin zum Asketen dürfte nur für die wenigsten Menschen eine realistische und vor allem glücklich machende Alternative sein. Und auch Ihr Partner und Ihre Kinder wären vermutlich irritiert, wenn es in Zukunft zu Weihnachten angesichts leerer Tische hieße: »Ihr wisst doch, dass ich dem Konsumterror abgeschworen habe. Kommt, wir sagen Gedichte auf!«

Falls Sie jetzt wissend lächeln und diesen Weg für sich bereits entschieden haben: kein Problem. Blättern Sie einfach weiter bis zu der folgenden Finanzanalyse, in der Sie in vier Schritten Ihre Einnahmen und Ausgaben einem exakten Check unterziehen und Ihr Verzichtpotenzial definieren.

Falls nicht, falls Sie zu jenen Menschen gehören, die sich ihres bisweilen ausufernden Konsumverhaltens einerseits bewusst, andererseits aber noch nicht sicher sind, wo genau die Grenze zwischen Gut und Böse, zwischen zu viel und zu wenig verläuft, seien Sie beruhigt: Konsum ist gut, und Konsum erfüllt seinen Zweck. Wenn er bewusst, das heißt kontrolliert eingesetzt wird.

Downshifting heißt also nicht, dass Sie Ihr Telefon abmelden, den Wagen verkaufen und fortan ein Leben in mönchischer Askese führen! Es geht ganz einfach darum, jene Besitztümer hinter sich zu lassen, die nicht nur teuer sind, sondern auch den Terminkalender vermauern und Sie Ihre Gelassenheit, Ihre Entspannung – und vor allem Ihre Zeit kosten.

In diesem Abschnitt sollten Sie sich also Gedanken über den Wagen machen, den Sie zur Zeit fahren. Muss es wirklich das brandneue, schnellste Modell mit den meisten Pferdestärken unter der Haube sein? Falls ja – und das wäre die materiell am wenigsten einschneidende Lösung – sollten Sie zumindest vom Gas gehen, um weniger Benzin zu verbrauchen und die Wartungskosten drastisch zu reduzieren. Vielleicht entscheiden Sie sich aber auch, einen günstigeren Wagen anzuschaffen, einen guten Gebrauchten zum Beispiel, der Sie mit Sicherheit ebenso anständig durchs Leben chauffieren wird wie Ihre derzeitige Luxuskarosse. Oder – und das wäre die ausgefallenste Lösung, die sicher nicht jedem passt – Sie verzichten gleich ganz aufs Auto. Auch hier gilt wieder: Die Wege sind vielfältig, und nur Sie alleine können entscheiden, welcher Ihren ganz persönlichen Bedürfnissen entspricht.

Und damit sind wir bereits mitten drin im Thema Geld. Ob Downshifting Sie ärmer machen wird, steht nicht notwendigerweise schon vorher fest. Auch wenn es paradox klingt: Einige Menschen werden dadurch, dass sie verschüttete Talente entdecken und endlich das tun, was sie schon immer tun wollten, tatsächlich reicher. Darauf sollten Sie zu Anfang allerdings nicht bauen. Downshifting bedeutet in den meisten Fällen, mit weniger Geld als zuvor auszukommen. Die meisten Menschen, die einen reduzierten, auf die wirklich wichtigen Dinge konzentrierten Lebensstil wählen, kommen materiell gesehen ärmer aus diesem Prozess heraus, dafür natürlich reicher an innerer Zufriedenheit. Dementsprechend ist es am wahrscheinlichsten, dass auch Sie persönlich weniger verdienen werden, wenn Sie Ihren Downshifting-Plan erst einmal in die Tat umgesetzt haben. Ähnlich war es auch bei jenen Menschen, deren Biografien hier bereits geschildert wurden. Obwohl sie ihre Wünsche und Absichten auf ganz unterschiedliche Weise verwirklichten, war ihnen eines gemeinsam: Die Bereitschaft, die Erwartungen an den Job und damit auch die Einkünfte mehr oder weniger deutlich herunterzuschrauben.

Je höher Ihr persönliches, derzeitiges Einkommen ist und je größer Ihre Rücklagen sind, desto einfacher wird es natürlich auch, Einsparungen vorzunehmen und einen neuen, weniger stark von Konsum dominierten Weg einzuschlagen. Was allerdings nicht heißt, dass es mit weniger Geld nicht auch geht, wie Sie gleich sehen werden.

Konsumfetischismus oder Askese?

Ganz gleich, wie Ihr Plan bis jetzt aussieht – ob Sie nächste Woche loslegen möchten oder vielleicht erst in einem Jahr, ob Sie von einem Totalausstieg träumen oder einfach Ihre Arbeitszeit geringfügig reduzieren wollen –, Sie werden neben Ihrer Arbeit einen weiteren Punkt einer genauen Prüfung unterziehen und eventuell auch verändern müssen: Ihr Verhältnis zum Geld. Dazu, wie Sie es verdienen, und dazu, wie Sie es wieder ausgeben. Wenn Sie bereits jetzt ein einigermaßen kontrolliertes Verhältnis zu Ihren Finanzen haben: umso besser. Wenn nicht, seien Sie gewiss: Sie können es ändern. Ob es um Ihre Beziehung zum Geldverdienen oder zum Geldausgeben geht – die Schlüsselfrage ist in jedem Falle die nach Ihrer persönlichen Motivation. Wenn Sie ehrlich motiviert sind, ein Leben mit weniger beruflicher Hektik und Stress zu führen und stattdessen andere Qualitäten und Lebensbereiche entfalten möchten, ist das – im wahrsten Sinne des Wortes – bereits die halbe Miete. Auch und gerade, wenn Sie zu diesem Zweck Ihre finanzielle Situation neu ordnen müssen (und möchten). Alles, was Ihnen dann noch fehlt, ist ein detaillierter Plan, der folgende Punkte umfasst:

- Checken Sie Ihre gegenwärtige finanzielle Situation: Alles, was auf der Haben- und Soll-, der Einnahmen- und Ausgabenseite steht.
- Checken Sie Ihr persönliches Verbesserungspotenzial und befreien Sie sich von schlechten Konsumgewohnheiten.
- Werden Sie finanziell unabhängiger, indem Sie kontrollierter und bewusster konsumieren.

Keine Sorge: Was wir bei der folgenden Finanz-Analyse vermeiden werden, sind alle Arten von komplizierten, flowchart-basierten oder gar esoterischen Finanztipps – es geht einfach darum, Ihre aktuelle Situation zu klären, Verbesserungsmöglichkeiten aufzuspüren und diese schließlich auch umzusetzen. Kurz: Kontrolle auszuüben.

Der Manager Simon G. ging drei- bis viermal in der Woche auswärts Essen und verbrachte seinen Urlaub prinzipiell nur in den entlegensten Winkeln der Welt. Schließlich ging es während der Arbeit hart genug zur Sache, und wenn er den Job dann hinter sich gelassen hatte, wollte er einfach nur noch weit weg. Das Beste war gerade gut genug – dafür schlug dann auch jeder in Südamerika oder Australien verbrachte Urlaub mit mindestens viertausend Euro zu Buche. Dass dies in Wahrheit Fluchten waren, mochte er sich anfangs nicht eingestehen. Schließlich machten es alle so, mit dem guten Argument: Ich arbeite hier zehn, zwölf Stunden am Stück, da muss ich mir auch mal was leisten!

▶ **Sein Downshifting-Tipp:** *Bei der Analyse des privaten Konsums Mut beweisen und sich ehrlich fragen: Worin liegen die wahren Gründe für die Ausgaben?*

Richten Sie Ihren Konsum- und Finanz-Kompass aus!

Bevor Sie jetzt darangehen, im Geiste bereits Kosten-Nutzen-Analysen durchzuführen und sich von Ihren Besitztümern zu trennen, geht es wie schon im vorigen Abschnitt zunächst darum, die grobe Richtung festzulegen. Vor der Ermittlung des konkreten »Wie viel?« stellen Sie sich die Frage, was Sie sich überhaupt zumuten können.

Dazu finden Sie nachfolgend eine Reihe von Statements, mit deren Hilfe sich prüfen lässt, wie stark Sie an Ihrem bisherigen Lebensstatus und -stil hängen und wie stark Sie von Ihrem bisherigen Einkommen überhaupt abhängig sind. »Warum nicht sofort ans Streichen und Wegkürzen einzelner Posten gehen?« fragen Sie sich jetzt vielleicht, »ich weiß schon jetzt, dass ich ein Auto verkaufen und diverse Clubmitgliedschaften kündigen kann …« Täuschen Sie sich nicht: Wenn sich herausstellt, dass Sie im Grunde ein Konsum-Junkie sind, fällt die Summe, die Sie später ermitteln sollten, umso niedriger aus. Genauso verhält es sich mit Kürzungen bei Dingen, die Ihnen bei allem Drang zu einem veränderten Lebensstil vielleicht doch zu sehr am Herzen liegen. Beginnen wir deshalb also nicht mit einem konkreten Sparplan, sondern mit einer Einschätzung Ihres persönlichen Konsum- und Finanzstils.

Test: Das Bewertungsschema ist wieder das gleiche wie im vorigen Abschnitt

- 2 Punkte für jedes Statement, das Sie guten Gewissens bejahen können,
- 1 Punkt für »teils, teils«,
- 0 Punkte für ein klares Nein.

Aussage	Ihre Punktzahl
■ **Konsumverhalten:** Sie konsumieren generell weniger als beispielsweise Ihre Freunde und Bekannten. Auf teure Urlaube oder auch Restaurantbesuche können Sie gut verzichten; Ihren Ausgleich zum Berufsstress suchen Sie stattdessen in Aktivitäten, die wenig oder kein Geld kosten. Mit einem Satz: Sie legen wenig Wert darauf, Dinge zu besitzen, mit denen sich angeben lässt.	
■ **Jetziges Einkommen:** Wenn Sie selbst über die Höhe Ihres Gehaltes entscheiden könnten, wäre ein Einkommensverlust für Sie verkraftbar.	
■ **Zukünftiges Einkommen:** Sie haben bereits eine Vorstellung davon, wie und womit Sie in Zukunft Geld verdienen können und möchten.	
■ **Rücklagen und Ersparnisse:** Sie sind schuldenfrei und verfügen über finanzielle Rücklagen, auf die Sie in Notfällen zurückgreifen könnten.	
	Summe:

Auflösung: Aus den Antworten auf diese Statements ergeben sich die wichtigsten Anhaltspunkte für Ihr persönliches »Einsparpotenzial« und für die konkrete Summe, um die es in den nächsten Abschnitten gehen wird.

Wenn Sie sich insgesamt 3 oder weniger Punkte gegeben haben, sind Ihre finanziellen Möglichkeiten eindeutig eingeschränkt. Sie sollten vorsichtig sein bei der Aufstellung Ihres Downshifting-Finanzierungsplans und die Kürzungen zunächst bewusst niedrig ansetzen. Dies muss natürlich keine Zielsetzung für die Ewigkeit sein. Wenn sich nach einem halben Jahr herausstellt, dass Ihr Nachdenken über Downshifting auch in finanzieller Hinsicht viel weitreichendere Konsequenzen hatte, als Sie ursprünglich planten, können Sie problemlos weitere Streichungen vornehmen.

Wenn Sie zwischen 4 und 6 Punkten liegen, gehören Sie in puncto Haushaltsplanung zur größten Gruppe, dem guten Mittelfeld. Ihre Voraussetzungen, Einschnitte vorzunehmen, sind eine gute Basis für einen moderaten Downshifting-Kurs, der Ihnen in alle Richtungen viel Spielraum lässt.

Kandidaten, die mindestens drei Statements guten Gewissens bejahen konnten und bei denen die Gesamtpunktzahl zwischen 7 und 8 liegt, gehören zur Spitzengruppe in Sachen finanzieller Entfaltungsmöglichkeiten. Auch ein tieferer Einschnitt bei den Konsumausgaben sollte für diese Menschen kein Problem sein.

Für die Hotel-Managerin Nadine B. waren teure Beschäftigungen in der knappen, verbleibenden Freizeit vor allem eine Art Treibstoff, um die Maschine am Laufen zu halten. Der Preis: Üppige Mitgliedsbeiträge für diverse Fitness-, Golf- und Country-Clubs sowie Ausgaben für eine ganze Batterie von privat finanzierten Hilfskräften, von der Schülernachhilfe bis hin zur Gartenarbeit. Je mehr sie verdiente, desto mehr gab sie auch wieder aus. Bittere Konsequenz: Irgendwann verlor sie den Überblick.

▶ **Ihr Downshifting-Tipp:** *Die persönliche Bilanz vor allem im Hinblick auf die typischen »Ersatzbefriedigungen« durchforsten.*

Die magische Summe: der Preis für Ihr neues Leben

Von irgendetwas müssen Sie leben – jetzt und in Zukunft, ob als normaler Angestellter mit reduzierter Arbeitsbelastung, als »Luxus-Privatier« mit Vermögen im Hintergrund oder auch als Totalaussteiger, der auf einem Bauernhof sein Gemüse selbst zieht. Auch wenn Downshifting mit einem finanziellen Polster im Hintergrund leichter umzusetzen ist, können Sie sicher sein, dass es prinzipiell für jeden eine realistische Perspektive ist. Wie eingangs schon gesagt: Es geht auch ohne die Million. Allerdings wäre es zu diesem Zeitpunkt noch zu früh, über Ihr neues Einkommen zu spekulieren – dieses wird von vielen, völlig unterschiedlichen Faktoren abhängen: Was werden Sie in Zukunft arbeiten? Wo und wie möchten Sie in Zukunft leben? Alle diese Dinge entscheiden sich erst in späteren Phasen.

Trotzdem sollten Sie sich schon jetzt die mehr oder weniger einfache Frage nach dem »Wie viel?« stellen: Auf welchen Teil Ihrer bisherigen, materiellen Besitztümer könnten Sie verzichten? Wie könnte Ihr zukünftiges Lebensniveau aussehen? Anders gesagt: Wie viel Geld geben Sie gegenwärtig wofür aus – und welche Posten in dieser Konsumbilanz könnten Sie ersatzlos streichen? Im Moment sitzen Sie in einem schnellen und teuren Wagen, mit dem Sie die Kurve zu einem Leben ohne Stress und Karrieredruck nur schwerlich kriegen werden. Die Frage ist nun, was darf, was sollte Ihr zukünftiger fahrbarer Untersatz kosten? Jetzt, wo Sie wissen, wie leicht (oder schwer) Ihnen Konsumverzicht und ein verringertes Einkommen fallen würden, sollten Sie darangehen, diese Summe exakter einzukreisen. Dabei geht es um eine Zahl, eine einfache, klare Ziffer, die Sie bei Ihren zukünftigen Planungen im Kopf behalten. Sie sollte so etwas wie Ihr zukünftiger, finanzieller Kompass sein.

Auch wenn Sie bisher eher sorglos mit Ihren Finanzen umgegangen sind, wird Ihnen die Bestimmung dieser Summe mithilfe der nachfolgenden Analyse in vier Schritten nicht schwer fallen. Dabei geht es um nicht mehr und nicht weniger als einen detaillierten Haben-und-Soll-Vergleich.

Schritt 1: Ihre Ausgaben

Ihr individuelles, finanzielles Downshifting-Potenzial ermitteln Sie, indem Sie in einem ersten Schritt alle Ihre Ausgaben aus zwei Bereichen zusammenzählen, nämlich:

- zum einen monatliche beziehungsweise regelmäßige Ausgaben
- und zum anderen Kosten und Aufwendungen, die Sie unregelmäßig haben.

Zu den monatlichen, also regelmäßigen Ausgaben zählen Miete, eventuelle Belastungen durch Hypotheken, die gesamte Lebenshaltung, alle Versicherungen, Auslagen für das oder die Autos, aber auch Mitgliedschaften in Fitness- oder Golfclubs oder Dinge wie Handy oder Theater-Abonnements. Hier reicht häufig schon ein einfacher Blick auf die Kontoauszüge der letzten dreißig Tage, um zu einer vollständigen Übersicht zu kommen. Keine Ausreden: Hier geht es nicht um Ihre Steuererklärung, die bis auf den letzten Cent penibel errechnet wird, sondern um eine möglichst genaue Schätzung. Alles, was Sie nicht exakt einkreisen können, veranschlagen Sie aufgrund Ihrer Erfahrungen. Und wenn Sie bei der Definition der Einzelposten zu unsicher sind und die wichtigsten Quittungen beim besten Willen nicht mehr auftreiben können, schätzen Sie eben.

Ein Beispiel: Generell ist Ihr Auto einer der größten Kostenverursacher – egal, ob Sie es privat bezahlen oder ob die Firma es Ihnen stellt. So kostet eine einfache Mercedes C-Klasse Limousine im Monat durchschnittlich 550 Euro – inklusive Wertverlust, Werkstattkosten und Benzin (Quelle: ADAC). Stellen wir uns in einer etwas vereinfachten Rechnung vor, der oder die Besitzer/in verdient monatlich 3 000 Euro netto und ist dafür 50 Stunden in der Woche im Büro, also etwa 200 Stunden im Monat. Einen 10-Stunden-Tag vorausgesetzt, arbeitet dieser Mann oder diese Frau folglich nicht weniger als vier Arbeitstage im Monat alleine zur Finanzierung des Wagens. Und auch einem Kandidaten mit prächtigem Geschäftsführergehalt und 7er BMW geht es nicht viel besser. Bei einem Netto-Verdienst von 10 000 Euro im Monat und einer 60-Stunden-Woche gehen knapp 30 Stunden Arbeitszeit im Monat auf das Konto der Luxuskarosse, die laut ADAC mit durchschnittlichen Kosten von 1 200 Euro im Monat zu Buche schlägt. Hochgerechnet sind das 30 bis 40 Tage Arbeit pro Jahr für den fahrbaren Untersatz. Wahrscheinlich mehr Zeit, als die meisten Top-Manager mit ihren Kindern verbringen.

Die Rechnung ist simpel, und für Ihren Wagen gilt dasselbe wie für alle anderen Konsumgüter: Sie bezahlen all das nicht einfach nur mit Geld, sondern mit Ihrer Lebenszeit. »Aber ich kann mein Auto steuerlich geltend machen!« werden Sie jetzt vielleicht einwenden. Korrekt – ein auf den ersten Blick wirklich unschlagbares Argument. Dabei sollten Sie allerdings jene eiserne Grundregel bedenken, nach der das Finanzamt vor jede Abzugsfähigkeit auch eine Ausgabe gesetzt hat. Zunächst einmal zahlen Sie. Und was letztlich niemand von uns steuerlich geltend machen kann, ist das Leben – und der Sinn, den wir ihm geben.

Kommen wir nun zu den unregelmäßigen Kosten, zu denen Ausgaben für Urlaube, Restaurantbesuche oder Aufwendungen für Ihre Garderobe zählen, aber natürlich auch Investitionen in Haus oder Wohnung sowie Technik. Am besten gehen Sie zur Aufstellung dieser Posten einmal die vergangenen zwölf Monate durch, sei es anhand Ihrer Kontoauszüge, gesammelter Quittungen oder (wenn all das nicht mehr vorhanden ist) in einer stillen Stunde am Schreibtisch. Die Frage, die Sie klären müssen, lautet: Welche vorhersehbaren und unvorhergesehenen Belastungen gab es? Und womit sollten Sie realistischerweise in Zukunft rechnen? Was natürlich ebenfalls dazu kommt, sind eventuell vorhandene Schulden, ausstehende Zahlungen, Hypotheken – jeder Punkt, der Ihre Bilanz belastet.

Versuchen Sie bei der gesamten Aufstellung möglichst schon jetzt, alle Posten abzutrennen, die irgendwie mit Ihrer Arbeit zu tun haben, und die sich folglich mit hoher Wahrscheinlichkeit auch verringern, wenn Sie erst einmal Ihren Lebens- und Arbeitsstil verändert haben.

Schritt 2: Ihre Einnahmen und Aktivposten

Im zweiten Schritt machen Sie eine Momentaufnahme Ihrer finanziellen Einkommens- und Lebenssituation, unabhängig davon, was Ihnen für die Zukunft an finanziellen Verschiebungen vorschwebt. Dafür addieren Sie zunächst sämtliche laufenden Einnahmen. Darunter fällt natürlich in erster Linie Ihr Gehalt abzüglich aller Steuern, genauso wie regelmäßige Einkünfte, die Sie anderweitig erzielen – Zinseinkünfte, Vermietung, eben all das, was Sie auch aus Ihrer Steuererklärung kennen.

Der nächste Punkt betrifft alle weiteren Dinge, die auf Ihrer Habenseite stehen. Das sind Aktivposten wie Haus / Wohnung, sämtliche Ersparnisse und Rücklagen, das oder die Autos und alle weiteren langlebigen Konsum- und Luxusgüter – ganz gleich, ob es um Ihre Segeljacht oder die Briefmarkensammlung geht. Was allerdings nicht darunter fällt, sind alle Dinge, die mit einem »Vielleicht« oder »Irgendwann« behaftet sind: Erbschaften oder erhoffte Wertsteigerungen zum Beispiel.

Schritt 3: Ermitteln Sie Ihren aktuellen Finanzstatus

Jetzt geht es ans Bilanzieren: Stellen Sie zunächst Ihre laufenden Einnahmen den laufenden Ausgaben gegenüber. Notieren Sie diese Ziffer. Und damit gleich zur ersten einfachen Wahrheit: Wenn Sie kontinuierlich mehr einnehmen als Sie ausgeben, stehen Sie netto im Plus. Das wäre schon einmal gut. Umgekehrt hätten Sie allerdings zunächst ein Problem. Wenn Sie mehr ausgeben, als Sie einnehmen, ist dies ein ungünstiger Ausgangspunkt für einen Downshifting-Plan. Ihn umzusetzen dürfte dann schwierig werden, aber nicht unmöglich. Dasselbe tun Sie nun mit Ihrem Vermögen und Ihren Schulden. Damit folgt die zweite einfache Wahrheit: Wenn Sie netto mehr besitzen, als Sie Schulden haben (unabhängig von der Größenordnung), stehen die Zeichen auf »Go«. Wenn auf der Sollseite mehr steht als auf der Habenseite, gilt auch hier wieder: Die Ausgangsvoraussetzungen sind zumindest verbesserungswürdig.

Mit dieser ersten Rechnung stellen Sie auf einfache Weise fest, ob Sie in Ihrer jetzigen Situation einen Einkommensverlust überhaupt verkraften, und wenn ja, wie hoch dieser maximal ausfallen könnte. Die Konsequenzen, die sich daraus ergeben, lauten:

- Wenn Sie netto im Plus stehen, können Sie im Prinzip auch ohne Kürzungen beim Haushalts-Budget sofort darangehen, Ihr Arbeitspensum und damit Ihr Gehalt zu reduzieren – abhängig natürlich davon, wie groß die Differenz zwischen Einnahmen und Ausgaben ist.
- Wenn Sie netto im Minus sind, wird es höchste Zeit, nicht nur Ihren Lebens-, sondern auch Ihren Finanzstil zu ändern.
- Wenn Sie mehr Vermögen als Schulden besitzen, könnten Sie einen Teil dieses Guthabens nutzen, um Ihren Downshifting-Plan voranzutreiben und umzusetzen.
- Wenn Sie Schulden haben, wäre der erste und wichtigste Schritt, diese Schulden zu beseitigen.

Ein wichtiges Stichwort. Es kann sein, dass Sie bei dieser Analyse feststellen, dass Sie auf beträchtlichen Schulden sitzen – eine auf den ersten Blick hoffnungslose Situation. Begehen Sie jedoch nicht den Fehler, in Resignation zu verfallen und für die Misere irgendwelche äußeren Umstände verantwortlich zu machen. Dass das nicht stimmt, dürften Sie mittlerweile wissen. Auch wenn Sie unter einer hohen Schuldenlast ächzen, ist es möglich, einen klaren und strukturierten Neuanfang durchzuführen. In diesem Falle sollten Sie als Erstes eine professionelle Schuldnerberatung aufsuchen und mit fremder Hilfe einen fundierten und auf Ihre persönliche Situation zugeschnittenen Plan zur Reduzierung Ihrer Schulden anfertigen und auch durchführen. So viel bereits vorweg: Im Großen und Ganzen gibt es drei Möglichkeiten, mit Schulden aufzuräumen:

- Reduzieren Sie Ihre Ausgaben!
- Erhöhen Sie Ihre Einnahmen!
- Machen Sie Aktivposten zu Geld!

Meist ist es sinnvoll, nicht nur eine dieser Möglichkeiten auszuwählen, sondern alle drei miteinander zu kombinieren. Fast noch wichtiger, als sich von einer Schuldenlast zu befreien, ist dann auch das Vorhaben und die geeignete Planung, um Schulden in Zukunft zu vermeiden.

Soviel zu den ersten drei Schritten auf dem Weg zu einer sauberen Downshifting-Bilanz. Falls Sie bis hierhin gegähnt oder nur müde gelächelt haben, weil Sie die oben beschriebenen Rechenübungen als lächerlich empfunden haben und die fraglichen Zahlen aus dem Kopf kennen, kann man Sie nur beglückwünschen. Im Idealfall haben Sie Ihre Finanzen so organisiert, wie jedes Unternehmen das tut: Sie haben den Überblick über alle Einnahmen und Ausgaben und kennen Ihren Vermögensstand. Tatsächlich stehen jedoch bei den meisten Menschen in Sachen Finanz- und Haushaltsplanung keine klaren Ziffern, sondern dicke Fragezeichen an erster Stelle.

Der wichtigste Ratschlag in diesem Zusammenhang lautet deshalb: Egal, wie Sie bisher mit Ihrem Geld umgegangen sind, um die oben beschriebene Analyse sollten Sie sich auf keinen Fall herummogeln. Sie werden Ihren persönlichen Weg nicht entscheidend und dauerhaft verändern, ohne vorher einen klaren Blick auf Ihre finanzielle Situation und die darin enthaltenen Verbesserungspotenziale geworfen zu haben. Und damit zum letzten Punkt, in dem Sie darangehen, mehr Kontrolle auszuüben und Ihre Finanzsituation zukünftig zu vereinfachen.

Schritt 4: Definieren Sie Ihr Verzichtpotenzial

Sie wissen nun, wie viel Sie ausgeben und vor allem wofür. Diese Summe ist der Preis, den Sie für Ihr jetziges Leben zahlen. Es ist mit hoher Wahrscheinlichkeit ein Leben voller Arbeitsdruck, mit vielen Staus, viel Zeit in Ihrem Auto und/oder den geliebten Nahverkehrsmitteln und mit wenig Zeit für die Dinge, die Sie eigentlich immer tun wollten.

Um Ihre persönlichen Möglichkeiten zu definieren, sollten Sie nun darangehen, Ihre finanziellen und materiellen Bedürfnisse einzugrenzen und genauer herauszufinden, warum und wofür Sie Ihr Geld eigentlich ausgeben. Kurz gesagt: Was sind die Gründe für Ihr finanzielles Verhalten? Was brauchen Sie wirklich – und was ist lediglich Ventil für Stress im Job? Dabei geht es in erster Linie gar nicht mal um Verzicht, sondern um eine gnadenlos ehrliche Selbsteinschätzung und um bessere Kontrolle darüber, wie Sie leben und wie Sie sich finanzieren. Geld und Geldausgeben sollen in Zukunft keine Ersatzbefriedigungen mehr für irgendwelche im Job erlittenen Frustrationen sein, sondern Werkzeug und Mittel zum Zweck. Und dieser Zweck ist Ihr Downshifting-Plan. In letzter Konsequenz entwickeln Sie schließlich ein im besten Falle weniger emotionales, dafür aber rationales Verhältnis zum Thema Geld.

Und damit zum letzten Punkt, in dem es ans Kontrollieren, ans Ausdünnen und (doch, doch!) auch ans Ausradieren geht. Lesen Sie sich zu diesem Zweck in der unter Punkt 1 erstellten Bilanz noch einmal alle Ausgaben und Negativ-Posten in Ruhe durch.

Haben Sie im ersten Anlauf bereits eine Idee, welche von diesen Dingen Sie brauchen, welche nutzlos oder vielleicht sogar eine Bürde sind? Halten Sie sich dabei stets Folgendes vor Augen: Hart arbeitende Menschen verfallen bisweilen auf die ausgefallensten Ideen, um sich der Last des Jobs wenigstens vorübergend zu entledigen. Um, mit einem Wort, zu fliehen. Das Muster ist immer dasselbe: Es ist viel zu tun, viele Menschen (Kunden, Kollegen, der Chef) wollen viele Dinge von Ihnen, und infolge einer »Eskapismus« genannten Verhaltensweise tun oder veranlassen Sie etwas, das Ihnen (kurzzeitig) Entspannung verschafft. Zum Beispiel einen Wochenendtrip nach Mailand buchen, einen ganzen Stapel Musik-CDs oder DVDs bestellen, Klamotten kaufen, teuer essen gehen – obwohl Mailand Sie in Wahrheit anödet, und das CD-Regal und der Kleider- und Kühlschrank rappelvoll sind.

Markieren Sie in einem ersten Durchgang alle Dinge, bei denen Sie bereits jetzt das Gefühl haben, dass Sie sie in Zukunft gar nicht mehr oder nicht mehr im selben Umfang brauchen. Meist sind dies Ausgaben, von denen Sie schon im Moment, in dem Sie die Kredit- oder EC-Karte zücken, wissen, dass sie im Grunde überteuert oder überflüssig sind. Einkäufe, die man aus Eile nicht überdenkt oder bei denen man aus Zeitmangel keine Preisvergleiche anstellt, Dienstleistungen wie die simple Reparatur eines verstopften Abflussrohres, die man nach außen vergibt, weil schlicht die Zeit fehlt. Ein ebenso kritischer Punkt ist Geld, das ausgegeben wird, um soziales Zusammengehörigkeitsgefühl zu erzeugen oder aufrechtzuerhalten. Dazu zählen insbesondere Dinge wie die Wohnungseinrichtung, aber auch wieder Autos und Urlaube. Natürlich müssen Sie alle diese Ausgaben nicht von heute auf morgen auf null reduzieren. Sie können sich aber zwei Fragen stellen:

- Ist die Ausgabe notwendig? Gegenfrage: Was wäre, wenn Sie sie unterlassen würden?
- Dient die Ausgabe eventuell dem Stressausgleich oder um bei anderen Menschen Neid hervorzurufen?

Nach diesem ersten Durchgang sollten Sie für alle (nicht nur die markierten) Posten eine kurze, schriftliche Kosten-Nutzen-Bilanz erstellen, die neben der finanziellen Belastung auch den Zeitaufwand, positive Effekte und natürlich auch eventuellen Ärger enthält. Halten Sie sich an folgende Vorlage:

Ausgaben/ Kosten	Zeitaufwand, negative Effekte	Positive Effekte	Mögliche Ersparnis
Summe sämtlicher Kosten:			Summe möglicher Ersparnisse:

Es kommt zu diesem Zeitpunkt noch nicht darauf an, einen detaillierten Haushaltsplan zu erstellen, der bis auf den letzten Cent genau aussagt, von wie viel Geld Sie in Zukunft leben werden. Vielmehr geht es darum, sich einen möglichst genauen Überblick über mögliche Einsparungen zu verschaffen. Deshalb sollte bei dieser Analyse jeder aufgeführte Posten zur Disposition stehen – je intensiver Sie sich mit Ihrer persönlichen Haushaltsbilanz beschäftigen, desto besser. Vergleichen Sie die positiven mit den negativen Effekten und dem Zeitaufwand und entscheiden Sie: Kann ich hier den Rotstift ansetzen?

Vorsicht allerdings: Übertreiben Sie es anfangs nicht mit Streichungen und Kürzungen. Es liegt in der Natur des Menschen, bei einem Neubeginn zunächst mit viel Elan und Euphorie loszulegen. Alles, was Ihr Leben (jetzt schon) bereichert und nicht das Ergebnis gestressten und damit unkontrollierten Konsumverhaltens ist, gehört nicht auf die Streichliste. Eine mögliche Konsequenz von allzu eifrigen Kürzungen könnte nämlich sein, dass Sie hinterher genauso schwer im Stress stecken wie vorher – weil Sie sich permanent darum sorgen, was Sie sich leisten können und was nicht.

Das Ergebnis dieser »Verzicht-Kalkulation« sollten Sie schriftlich festhalten und nach einigen Wochen erneut durchrechnen. Haben sich Verschiebungen ergeben? Weicht die neue Bilanz stark von der alten ab? Erst wenn Sie sicher sind, auf welchem Wohlstands-Niveau Sie zukünftig leben können und möchten, haben Sie Ihr persönliches Einsparpotenzial und damit Ihre individuelle, finanzielle Downshifting-Bilanz erstellt, die Sie im Verlauf Ihres weiteren Weges stets im Auge behalten sollten.

Übernehmen Sie Ihre Finanzplanung selbst!

Natürlich ist die Folge einer reduzierten Arbeitszeit meist auch ein mehr oder weniger stark reduziertes Einkommen. Wenn Sie von einer Vollzeit- auf eine Teilzeitstelle wechseln, kommen Sie dank der Steuerprogression allerdings auch in den Genuss einer geringeren Steuerlast, denn im Allgemeinen sinkt das (Netto-)Gehalt weniger stark als die Arbeitszeit. Und je nachdem, wie stark Sie Ihre Wochenarbeitszeit verringern wollen, können Sie mit Ihrem Arbeitgeber auch weitere Deals aushandeln, wie zum Beispiel, das Weihnachts- oder Urlaubsgeld zukünftig auf das Gehalt umzulegen, um dadurch die monatliche Belastung zu reduzieren. All dies sind Wege, um ein verringertes Einkommen aufzufangen und abzufedern. Und was Ihre finanzielle Zukunft betrifft, so sollten Sie stets die Grundregel beherzigen, Zeit in die persönliche Finanzplanung zu investieren und sich eher auf sich selbst als auf den Rat anderer zu verlassen. Finanzplanung sollte niemals etwas sein, das man nebenbei betreibt oder einfach anderen Leuten überlässt. Finanzplanung erfordert Zeit – Zeit, die Sie als Downshifter dann allerdings auch haben und investieren sollten. Einen gewissen Anteil Ihres neu definierten Lebens sollten Sie deshalb für die Organisation Ihrer Finanzen reservieren. Wie Sie das am besten tun und wie groß dieser Anteil sein kann, erfahren Sie in Kapitel 14.

Ein weiteres wichtiges Stichwort zum Thema finanzielle Zukunft ist Ihre Altersvorsorge, Ihre Rente. Wenn Sie weniger arbeiten, sinken natürlich auch Ihre Rentenansprüche. Die wenigsten Menschen – ob Downshifter oder Vollzeitbeschäftigte – wissen überhaupt, wie hoch Ihre Rentenansprüche sind. Diesen Punkt müssen Sie durch eine formlose Anfrage bei Ihrem Rententräger unbedingt klären – gerade im Hinblick auf ein verringertes, zukünftiges Einkommen und Ihre Downshifting-Pläne. Fragen Sie sich, ob Sie mit dieser Summe in Zukunft leben können oder ob Sie nachbessern müssen und wie Sie Ihre Altersvorsorge auch als Downshifter aufbauen. Je nachdem, wie groß Ihr Wissensstand auf diesem Gebiet ist oder vielmehr Ihre Lücken sind, sollten Sie auf andere Quellen zurückgreifen. Denn natürlich kann dieses Buch keinen Finanzratgeber ersetzen oder es wäre doppelt so dick.

Ihr finanzieller Kompass und der Realitätstest

Wie eingangs bereits gesagt: Die Bilanz, die Sie nun ermittelt haben, ist Ihr Kompass, der Ihnen den weiteren Weg weist, vor allem hinsichtlich Ihres neuen Jobs. Denn nur, wenn Sie wissen, von welcher Summe Sie in Zukunft leben können und wollen, können Sie auch Ihre Job-Ziele exakt definieren. Was Downshifting und das Thema Geld betrifft, so gilt: Es gibt keine allgemein gültige Formel, nach der sich der Finanzbedarf eines Menschen ausrechnen lässt, der sein Leben mit Inhalten jenseits des Berufs bereichern möchte. Diesen Punkt können nur Sie alleine beantworten. Für den einen bedeutet Downshifting, dass er oder sie nur noch an drei anstelle von fünf Tagen in der Woche Überstunden schiebt und am Wochenende das Handy abstellt, um sich um die Familie zu kümmern. Für den anderen bedeutet es, zwei anstelle von drei Autos zu fahren und von einem Zehn- in ein Fünf-Zimmer-Haus zu ziehen, um neben der Arbeit endlich jene Liebhaberei zu verwirklichen, von der er oder sie schon seit Jahren schwärmt. Und für wieder andere sieht der persönliche Traum eines von Konsum-Stress und beruflicher Belastung befreiten Lebens vor, den Beruf ganz zu wechseln – den Manager-Job an den Nagel zu hängen und als Fotograf oder Reisejournalist die Welt neu kennen zu lernen ...

Für Karen G. war der Schritt in ihr neues Leben entgegen anfänglicher Befürchtungen finanziell gesehen nahezu unproblematisch. Sie und ihr Mann konnten den Einkommensverlust mühelos ausgleichen, indem sie in eine günstigere Wohnung zogen und Einsparungen bei den wichtigsten Konsumausgaben vornahmen. Außerdem hatte die Werbefrau die Möglichkeit, weiterhin auf Teilzeitbasis in ihrer alten Agentur zu arbeiten. So blieb der Familie neben der finanziellen Sicherheit genug Zeit, sich ein neues Leben einzurichten.

▶ **Ihr Downshifting-Tipp:** *Gerade beim Gehalt jede Alternative durchrechnen!*

Mit einer hinreichend klaren Vorstellung davon, welchen Grad an Wohlstand Sie akzeptieren beziehungsweise als Minimum halten möchten, werden Sie in den nächsten Kapiteln und Abschnitten damit beginnen, Ihre Pläne in die Tat umzusetzen. Bevor Sie das tun, gibt es jedoch noch eine letzte Frage von erheblicher Wichtigkeit. Sie lautet: Besteht Ihr Finanzplan den Realitätstest? Es wäre fatal, wenn Sie sagen, »Klar weiß ich jetzt schon, worauf ich verzichten kann!«, Ihren Job kündigen und hinterher plötzlich feststellen, dass doch alles ein bisschen viel war und dass Sie in einem Überschwang von Enthusiasmus und Energie zu viel von jenen materiellen Dingen aufgegeben haben, die Ihnen eigentlich wichtig waren. Sie sollten deshalb, wenn es irgend möglich ist, für einige Monate weiterarbeiten wie bisher, jedoch nur so viel konsumieren, wie Sie in Ihrer Downshifting-Bilanz errechnet haben. Und dabei feststellen, inwieweit Sie jene Dinge vermissen, auf die Sie eigentlich verzichten wollten.

5

Woanders neu starten:
Wann ein Umzug sinnvoll ist

Der Plan, an einem anderen Ort noch einmal ganz neu anzufangen, weckt Gefühle der Euphorie. Und möglicherweise auch Träume von einem heiteren Landleben, in dem Stress ein Fremdwort ist. Lassen Sie sich jedoch nicht täuschen: Das alte, verfallene Bauernhaus, mit dem Sie liebäugeln, mag im Juli verwunschen und romantisch aussehen, im Februar dagegen wird es schnell zum Gefängnis. Und damit sind Sie auch schon bei einem Punkt, der für Ihren Downshifting-Plan von größter Wichtigkeit sein kann: Ihr momentaner oder zukünftiger Standort. Eine Frage, die Sie deshalb an dieser Stelle klären sollten, lautet: Können Sie sich Ihre Wünsche und Ziele dort erfüllen, wo Sie jetzt leben oder wäre ein Umzug sinnvoll? Tatsächlich gibt es Downshifter, die erst entscheiden, wo und wie sie leben möchten und nach diesem Wunsch schließlich auch alle weiteren Veränderungen ausrichteten.

Das ist nur konsequent, denn für viele von uns ist die Wohnung oder das Haus der Mittelpunkt des Lebens. Wer kennt nicht das Gefühl von Sicherheit, von Schutz und auch Befreiung, wenn man nach einem harten Arbeitstag in die eigenen vier Wände zurückkehrt und die Außenwelt einfach aussperrt. Egal, ob Downshifter oder nicht: Wohnen ist gleichbedeutend mit Leben, und neben der Familie, den Freunden und einem intakten sozialen Umfeld ist der Wunsch nach einem angemessenen Zuhause für die meisten Menschen der wichtigste Antrieb bei der Umsetzung ihres Downshifting-Plans. Dazu kommt, dass viele Menschen nicht selten wegen Ihres Jobs Kompromisse in Sachen Haus und Wohnung eingehen, ob es dabei um Lage, Größe oder Umgebung geht.

Ein Umzug und die möglichen Folgen

Wenn Sie einen Downshifting-Plan schmieden und umsetzen, sollte darin die Überlegung, wo Sie wirklich leben und arbeiten möchten, und ob demzufolge ein Wohnungs- und Standortwechsel infrage kommen, nicht fehlen. In diesem Abschnitt geht es also um das Gebiet, in dem Sie sich zukünftig mit Ihrem neuen oder auch alten Wagen bewegen werden. Sie müssen entscheiden, ob Sie nur auf eine gemächlichere Spur wechseln oder sogar die nächste Ausfahrt nehmen und eine neue, unbekannte Gegend aufsuchen.

Ein Umzug, eine neue Wohnung oder ein neues Haus kann absolut sinnvoll sein und sich prächtig in Ihr neues Leben einfügen, allein schon durch mögliche Kostenersparnisse. Tatsächlich ist für viele Menschen – ob Downshifter oder nicht – die Tatsache, dass sie an Orten leben, die sie nicht freiwillig gewählt haben, ebenso belastend wie hohe Belastungen durch Miete oder Hypothek; dies sind bereits zwei Gründe, über einen Umzug intensiv nachzudenken. Dazu kommt die erfreuliche Tatsache, dass dank der vielfältigen technischen Möglichkeiten heutzutage für viele Arbeitnehmer der Standort nur noch eine untergeordnete Rolle spielt. In diesem Zusammenhang sei nur auf das Thema »Telework« verwiesen, zu dem Sie beim dritten Meilenstein mehr erfahren werden.

Kommen wir nun zu den detaillierten Planungen. Auch in diesem Abschnitt müssen Sie sich wieder eine Reihe von kritischen Fragen stellen, egal, ob ein Umzug für Sie auf den ersten Blick überhaupt nicht infrage kommt oder ob Sie bereits den Immobilienteil Ihrer Tageszeitung wälzen. Im Folgenden geht es um finanzielle und berufliche Aspekte, um die mögliche neue Umgebung sowie um alle Umstellungen, die Ihr familiäres Umfeld und Freunde betreffen. Zunächst sollten Sie wieder Ihre Kompassnadel kreisen lassen und anschließend alle Optionen im Geiste durchspielen.

Test: Die erste und für die meisten Menschen wohl auch wichtigste Frage, die Sie sich stellen müssen, lautet:

■ Hat es Sie aus rein beruflichen Gründen an Ihren derzeitigen Wohnort verschlagen und liebäugeln Sie deshalb ohnehin seit längerer Zeit mit einem Ortswechsel?

■ Oder leben Sie dort, wo Sie leben, gerne und möchten Sie Ihren jetzigen Wohnort beziehungsweise Ihr Haus/Ihre Wohnung im Prinzip nicht aufgeben?

Auflösung: Von der Einschätzung dieser Fragen hängt ab, ob Sie sich überhaupt weiter mit der Idee eines Umzugs beschäftigen. Wenn Sie auf die erste Frage mit einem klaren »Nein« geantwortet und die zweite Frage bejaht haben, sollten Sie die weiteren Abschnitte nur probehalber durchspielen.

Wenn Sie dagegen die erste Frage mit einem deutlichen »Ja« beantwortet und die zweite eher verneint haben, könnten alle weiteren Überlegungen eine echte Alternative für Sie sein.

Umzug pro und kontra: Die zwei Szenarien

Bei einem Umzug ist die Sache klar – alles läuft auf zwei Szenarien hinaus.

Szenario 1: Sie möchten nur noch eines: weg, raus hier, verschwinden. Selbst wenn Ihr Drang in eine andere Gegend noch nicht hundertprozentig untermauert ist – die Entscheidung für einen Ortswechsel scheint klar zu sein.

Szenario 2: Warum in die Ferne schweifen – ein Ortswechsel ist für Sie kein Thema. Sie haben sich eingelebt, wo Sie sind, und es gibt gute Gründe, weshalb Sie Ihren Lebensmittelpunkt nicht verändern möchten.

Natürlich ist es ebenso gut möglich, dass Sie noch zwischen diesen beiden Szenarien stehen und unsicher sind, wohin die Reise gehen soll. Um zu klären, welche Konsequenzen sich aus den oben beschriebenen Möglichkeiten für Sie und Ihren Downshifting-Plan ergeben, sollten Sie den nun folgenden Test absolvieren. Das Ziel ist klar: Finden Sie heraus, ob und welche Anhaltspunkte für einen Kurswechsel es gibt.

Test: Die Punktevergabe bei diesem Test sieht folgendermaßen aus:

- Für jede Frage, die Sie mit einem klaren »Ja« beantworten, notieren Sie sich 2 Punkte.
- Bei jeder Frage, bei der Sie unsicher sind und (noch) zu keinem klaren Ergebnis kommen, geben Sie sich 1 Punkt.
- Ein klares »Nein« bedeutet 0 Punkte.

Frage	Ihre Punktzahl
■ Ihr (neuer oder alter) Standort: Wissen Sie bereits, wo Sie leben möchten? Dabei geht es nicht notwendigerweise um eine feste Adresse, sondern vielmehr um eine ungefähre Zieldefinition Ihres neuen Standortes.	
■ Ihr (neuer oder alter) Job: Fügt sich ein Ortswechsel harmonisch in Ihre beruflichen Pläne ein? Könnten Sie Ihren jetzigen oder künftigen Job auch problemlos von einem anderen Ort aus erledigen?	
■ Ihre (jetzigen und zukünftigen) Finanzen: Haben Sie sämtliche Finanzfragen – also Einsparungen wie auch eventuelle Mehrausgaben – sorgsam durchgerechnet? Gäbe es bei einem Umzug eventuell sogar spürbare Kosteneinsparungen?	
■ Ihre Familie und Freunde: Wie stehen Familie und/oder Freunde zu einem Umzug? Sind die für Sie wichtigsten Menschen genauso überzeugt von der Idee wie Sie selbst?	
■ Ihre neuen Lebensinhalte: Ließe sich ein Ortswechsel sinnvoll mit den Dingen verknüpfen, die Ihnen bereits jetzt neben Ihrem Job vorschweben?	
	Summe:

Auflösung: Wenn Sie die meisten Fragen mit »Ja« beantwortet haben und Ihre Gesamtpunktzahl zwischen 8 und 10 liegt, stehen die Zeichen uneingeschränkt auf »Go!« – Möbelwagen rufen. In dem Fall sollten die Vorteile eines Umzugs eventuell noch vorhandene Nachteile tatsächlich überwiegen.

Wenn Ihre Gesamtpunktzahl zwischen 4 und 7 liegt und hinter einer oder sogar mehreren Fragen ein »Nein« steht, ist zunächst Vorsicht geboten. Jeden Punkt, den Sie mit »Nein« oder auch »teils, teils« beantwortet haben, sollten Sie vor einem Umzug unbedingt klären.

Wenn Ihre Gesamtpunktzahl unter 4 liegt, macht ein Umzug für Sie höchstwahrscheinlich keinen Sinn. Sollten sich während dieses Tests dennoch einzelne Anhaltspunkte ergeben haben, die dafür sprechen (Sie brauchen zum Beispiel mehr Platz oder wollen weniger Geld ausgeben), lesen Sie einfach weiter.

Wie gehen Sie nun mit eventuellen Umzugsproblemen um? Wenn sich etwa im Verlaufe Ihrer Überlegungen unerwartete Hindernisse und Fragen ergeben? Zunächst gilt Folgendes: Vernachlässigen können Sie alle Einwände, die unter das Stichwort »Gruppendruck« oder »Angst vor dem Unbekannten« fallen. Was das bedeutet? Zum Beispiel: Sie glauben, Ihre Kollegen könnten die Nase rümpfen, wenn Sie plötzlich von Ihrer Penthouse-Wohnung in ein winziges Kaff ziehen. Oder Sie haben noch keinen blassen Schimmer, ob Sie dort, wo Sie hin möchten, eine geeignete Bleibe finden. Das alles sind Bedenken, die sich mit der richtigen Einstellung und ein bisschen Planung leicht ausräumen lassen.

Etwas anders sieht es dagegen schon mit Problemen aus, die sich direkt aus den zuvor gestellten Fragen ergeben im Hinblick auf Kosten, Ihren neuen Job oder Ihre Familie und Freunde. Notieren Sie das Hindernis – wie schwer wiegt es? Was sind mögliche und vor allem realistische Lösungsansätze? Wenn etwa Ihre finanzielle Situation dagegen spricht, werden Sie nicht umhinkommen, zunächst einen gründlichen Finanzierungs-Plan zu erstellen, der Ihnen einen sorglosen Umzug ermöglicht. Ohne eine hinreichend klare Vorstellung davon, was und wie Sie künftig arbeiten wollen, geht ebenfalls nichts – vielleicht sollten Sie sich direkt zum dritten Meilenstein begeben, in dem es um Ihren (neuen oder alten)

Job geht. Wenn Ihr Lebenspartner oder Ihre Familie beim Gedanken an einen Umzug die Hände über dem Kopf zusammenschlagen, sieht die Sache ebenfalls schwierig aus – blättern Sie noch einmal zurück zu Kapitel 3.

Umgekehrt kann es auch sein, dass Sie im Prinzip gegen einen Umzug sind, nun aber festgestellt haben, dass es einige Vorteile brächte, den Standort zu wechseln. Die könnten so aussehen: Sie stellen fest, dass Sie mit einem Umzug (auch innerhalb eines begrenzten Umkreises) eine Menge Geld sparen. Dass Sie eigentlich dringend ein neues Zimmer für Ihr lang geplantes Home-Office brauchen. Dass Ihre Kinder und/oder der Hund schon lange wild auf ein Haus mit anständig großem Grundstück sind. Dass Sie eigentlich einen Platz suchen, an dem Sie den Mammutbaum pflanzen können, den Ihnen Ihr Chef neulich zum 10-jährigen Firmenjubiläum geschenkt hat. Auch in diesem Fall gilt wieder: Alles, was die für Sie elementaren Downshifting-Bereiche betrifft, sollten Sie klären und letztlich auch lösen.

Bevor der Möbelwagen kommt: Argumente auf dem Prüfstand

Um Ihnen die Wahl zu erleichtern, finden Sie nachfolgend noch einmal alle Möglichkeiten aufgeführt, die sich im Zusammenhang mit einem Ortswechsel ergeben. Streng genommen läuft es auf drei Routen hinaus, die Sie nehmen können.

Den bisherigen Standort beizubehalten wird vermutlich die beste Option sein, wenn Sie, Ihr Lebenspartner oder Ihre Kinder fest mit dem derzeitigen Wohnort verwurzelt sind. Wenn absehbar ist, dass Sie selbst oder die Menschen, die Teil Ihres Downshifting-Plans sind, ihr gewohntes soziales Umfeld verlassen müssten und vermutlich darunter leiden würden. Oder auch, wenn eine gewisse räumliche Nähe zu (potenziellen) Arbeitgebern sinnvoll und notwendig ist. Der Grund, in solchen Fällen auf einen Wohnortwechsel zu verzichten, liegt auf der Hand. Wenn es Ihr Wunsch ist, ein ausgeglicheneres, glücklicheres Leben zu führen, könnte ein Umzug die Sache nur noch schlimmer machen. In dem Falle sollten

Sie Ihren Downshifting-Plan mit Ihrem derzeitigen Wohnort verknüpfen – auch wenn einige Dinge auf den ersten Blick vielleicht dagegen sprechen.

Sie sollten dann vielleicht den zweiten Weg einschlagen, der darin besteht, dass Sie zwar umziehen, aber innerhalb Ihrer vertrauten Umgebung bleiben. Das kann eine vernünftige Option sein, wenn Sie etwa festgestellt haben, dass einem voraussichtlich niedrigeren Einkommen hohe finanzielle Belastungen durch Miete oder Hypothek entgegenstehen. Neben der Möglichkeit eines Umzuges in Ihrer unmittelbaren Umgebung können Sie natürlich auch noch Kosten für die Dinge, die Sie früher eventuell ausgelagert haben, nun selbst übernehmen. Dieser Ansatz wird leider gerne vorschnell abgetan, obwohl sich viele Menschen keinen Begriff machen, um welche Summen es sich dabei handeln kann. Falls Sie Immobilienbesitzer sind, rechnen Sie zu diesem Zweck einfach einmal alle Instandhaltungs- und Wartungskosten der letzten ein oder zwei Jahre durch, vom Nachbarsjungen, der Ihren Rasen mäht, bis hin zur Putzfrau.

Der dritte Weg besteht schließlich darin, einen Umzug nicht nur zu erwägen, sondern auch durchzuziehen – ein Entschluss, der sich immer dann rechnet, wenn sich bei Ihrer Analyse herausstellt, dass es letztlich äußere Gründe sind, die Sie an Ihrem bisherigen Wohnort festhalten. In diesem Falle enthielte Ihr Downshifting-Plan neben den Entscheidungen, was Sie in Zukunft arbeiten und wovon Sie leben möchten, eine weitere wichtige Planungs-Komponente. Sie müssen sich die Frage beantworten, wo und wie Sie dort leben möchten. Das heißt:

- An welchem Ort?
- Und wie soll Ihr neues Zuhause aussehen (Größe, Lage, Ausgestaltung)?

Wenn das Ergebnis dieser Analyse feststeht, müssen Sie folgende Fragen klären:

- Wie weit würden Sie sich von Ihrem bisherigen Lebensraum entfernen? Was sähen die Konsequenzen für Sie und vielleicht Ihre »Mitreisenden« aus?

- Wie stünde es um die finanzielle Absicherung dieses Schrittes?

- Haben Sie Ihr neues Lebenskonzept bei der Auswahl Ihres neuen Zuhauses angemessen berücksichtigt – beispielsweise die Absicht, in Zukunft teilweise im Home-Office zu arbeiten?

Das Ziel ist klar und auch für einen Umzugsplan gilt, was für Ihren gesamten Downshifting-Plan gilt: Ohne exakte Planung geht nichts. Versuchen Sie deshalb, möglichst viele der neuen Umstände, die auf Sie und andere Menschen zukommen, vorwegzunehmen.

Was das bedeuten kann, lässt sich in einem Beispiel veranschaulichen: Für nicht wenige Downshifter ist das Landleben Ziel ihrer Träume. Wenn Sie sich dafür entscheiden, sollte Ihnen allerdings klar sein, dass das Leben auf dem Lande nichts ist ohne eine aktive Teilnahme daran. Was das heißt? Nun, Menschen, die ihr Leben von der Großstadt in eine dörfliche Gemeinschaft verlagert haben, wissen, wovon die Rede ist: Mitgliedschaft im dörflichen Fußball- oder Gesangverein, Mithilfe beim Grundschulfest, Kontakte zur Nachbarschaft. Wenn man Sie akzeptieren und integrieren soll, müssen Sie sich zur Teilnahme an diesem Leben entschließen. Teilnahme, die Zeit kostet. Zeit, die Sie dann allerdings auch hätten ...

Zu den Vorteilen zählt sicherlich, dass das Leben auf dem Land ruhiger, preiswerter und ein Stück weit auch sicherer ist. Gerade wenn Sie eine Familie und Kinder haben, sind dies handfeste Argumente.

Der ehemalige New-Economy-Manager Jörg D. wählte den harten Schnitt und zog mit Frau und Kind von der Großstadt aufs Land – allerdings erst nach gründlichen Recherchen. Er verbrachte mehrere Monate damit, die Lage zu sondieren und verschiedene Immobilienobjekte zu besichtigen. Vor allem aber hatte er bereits Bekannte, die dort lebten, wo er mit der Familie seinen neuen Lebensmittelpunkt sah. Folglich verbrachte er viele Stunden damit, alle Vor- und Nachteile genauestens zu klären.

▶ **Sein Downshifting-Tipp:** *Im Gegensatz zu rein berufsbedingten Umzügen, die man hinnimmt, weil sie notwendig sind, sollte man Umzüge in Sachen Downshifting durch möglichst viele Gespräche mit Menschen vor Ort vorbereiten.*

Genau diese Vorteile können sich jedoch je nach Sichtweise ebenso schnell auch zu Nachteilen wandeln: Ruhe wird zu Einsamkeit, und die günstigen Preise werden durch einen Mangel an Möglichkeiten der Freizeitgestaltung erdrückt. Deshalb zwei wichtige Tipps in diesem Zusammenhang, egal ob Sie nun einen Umzug mitten ins Nirgendwo oder nur an den Rand eines urbanen Lebenszentrums planen.

1. Besichtigen Sie Ihre Wunsch-Location auch im Herbst/Winter oder zumindest bei schlechtem Wetter.
2. Sprechen Sie mit möglichst vielen Menschen, die ihren Lebensmittelpunkt dort schon seit längerer Zeit haben.

Gerade der letztgenannte Ratschlag bewahrt Sie unter Umständen vor folgenschweren Fehlentscheidungen. Nehmen Sie sich deshalb viel Zeit, um sich mit den vor Ort Ansässigen auszutauschen oder auch mit Freunden und Bekannten, die in einer zumindest vergleichbaren Umgebung leben. Das Ziel ist, möglichst genau in Erfahrung zu bringen, worin genau die Vor- und Nachteile eines Ortswechsels bestehen.

6
Kupplung treten,
Fuß auf die Bremse

Einen guten Teil der Vorbereitungen haben Sie nun erfolgreich hinter sich gebracht. Nach den ersten fünf Kapiteln sollten Sie nicht nur wissen, dass Sie die Spur wechseln möchten, sondern auch, wie viele Gänge Sie tatsächlich herunterschalten möchten und auf wessen Unterstützung Sie dabei zählen können. Sie sollten ein Gefühl dafür haben, wie stark Ihr bisheriger Job Ihr Leben belastet und bis zu welchem Grad Sie die Arbeit hinter sich lassen möchten. Und Ihnen sollte klar sein, worauf Sie in materieller Hinsicht zukünftig verzichten wollen. Mit diesen Definitionen rückt ein erfolgreicher Spurwechsel in greifbare Nähe. Allerdings handelt es sich dabei noch nicht um die Definition dessen, was Sie in Zukunft tun wollen, um die positiven Dingen, mit denen Sie Ihr Leben ausfüllen möchten. Im Gegenteil: In den bisherigen Abschnitten ging es fast ausschließlich um eine Definition des Verzichts – eines Verzichts, der sicher nicht immer leicht fallen wird. Kommen wir deshalb abschließend noch zu einer Frage, die sich viele Downshifter stellen, wenn sie in ihrem Entscheidungsprozess erst einmal so weit sind wie Sie jetzt vermutlich. Die Frage lautet:»Okay, ich möchte vom Gas gehen – aber halte ich das überhaupt durch? Bin ich der richtige Typ für einen Spurwechsel? Oder überfällt mich auf halber Strecke der große Zweifel?« Um diese Frage zu beantworten und Ihnen Ihre Downshifting-Entscheidung zu erleichtern, finden Sie nachfolgend zwei wichtige Checklisten.

Test: Zunächst eine Aufstellung von fünf Eigenschaften, die anzeigen, dass Sie wahrscheinlich weniger für einen harten Downshifting-Kurs geeignet sind. Stimmen Sie folgenden Statements zu?

■ Sie ahnen bereits jetzt, dass Sie die Erfolgserlebnisse im Beruf mehr genießen als vergleichbare Dinge im Privatleben und haben Angst davor, Ihre Karriere durch einen falschen Schritt leichtfertig aufs Spiel zu setzen.

■ Sie sind das genaue Gegenteil eines häuslichen Menschen – Sie müssen unterwegs, auf Achse und dabei beruflich gefordert sein.

■ Ihr Job verleiht Ihnen nicht nur ein Gefühl der Sicherheit, sondern auch einen gewichtigen sozialen Status einschließlich der dazugehörigen materiellen Annehmlichkeiten (wie teurer Wagen, aufwändige Urlaube oder Restaurantbesuche); Dinge, die Sie – bei allem Stress, den es manchmal auch geben mag – nicht missen möchten.

■ Sie haben Angst vor einem Einkommensverlust, Angst vor der unbekannten Situation, auf die Sie sich dabei möglicherweise einlassen.

■ Sie haben keinerlei Vorstellung davon, wie und womit Sie die entstehende freie Zeit ausfüllen könnten. Sie möchten, dass Ihnen jemand erfolgreich vormacht, wie man downshiftet.

Auflösung: Jedes einzelne »Ja« hinter einem dieser Statements könnte ein ernster Hinweis darauf sein, dass Sie den Kurs noch einmal überdenken, einen eventuellen harten Schnitt zumindest abschwächen sollten.

Als eine Art Gegenentwurf finden Sie nachfolgend eine Checkliste mit fünf wichtigen Eigenschaften, über welche die meisten Menschen verfügen, die ihr Leben erfolgreich umgekrempelt haben.

Erfolgreiche Downshifter ...

■ ... sind einfallsreich und entschlussfreudig: Sie warten nicht ab, sondern gehen Probleme, die sie erkannt haben, sofort an. Sie stellen sich leicht auf neue, unbekannte Situationen ein.

■ ... sind selbstbewusst und optimistisch: Sie haben es nicht nötig, sich von den Ratschlägen anderer beeinflussen zu lassen und stecken Rückschläge leicht weg.

■ ... sind sparsam: Sie konsumieren mit Bedacht und legen meist wenig Wert auf schnelllebige Dinge.

■ ... sind kritikfähig und ehrlich – sich selbst und anderen gegenüber. Sie kennen Ihre eigenen Stärken und Schwächen.

■ ... sind risikofreudig und unabhängig: Sie stellen infrage – sich selbst und den Status quo. Sie tun etwas nicht allein deshalb, weil »es alle so machen«.

Auflösung: Keine Sorge: Sie müssen nicht nach jedem Punkt laut »Ja!« gerufen haben, um Ihren Downshifting-Plan problemlos in die Tat umzusetzen. Die Lösung lautet vielmehr: Je weiter Sie persönlich gehen möchten, desto mehr der beschriebenen Eigenschaften sollten Sie an sich selbst entdecken. Wie bereits angesprochen, reicht die Palette der Möglichkeiten dabei von »Fuß leicht vom Gas« bis hin zu »Auto verkaufen und aufs Fahrrad umsteigen«!

Die ersten zwei Meilensteine liegen damit hinter Ihnen. Sie haben Abstand gewonnen und wissen, wie stark Sie Ihre Fahrt verlangsamen oder ob Sie auf ein anderes Gefährt umsteigen möchten – mit dem Sie auf Wege gelangen, die sich mit Ihrer bisherigen Karosse nicht befahren ließen. Und Sie haben Ihre Finanzen neu geordnet; die Frage nach der Höhe der neuen Wartungs- und Unterhaltskosten sollte ebenfalls geklärt sein. Beim nächsten, dem dritten Meilenstein geht es darum, wie Sie dieses Geld verdienen. Kurz: Es geht um Ihren zukünftigen Job. Darum, wie Sie in Zukunft weniger, vor allem aber auch gelassener arbeiten.

Der dritte Meilenstein:

Ihr neuer Job – Der Markt der Möglichkeiten!

7

Das Geheimnis erfolgreicher Unternehmen und Unternehmer

Unabhängig davon, ob es Sie beruflich vor kurzem kalt erwischt hat oder ob Sie auf einem vergleichsweise sicheren Job sitzen und nun überlegen, welche Downshifting-Strategie für Sie die richtige ist: Bezahlte Arbeit, Ihr Lebensunterhalt, das ist mit hoher Wahrscheinlichkeit der Bereich, der anfangs mit den meisten Fragezeichen versehen ist. Ohne jenen Finanz-Standard, jenes finanzielle Minimum, das Sie bereits im vierten Kapitel definiert haben, sind Ihre Downshifting-Ziele kaum zu erreichen. Machen wir uns nichts vor: Alle gewagten Pläne von weniger oder anderer Arbeit, von beruflichen Neuanfängen und einem Leben abseits der ausgelatschten Karriere-Trampelpfade sind nichtig, solange Sie nicht wissen, wie Sie das dafür benötigte Geld zusammenbekommen. Und machen wir uns auch in diesem Punkt keine Illusionen: Wenn Sie einen einträglichen, aber nervigen Job kündigen und eine unterbezahlte, weniger anstrengende Arbeit annehmen, nur um hinterher festzustellen, dass Sie genauso gestresst sind wie vorher, weil Sie jetzt ganz einfach zu wenig Geld haben, ging der Schuss nach hinten los. Keine Sorge – das lässt sich vermeiden. Wie schwierig der Markt sich in Krisenzeiten auch darstellen mag, es gibt in beruflicher Hinsicht viele, sogar sehr viele Lösungen. Sie werden überrascht sein.

Willkommen im Club

Sofern Sie nicht gekündigt wurden oder unmittelbar vor einem (erzwungenen) tiefen Einschnitt stehen, sieht Ihre Job-Situation im Moment vermutlich so aus: Die Zeiten sind hart, jeder weiß das, und deshalb arbeiten Sie auch bis zum Umfallen. Möglicherweise haben Sie genau deswegen dieses mulmige Gefühl: Sie denken bereits seit längerer Zeit darüber nach, die Belastung durch den Job ein Stück weit herunterzufahren – ein Plan, von dem Sie inzwischen jedoch annehmen, dass Sie ihn erst einmal begraben müssen, schließlich kann man in so schwierigen Zeiten doch unmöglich darüber nachdenken, weniger zu arbeiten.

Warum eigentlich? Was treibt Sie dabei an? Angst? Ein schlechtes Gewissen? Mit dieser Sinnkrise, mit diesem Zustand permanenter Überforderung befinden Sie sich zumindest in bester Gesellschaft: »Wir überlasten die Menschen an der Spitze. Die Manager tun mir Leid. In den zurückliegenden drei Jahrzehnten sind die Anforderungen so unerhört kompliziert geworden, dass heute nur noch Supermänner erfolgreich sein können.« Dieses Zitat stammt nicht etwa von einem Gewerkschaftsfunktionär, sondern vom Altmeister der Managementlehre, Peter Drucker (»Manager tun mir Leid«, erschienen im April 2002 auf der Website des *Manager Magazins*). Ein entscheidender Grund für dieses Dilemma ist die zunehmende Beschleunigung des täglichen Geschäfts, der permanente Wettbewerbs- und Veränderungsdruck auf die Konzerne; Zusammenschlüsse, Umbau, Restrukturierungen. Kaum ein Tag vergeht, an dem nicht ein Großunternehmen eine Sparte schließt, einen neuen Unternehmensteil erwirbt oder abstößt. Und gerade bei Übernahmen bleibt den neuen Besitzern oft kaum Zeit abzuschätzen, wer für das Unternehmen wirklich wichtig ist und wer nicht, wer einen guten Job macht und wer tatsächlich überflüssig ist. Die Unternehmen sind folglich zu immer schnelleren und härteren Schnitten gezwungen – die zwangsläufig oft auch die Falschen treffen. Für die in den Unternehmen arbeitenden Menschen bedeutet das: Entweder versuchen sie, alles zu können und alles zu machen – und scheitern oft kläglich. Oder sie lernen, diesen Trend zu akzeptieren und nach ihren persönlichen Zielen zu gestalten.

Das Jahr 2000 kommt Fred B. inzwischen vor wie das Leben aus einer anderen Galaxie. Der Software-Ingenieur war Chef-Entwickler bei der Tochter-Gesellschaft eines US-amerikanischen IT-Unternehmens, und die Geschäfte liefen prächtig. An Krisenzeiten dachte kein Mensch – bis zum Frühjahr 2001, als plötzlich wie über Nacht die Aufträge ausblieben und die Nachfrage regelrecht einbrach. Die Firmenzentrale in den USA fackelte nicht lange: Innerhalb kürzester Zeit wurde ein Viertel der Belegschaft gekündigt. Auch Fred B. erwischte es. Eines Nachmittags wurde er zu seinem Chef zitiert, der ihm in dürren Worten mitteilte, dass er gekündigt sei. Begründung: die »bekannt schlechte Auftragslage«. Als er zu seinem Arbeitsplatz zurückkehrte, war das Passwort an seinem Rechner bereits gesperrt; bis zum Abend musste er den Schreibtisch leer räumen. Fred B. war fassungslos. Anschließend brachte er Monate damit zu, gegen seine alte Firma einen Prozess zu führen, um eine gerechte Abfindung zu erstreiten. Wertvolle Zeit und Energie gingen verloren.

▶ **Sein Downshifting-Tipp:** *Vorbereitet sein – beizeiten alternative Szenarien entwickeln und durchspielen!*

Der erste Ratschlag lautet deshalb: Anstatt verzweifelt und mit hundertfünfzigprozentigem Einsatz weiterzuarbeiten oder nach einer unfreiwilligen Kündigung sorgenvoll in die Zukunft zu blicken und von Personalberater zu Personalberater zu hetzen, sollten Sie einmal darüber nachdenken, wie Sie Ihre Stärken nutzen und Ihren Downshifting-Plan auch in schwierigen Zeiten erfolgreich in die Tat umsetzen könnten. Zwei Dinge sollten Sie sich in diesem Zusammenhang stets vor Augen halten:

- Es sind meist nicht diejenigen, die am unermüdlichsten schuften, die dann auch als Letzte gekündigt werden. Sich mit einer künstlichen Aura von Fleiß zu umgeben, hilft in aller Regel nicht viel.

- Und: Häufig ergeben sich die interessantesten beruflichen Möglichkeiten und Perspektiven überhaupt erst, wenn Sie begonnen haben, im Kopf die Weichen umzustellen.

Es soll nicht zynisch klingen, aber schwierige Zeiten sind meist auch die besten Downshifting-Zeiten. Weil sie viele Leute zwingen, intensiv über sich und ihren weiteren Lebens- und Berufsweg nachzudenken. Und weil Zeiten des Umbruchs und der Umstrukturierung meist auch die größten Chancen für jene bieten, die bereit und in der Lage sind, sich auf die kommenden Veränderungen einzustellen.

Weil Arbeit, Ihr zukünftiger Job und die damit verbundenen Finanzen einen ganz elementaren und damit auch umfangreichen Teil Ihres Downshifting-Planes darstellen, ist das Erreichen dieses dritten Meilensteins in insgesamt sechs Kapitel unterteilt. Sie alle sind auf das Ziel ausgerichtet, dass Sie in Zukunft weniger arbeiten wollen. Weniger und vor allem auch anders: ausgeglichener, selbstbestimmter, gelassener. Wie schnell und weit Sie dabei von der Überholspur auf eine weniger befahrene Straße wechseln, hängt wieder ganz von Ihnen ab.

In diesem Kapitel geht es zuerst darum, wie Sie in Zukunft arbeiten werden und wie die neue Arbeitswelt aussieht, in der das sein wird. Im anschließenden Kapitel 8 folgen Tipps, Anregungen und Strategien zum Umgang mit Ihrem bisherigen Arbeitgeber und dazu, wie Sie ihn vielleicht sinnvoll in Ihren Downshifting-Plan integrieren. Im 9. Kapitel geht es darum herauszufinden, wo Ihre wahren Stärken und Abneigungen liegen und ob Sie vielleicht zu den Kandidaten gehören, denen nicht nur ein Job-, sondern auch ein Berufswechsel anzuraten wäre. Im 10. Kapitel erfahren Sie mehr darüber, wie und wo Sie einen neuen Job finden, wenn es nötig sein sollte – nicht irgendeinen, sondern einen »Downshifting-tauglichen«, der sich harmonisch in Ihre langfristigen Ziele einfügt. Im 11. Kapitel geht es schließlich um einen Traum, den viele Downshifter träumen: den von der Selbstständigkeit und einer eigenen Existenz – eine runde Sache, wenn man sie richtig und mit der korrekten Planung anpackt. Zuletzt widmet sich das 12. Kapitel einer Möglichkeit, die leider für viele Menschen Realität geworden ist: Arbeitsplatzabbau und Kündigung. Sie erfahren, wie Sie Ihren Downshifting-Plan auch umsetzen, wenn Ihnen die miese Wirtschaftslage (vermeintlich) einen Strich durch die Rechnung gemacht hat. Aber der Reihe nach …

Erfolgreiche Unternehmen in der Krise

An dieser Stelle wollen wir zunächst noch einmal einen kurzen Ausflug ins Reich der Managementlehre unternehmen und erneut Management-Guru Peter Drucker (»Manager tun mir Leid«) zitieren. Seine Antwort auf die Frage, wie Unternehmen auch in harten Zeiten erfolgreich bleiben, lautet: »[Es wird] immer schwieriger und teurer, […] im Unternehmen das Fachwissen verfügbar zu halten, das man braucht, um alle Aufgaben zu bewältigen. Daher ist der produktivste und profitabelste Weg die Desintegration.« Und er fügt hinzu: »Wichtig ist, dass die Firmen Aktivitäten auslagern.« Anders gesagt: Was tun erfolgreiche Unternehmen, die auch in

Krisen überleben wollen? Ganz einfach: Sie lagern bestimmte Bereiche aus und konzentrieren sich auf ihre Kernkompetenzen.

Wie auch immer Ihr persönlicher Weg in Sachen Downshifting aussieht, es gibt zwei Dinge, die für Sie in finanzieller Hinsicht den Schlüssel zum Erfolg darstellen:

1. Die Konzentration auf Ihre Kernkompetenzen – also der Ausbau und die Pflege dessen, was Sie besonders gut können und vor allem auch tun möchten.
2. Flexibilität und die Bereitschaft zum Wechsel. Egal, ob Downshifter oder Berufstätiger mit »herkömmlichen« Karriereplänen: Wer alle Chancen nutzen will, muss bereit sein, seinen Job und seine Lebensplanung immer wieder an neue Umstände anzupassen.

Und jetzt lassen Sie die letzten Wochen und Monate, die Sie am Schreibtisch verbracht haben, einmal kurz Revue passieren. Wie viel Zeit haben Sie damit verbracht, sich in Tagträumen auszumalen, wie es wäre, etwas vollkommen anderes zu machen, und woran haben Sie dabei gedacht? Um herauszufinden, welcher Downshifting-Weg in beruflicher Hinsicht für Sie persönlich gang- und natürlich auch finanzierbar ist, sollten Sie sich in diesem Kapitel eine Reihe von Fragen stellen, die Ihren jetzigen und vielleicht auch zukünftigen Beruf betreffen.

Bevor wir dafür ins Detail gehen und uns mit Checklisten befassen, stellen Sie sich einmal folgende Fragen – ohne sich Notizen zu machen oder irgendetwas schriftlich zu fixieren. Zunächst geht es wieder nur darum, die Nadel in Ihrem Downshifting-Kompass ein wenig kreisen zu lassen:

- Welche Art von (bezahlter) Arbeit schwebt Ihnen für die Zukunft vor? Ist es derselbe Job, in dem Sie gegenwärtig arbeiten oder träumen Sie von etwas völlig Neuem?
- Könnten Sie – und sei es auch nur für eine Übergangsfrist – auf die Hilfe und die Unterstützung Ihres bisherigen Arbeitgebers bauen, sei es durch Projektarbeit oder eine Teilzeitstelle?
- Wenn Sie etwas anderes als bisher machen möchten: Womit könnten Sie bis zu einem Wechsel Ihren Lebensunterhalt sichern? Gäbe es zusätzliche Qualifikationen, die Sie erwerben müssten?

- Könnten und wollten Sie Ihren Job von zu Hause aus machen? Tragen Sie sich mit dem Gedanken, sich selbstständig zu machen?

Mit Sicherheit viele Fragezeichen, die wir Punkt für Punkt aus dem Weg räumen werden. Nachdem Sie in den ersten sechs Kapiteln geklärt haben, wie stark Sie herunterschalten und auf welches Automodell Sie eventuell in Zukunft umsteigen möchten, geht es nun darum, entscheidende Dinge wie Unterhalt, Pflege, Wartung und Reparatur Ihres Wagens zu klären – vor allem, wie und womit Sie all dies bezahlen werden.

Die neue Arbeitswelt und Ihr bester Einsatz

Was immer Sie inhaltlich in Zukunft auch tun, Ihr zukünftiges Ziel ist eine Konzentration auf das Wesentliche – nicht nur was die Quantität, die reine Menge Ihres Arbeitspensums betrifft, sondern vor allem auch hinsichtlich der Qualität. Sie müssen die Dinge, die Sie tun, auch besonders gut tun, und alles andere beiseite lassen.

So simpel diese Grundregel auch scheinen mag, so häufig wird sie leider auch missachtet, vor allem bei der kleinsten ökonomischen Einheit selbst – dem Menschen. Vergleichen Sie sich persönlich mit einem Unternehmen. Gerade in Krisenzeiten entscheidet mitunter ein einziger Faktor über Erfolg oder Misserfolg: Die Konzentration auf das, was dieses Unternehmen besonders gut kann, was es besser kann als andere Unternehmen, kurz: die Konzentration auf die Kernkompetenzen. Produkte, die andere Unternehmen besser oder billiger produzieren können, sollte man diesen Unternehmen überlassen. Beispiel: Ein Autohersteller läßt die Bewirtung der Kantine durch einen externen Dienstleister erbringen. Warum? Ganz einfach: Jobs werden ausgelagert, der »Kopf« bleibt frei für die wirklich wichtigen Dinge. Und: Aus fixen Kosten werden variable Kosten, denn ein Zulieferer, ein freier Mitarbeiter oder Berater arbeitet im Gegensatz zu einem festangestellten Mitarbeiter bedarfsabhängig.

Dies ist einer der »Mega-Trends« der Arbeitswelt von morgen. Unternehmen geben in Zukunft nicht nur die Bewirtung der Kantine nach außen, sondern zunehmend anspruchsvollere Tätigkeiten. Nicht nur einzelne Berater, sondern vermehrt auch ganze Teams von Spezialisten arbeiten den Firmen zu, sei es in Forschung, Produktion oder Vermarktung. Sie können diesen Trend bedauern oder begrüßen, Tatsache ist: Es gibt ihn. Sie müssen ihn akzeptieren – und gestalten. Nebenbei gesagt, macht diese Entwicklung Downshifting für viele Menschen überhaupt erst möglich, denn sie hat zur Folge, dass hochwertige Arbeitsplätze ausgelagert und Arbeitszeit flexibel gestaltet wird.

So viel zum Verhalten moderner Unternehmen. Was heißt das nun für Sie persönlich? Ganz einfach: Wenn es ums Geldverdienen geht, sollten Sie in Ihrem zukünftigen Job nur noch das tun, was unmittelbar zu Ihrer Kernkompetenz gehört. Alles andere gehört in die Hände anderer Menschen. »Mach ich längst!« denken Sie jetzt vielleicht. Irrtum. Ein kleiner Test hilft weiter: Stellen Sie sich einen normalen, durchschnittlichen Arbeitstag vor. Ihnen fällt keiner ein? Alle Ihre Arbeitstage sind zu unnormal, zu undurchschnittlich? Dann nehmen Sie eben den gestrigen.

Angenommen, Sie sind im Hauptberuf Unternehmensberater. Wie viel Zeit haben Sie gestern oder am letzten Donnerstag tatsächlich damit verbracht, das zu tun, was Ihre Kernkompetenz ausmacht, nämlich Unternehmen beraten? Gegenfrage: Wie viele Stunden verbrachten Sie in unproduktiven Meetings? Im Stau? Mit der Vor- und Nachbereitung von unproduktiven Meetings? Damit, sich über den Chef/die Kollegen/andere Angestellte zu ärgern? Mit dem Lesen und der Beantwortung überflüssiger E-Mails? Eben. Ziel des Downshiftings ist es auch, diese Störfaktoren so weit als möglich zu beseitigen.

Arbeiten Sie Ihre Kernkompetenzen heraus

Bevor Sie nun darangehen, sich auf die Suche nach neuen, unentdeckten Qualifikationen und Talenten zu machen, geht es an die Bestandssicherung. Genau wie Sie im vierten Kapitel Ihre Finanzen einer Ist-Analyse unterzogen haben, müssen Sie jetzt bestimmen, was Sie gegenwärtig besonders gut machen – und womit Sie sich in Zukunft (und sei es auch nur für eine gewisse Übergangsfrist) finanzieren.

Die Sache ist einfach. Wer etwas kann, was andere nicht können, ist für

Unternehmen besonders wertvoll – lassen Sie sich in dieser Hinsicht nichts vormachen. Es sind meist die Generalisten in den Unternehmen, die zuerst gehen müssen. Wenn Sie dagegen ein Spezialist sind, ohne den der Betrieb zusammenbricht, haben Sie beste Karten, sei es als Festangestellter oder auch als externer Berater. Trennen Sie sich deshalb auch in beruflicher Hinsicht von allem, worauf Sie verzichten können, das Ihnen überflüssig erscheint und das Sie an der Ausübung Ihrer beruflichen Kernkompetenz hindert. Bei den meisten Menschen dürfte dies einfacher sein, als zunächst angenommen – dort kommt es weniger darauf an festzustellen, was die berufliche Kernkompetenz ist, als vielmehr, diese von allen Dingen zu trennen, die nicht unmittelbar dazugehören. Wenn Sie dennoch Schwierigkeiten mit der Frage »Was will ich und was kann ich eigentlich am besten?« haben, hilft Ihnen Kapitel 9 weiter.

Doch zurück zu den überflüssigen Dingen. Klar dürfte zunächst Ihr Ziel sein, in Zukunft weniger Zeit in Staus und Meetings zu verbringen. Die ganz großen Killer und Zeitfresser liegen jedoch in dem begründet, was wir einmal als die Kultur des »Over-Servings« bezeichnen wollen, die sich in unserer Hochleistungs-Arbeitswelt festgesetzt hat. Darunter fällt alles, was »man macht« weil es »irgendwie wichtig« erscheint oder »später einmal nützlich« werden könnte. Dabei geht es um Mitgliedschaften in irgendwelchen Branchen-Clubs, in denen Sie ohnehin noch nie die Menschen getroffen haben, die Sie gerne sehen würden, um Zusatzaufgaben im Büro, von denen Sie hoffen, dass (aber nie genau wissen, ob) sie beim Chef ankommen, und um Zusatzqualifikationen, die entweder rasend schnell veralten oder in Wahrheit doch nie gebraucht werden und deshalb überflüssig sind nach dem Motto: »Warum nicht Japanisch lernen. Ist doch ein wichtiges Land, oder?«

Welche von diesen Dingen für Ihren Job, für Ihren weiteren Berufsweg wirklich wichtig und welche überflüssig sind, können nur Sie alleine entscheiden. Legen Sie zu diesem Zweck eine Liste mit allen Aktivitäten an, die Sie im Laufe eines Arbeitstages wie auch -monats beschäftigen. Bei jedem dieser einzelnen Punkte sollten Sie sich jetzt und in Zukunft zunächst fragen: »Trägt das zur Ausbildung und Schärfung meiner Kernkompetenz bei? Kurz gesagt: Verdiene ich damit auf absehbare Zeit Geld?« Falls nicht: gestrichen. Im Wesentlichen geht es dabei um folgende Dinge:

- Alles, wo Sie früher gesagt haben, »Das halte ich mir auch noch auf – könnte ja mal wichtig werden«.

- Alles, was Sie früher übernommen haben, um den Chef, den Vorstand, Ihren Partner oder sonst wen zu beeindrucken – aber schon bei der Einwilligung spürten, dass es sich dabei im Grunde doch wieder um einen Eselsjob handelt.

- Alle Seminare, Fort- und Weiterbildungen, bei denen Sie sich schon in der Vergangenheit in diesen verqualmten Landhotels am Wochenende insgeheim gefragt haben, an welche Stelle Ihres Lebenslaufs sie passen könnten – und ob überhaupt.

Eine mindestens genauso wichtige Frage, die Sie sich im Anschluss daran stellen müssen: Was fällt nicht unter diese Auslese?

Zum einen alle Dinge, die dazu beitragen, dass Sie sich in Ihrem Kompetenzfeld weiterbilden – denn natürlich müssen Sie auch in Zukunft darauf achten, dass Ihr Fach- und Spezialwissen auf der Höhe der Zeit bleibt. Es ist und bleibt Ihr Kapital, das Benzin im Wagen, mit dem Sie ans Ziel Ihres Downshifting-Plans gelangen. Zum anderen ist es natürlich auch möglich, dass Sie neben Ihrer bisherigen Kernkompetenz (die Sie vielleicht nicht bis in alle Ewigkeit ausüben möchten) ein weiteres Feld aufbauen möchten; das könnte ein zusätzlicher Bereich sein, der für Ihren weiteren Berufsweg von entscheidender Bedeutung ist.

Denken Sie ganz einfach immer an das Bild von Ihrem neuen Auto oder fahrbaren Untersatz. Auch wenn es darum geht, den Wagen zu finanzieren, Kosten zu sparen und die vorhandenen Mittel möglichst sinnvoll einzusetzen, eines sollten Sie unbedingt vermeiden: zu lernen, wie die Bordelektronik funktioniert oder wie man die Zylinderkopfdichtung repariert. Einen Reifen- oder Ölwechsel selbst durchzuführen macht Sinn. Alles, was darüber hinausgeht, sollten Sie den Spezialisten überlassen, die dafür ausgebildet wurden.

Sehr wahrscheinlich müssen Sie in diesem Zusammenhang auch berufliche Ziele ad acta legen: Zusatzaufgaben, die üblicherweise für Renommee im Büro oder in den so genannten »Fachkreisen« sorgen, sind jetzt nicht mehr zu schaffen. Es sollte nicht schade drum sein – denn genau das sind die Dinge, die Sie früher von Wichtigerem abgehalten haben.

Und: Sie sollten sich auf kritische Stimmen einstellen, auf Fragen wie »Kann ein Software-Entwickler/eine Beraterin/ein Rechtsanwalt mit reduzierter Wochenarbeitszeit überhaupt qualitativ einwandfreie Ergebnisse abliefern?« In solchen Fällen parieren Sie mit der Gegenfrage: »Kann ein Autohersteller, der die Bewirtung der Kantine durch eine externe Firma durchführen lässt, anständige Autos bauen?«

Ihr neuer Job: Vielfalt garantiert

Vielleicht haben Sie schon jetzt eine konkrete Vorstellung davon, wie die Arbeit aussehen soll, mit der Sie in Zukunft Geld verdienen möchten; eventuell ist es Ihr derzeitiger Job in reduzierter Form, möglicherweise auch etwas völlig anderes. Um diesen Punkt exakter zu definieren, finden Sie in einem späteren Abschnitt dieses Kapitels weitere Fragen und Tests zum Thema. Bevor Sie allerdings darangehen, sich über Ihren zukünftigen Beruf Gedanken zu machen, sollten Sie eine hinreichend klare Vorstellung von der »Verpackung« haben. Dabei geht es nicht darum, was Sie tun, sondern wie und wo Sie es tun. Es gibt viele verschiedene Möglichkeiten – mit teilweise fließenden Grenzen, wie Sie feststellen werden. Hier eine Aufstellung über das, was Sie erwarten könnte.

Flexible Arbeitszeitvereinbarungen: Die wohl einfachste, bekannteste und am weitesten verbreitete Form von reduzierter beziehungsweise individuellen Bedürfnissen angepasster Arbeit. Falls Ihr Ziel kein völlig neuer Job, sondern einfach mehr Kontrolle darüber ist, wann und wie Sie arbeiten, könnte mehr Flexibilität in Ihren Arbeitszeiten ein ideales Mittel sein. Viele Arbeitgeber bieten solche Lösungen bereits, um gute Leute zu halten; vor allem Mitarbeiter, die ihren Beruf besser mit anderen Lebensaspekten vereinbaren möchten. Die Möglichkeiten zur individuellen Ausgestaltung sind absolut vielfältig; sei es, indem Sie Ihre Arbeitszeit ganz einfach verringern, sei es, indem Sie Telework vereinbaren. Wie Sie Ihren Chef, Ihr Unternehmen von den Vorteilen solcher Regelung überzeugen können, falls es sie nicht schon gibt, erfahren Sie nachfolgend in Kapitel 8.

Teilzeit bzw. Job-Sharing: Seit dem 1. Januar 2001 ist das so genannte »Gesetz über Teilzeitarbeit und befristete Arbeitsverträge« in Kraft, das den gesetzlichen Anspruch auf Teilzeitarbeit begründet. Das bedeutet konkret, dass jeder Arbeitnehmer seine volle Arbeitszeit in eine Teilzeitbeschäftigung umwandeln kann. Die Bilanz auf dem Arbeitsmarkt fällt durchweg positiv aus: Die Zahl der Teilzeitbeschäftigten hat erheblich zugenommen, zahlreiche Arbeitnehmer konnten ihre Arbeitszeit verringern, was auch zu Neueinstellungen geführt hat, und unter dem Strich können die Unternehmen auf motiviertere Angestellte zählen. Denn gerade Teilzeit ist in vielen Fällen eine ideale Möglichkeit, die Belastung durch den Job deutlich herunterzufahren, wenn Sie einen gewissen Einschnitt in Ihrem Einkommen verkraften können. Eine Abwandlung des klassischen Teilzeit-Jobs schließlich ist, sich einen Arbeitsplatz, der vorher für einen einzigen Angestellten gedacht war, mit einem weiteren Kollegen zu teilen.

Wenn Sie Ihren derzeitigen Job behalten möchten, könnte es eine perfekte Lösung sein, Ihrem Chef entweder die Umwandlung Ihres Arbeitsverhältnisses in eine Teilzeitstelle oder ein Job-Sharing vorzuschlagen. Das neue Teilzeitgesetz zielt dabei darauf ab, dass Arbeitgeber und Arbeitnehmer einen Konsens erzielen: Der Angestellte wünscht eine kürzere Arbeitszeit, und der Arbeitgeber hat keine betriebsbedingten Einwände. Beide Seiten einigen sich im Rahmen eines Tarifvertrages und planen gegebenenfalls branchenspezifische Erfordernisse mit ein. Bei solcherlei Vereinbarungen sollten Sie jedoch darauf achten, dass Ihnen nicht einseitig Arbeitnehmerrechte oder Sozialleistungen gekürzt werden. Vor jeder flexiblen Arbeitszeit- oder Teilzeitvereinbarung steht deshalb eine Prüfung an, ob auch Ihre vollen Rechte als Arbeitnehmer gewahrt bleiben. Ansonsten könnten Sie sich auch gleich als freier Mitarbeiter oder Berater verdingen. Achten Sie vor allem auch darauf, dass Sie nicht eine Vereinbarung für einen Teilzeit-Job unterschreiben und hinterher so viel arbeiten wie vorher – für weniger Geld. Falls Sie sich die Option für eine spätere Rückkehr auf eine Vollzeitstelle offen halten möchten, sollte dies in der Teilzeitregelung ausdrücklich, das heißt schriftlich, vermerkt werden. Notfalls können Sie auch eine Verlängerungsoption aushandeln und zu einem späteren Zeitpunkt noch einmal neu verhandeln.

Projektarbeit: Sie wird häufig in Verbindung mit *Karriere-Breaks*, also gezielten Auszeiten von der Karriere, eingesetzt und kann entweder fest bei einem Arbeitgeber oder als freier Mitarbeiter für mehrere Auftraggeber umgesetzt werden. Projektarbeit ist eine ideale Möglichkeit, wenn Sie zum Beispiel für gewisse Zeiten einen Acht-Stunden-Job brauchen, im Wechsel dazu aber auch komplette Auszeiten – etwa in den Schulferien. Auch Projekt-Arbeit kann höchst unterschiedlich eingesetzt werden und bedeutet letztlich nichts anderes, als dass Sie an zeitlich und inhaltlich klar umgrenzten Projekten arbeiten. Eine häufig angewandte Praxis ist die Umwandlung des bisherigen Angestelltendaseins in ein Beraterverhältnis. Im Prinzip eine prima Sache: Der bisherige Angestellte arbeitet zukünftig für denselben Arbeitgeber als freier Berater, auf Stunden- oder Projektbasis. Wenn Sie einen solchen Beratervertrag schließen, sollten Sie jedoch unbedingt darauf achten, den möglicherweise noch aus der Zeit Ihres alten Arbeitsvertrages geltenden Konkurrenzausschluss explizit auszuschließen. Als Angestellter dürfen Sie natürlich nicht für Unternehmen tätig werden, die mit Ihrem Arbeitgeber in Konkurrenz stehen. Als freier Berater sollten Sie sich diese Option dagegen unbedingt offen halten; ohne eine schriftliche Befreiung vom Konkurrenzverbot könnten Sie sich kaum eine tragfähige, wirtschaftliche Basis aufbauen.

Der Vorteil von Projektarbeit ist für das Unternehmen, dass der alte Mitarbeiter der Firma mit seinem ganzen Wissen erhalten bleibt. Der Vorteil für den Mitarbeiter besteht darin, dass er/sie meist wesentlich besser über Kapazitäten und Arbeitseinsatz verfügen kann. Einen Nachteil für den Mitarbeiter gibt es allerdings auch: Der Angestelltenstatus inklusive aller damit verbundenen Vorteile ist dahin. Das heißt: kein Urlaubsanspruch oder Krankengeld, keine automatischen Einzahlungen in Sozial- und Krankenkassen. Als selbstständig oder freiberuflich beschäftigter Berater müssen Sie sich in allen Belangen selbst versichern. Was natürlich auch wieder Vorteile haben kann – vor allem im Hinblick auf eine private Rentenversicherung.

Ähnlich wie für Teilzeit gilt auch hier, dass Sie die individuellen Möglichkeiten für sich selbst ausloten und mit Ihrem Chef abklären müssen – Tipps dazu finden Sie in Kapitel 8, wo es um die Verhandlungsführung mit Ihrem alten Arbeitgeber geht.

Interimstätigkeit: Eine weitere Möglichkeit insbesondere für Top-Manager und besonders qualifizierte Fachkräfte ist die so genannte Interimstätigkeit. Im Prinzip ist dies nichts anderes als eine besonders intensive (und elitäre) Form externer Beratertätigkeit. In einem solchen Fall arbeiten Sie zeitlich begrenzt auf Basis eines so genannten befristeten Arbeitsvertrages. Es handelt sich dabei ausschließlich um Überbrückungs- und Krisenjobs für Leute, die auch in schwierigen Zeiten bereits Lorbeeren gesammelt haben und bereit sind, auch weiterhin mit (zumindest kurzfristig hohen) beruflichen Belastungen zu leben. Entsprechende Arbeitsverträge unterliegen ebenfalls dem neuen Teilzeit- und Befristungsgesetz. Danach sind befristete Arbeitsverhältnisse »ohne Sachgrund« bei echten Neueinstellungen maximal für die Dauer von zwei Jahren möglich. Natürlich gibt es Ausnahmen von dieser Regel, also Sachgründe, die auch eine längere befristete Beschäftigung erlauben. Bei der Ausgestaltung eines Berater- oder Interimsvertrages sollten Sie auf jeden Fall mit einem versierten Arbeitsrechtler sprechen oder sich eine geeignete Beratungsstelle vermitteln lassen. Adressen und Anlaufstellen finden sich im Anhang.

Ein Sabbatical ist eine befristete, komplette Auszeit von meist sechs bis zwölf Monaten, in welcher der Arbeitsvertrag und das Gehalt in unterschiedlichen Größenordnungen mit allen Sozialleistungen weiterlaufen. Der Vorteil liegt in der großen finanziellen Sicherheit und gleichzeitigen Unabhängigkeit. Vereinbarungen zu einem Sabbatical sollten möglichst frühzeitig im Einstellungsvertrag vereinbart werden, denn der Arbeitnehmer »erspart« sich die Auszeit etwa durch Überstunden oder einen teilweisen Verzicht auf das Gehalt. Eine weitere Möglichkeit liegt darin, bei reduziertem Gehalt in vollem Umfang weiterzuarbeiten und auf diese Weise genug Zeit zu sammeln. Anschließend folgt eine längere Auszeit, während der das übliche Gehalt normal weiterläuft. Gerade in vielen großen Unternehmen werden heute Sabbatical- oder so genannte Timeout-Programme angeboten – egal, ob die Angestellten dabei der Wunsch nach mehr Zeit für die Kindererziehung oder das Ziel einer ausgedehnten Weltreise antreibt. Dabei werden beispielsweise Überstunden und nicht genommene Urlaubstage auf speziellen Konten angespart.

Wer über einen längeren Rücktritt vom Job nachdenkt und in dieser Zeit gar nicht oder völlig anders arbeiten möchte, für den kann ein Sabbatical eine prima Sache sein. Vorsicht ist allerdings beim Wiedereintritt in den Beruf geboten: Wenn Ihr Downshifting-Plan nicht nur eine kurzfristige Auszeit, sondern eine dauerhafte Veränderung vorsieht, kann der Einsteig von null auf hundert schwierig werden. Alle alten Probleme stehen dann mit einem Mal wieder vor der Tür.

Selbstständigkeit: Die radikalste Möglichkeit ist es sicherlich, sich mit einer Idee und einem Geschäftsplan selbstständig zu machen und mit etwas völlig Neuem zu starten. Vielleicht stören Sie an Ihrem gegenwärtigen Job gar nicht so sehr die vielen Überstunden, sondern vielmehr die simple Tatsache, dass Sie für jemanden anders arbeiten – und nicht für sich selbst. Richtig angepackt und ausgeführt, kann die Gründung einer eigenen Existenz zu einem sehr ausgewogenen Lebensstil führen, in dem Sie sich in einem fest definierten beruflichen Bereich ausschließlich um die eigenen Belange kümmern und nicht um die einer anderen Firma. Und die Übergänge von einem Beratungs- beziehungsweise Projektarbeits-Job hin zur Gründung eines eigenen Geschäfts sind ohnehin fließend.

Vorsicht jedoch: Wie Sie ein mögliches Projekt »Selbstständigkeit« sinnvoll mit Ihrem Downshifting-Plan verknüpfen, ist schwerer zu beurteilen, als bei allen anderen hier vorgestellten Wegen und Möglichkeiten. Und gerade weil dieser Punkt vielerlei Chancen, für Downshifter aber auch die größten Risiken enthält, widmen wir ihm einen eigenen Abschnitt in Kapitel 11.

So viel zu den verschiedenen Formen der Arbeit, die für einen Downshifter infrage kommen. Für welche Sie sich entscheiden, hängt von einer Vielzahl von Einflüssen ab. Der nachfolgende Test macht Ihnen den Überblick etwas leichter.

Test: Gehen Sie die oben aufgeführten Möglichkeiten noch einmal in Ruhe durch und entscheiden Sie für jedes Modell:

- ■ »Ja – so könnte ich definitiv arbeiten!«
- ■ »Eventuell – das hängt von den Umständen ab.«
- ■ »Nein – das käme für mich nicht infrage.«

Auflösung: Diese Präferenzen notieren Sie sich – Sie sollten sie insbesondere für alle späteren Planungen und auch Verhandlungen mit Ihren jetzigen und zukünftigen Arbeit- oder Auftraggebern im Sinn haben. Das Ergebnis sagt natürlich auch einiges über Ihre persönliche Flexibilität aus: Wenn überall ein »O. k.« oder zumindest »Hängt davon ab« steht – umso besser, das erhöht nur Ihre Chancen. Wenn nicht, müssen Sie bei der Suche nach Ihrem Downshifting-tauglichen Job auch die Grenzen enger ziehen.

Wo in Zukunft Ihr Schreibtisch steht

Wie Sie in Zukunft arbeiten, ist die eine Frage, die andere lautet »wo«? Und das heißt ganz konkret, von welchem Ort aus. Hier ist die Sache weit weniger kompliziert. Es gibt zwei Arbeitsformen, die Ihre Arbeit in Zukunft bestimmen können.

Telework: Telearbeit, Home-Office oder Telecommuting, die Begriffe bezeichnen ein und dieselbe attraktive Möglichkeit, die Downshifting für viele Menschen überhaupt erst möglich macht: Dank PC, ISDN und Fax steht Ihr Büro in Zukunft zu Hause. Teleworker stehen via Telefon oder E-Mail in Kontakt mit ihrem Chef, Kollegen und Auftraggebern. Vorteil für die Unternehmen: Sie arbeiten flexibler und damit wettbewerbsfähiger. Und: Sie reduzieren Kosten für Büroraum. Vorteil für die Arbeitnehmer: Sie gestalten den Arbeitsalltag individuell, der Beruf wird räumlich und zeitlich flexibel und fügt sich im Idealfall perfekt in den Downshifting-Plan ein. Unter den richtigen Voraussetzungen also eine fabelhafte Sache – und eine Form des Arbeitens und Lebens, die für immer mehr Menschen Realität wird. Das zeigen allein die Zahlen. In den vergangenen sechs Jahren wuchs die Zahl der Telework-Plätze in Deutschland rasant, und zwar auf circa 2,2 Millionen, wie das Institut der deutschen Wirtschaft schätzt. Und noch immer gibt es hierzulande erhebliches, ungenutztes Potenzial, wenn wir uns einmal mit unseren Nachbarn vergleichen: In Finnland, Schweden oder den Niederlanden nutzen bereits zwischen 15 und 17 Prozent aller Beschäftigten in irgendeiner Form Telework, in Deutschland ist es gerade einmal die Hälfte. Und das, obwohl den Schätzungen verschiedener Institute zufolge mittlerweile etwa 40 Prozent aller anfallenden Tätigkeiten in den Unternehmen Telework-geeignet sind: organisatorische, technische ebenso wie kreative Tätigkeiten. Wenn Sie in Zukunft flexibler oder auch weniger arbeiten möchten, spricht vieles für Telework. Voraussetzung sind allerdings gewisse Grundregeln, die streng eingehalten werden müssen: Sie brauchen einen klar abgetrennten Arbeitsraum (»Home-Office«) mit allen technischen Mitteln und dürfen sich in den Arbeitszeiten auch wirklich von nichts ablenken lassen. Konzentriert am Computer arbeiten und gleichzeitig den Kindern bei den Schulaufgaben helfen, geht nicht. Entscheidend für einen erfolgreichen Telework-Job ist die Definition von räumlichen und zeitlichen Grenzen: Das Familien- und Freizeit-Leben muss genauso klar wie bei einem klassischen Büro-Job von der Arbeit getrennt werden. Ebenso wichtig ist Selbstdisziplin. Viele Teleworker ziehen sich auch für die Arbeit im Home-Office bewusst um und gehen einmal ums Haus, bevor sie ihr »Büro« betreten, um auch geistig von »Freizeit« auf »Arbeit« umzuschalten. In vielen Fällen müssen auch Mittel und Wege eingerichtet werden, um soziale Isolation zu verhindern und direkten Kontakt mit dem Büro zu halten, etwa durch einen Tag in der Woche im Kreise der Kollegen. Und schließlich sollte es sich von selbst verstehen, dass der Arbeitgeber für die Einrichtung, also das technische Equipment des Home-Office aufkommt und alle im Zusammenhang mit dem Job anfallenden Telefon-, Fax- und ISDN-Rechnungen übernimmt.

Befürchtungen, die bisweilen von Arbeitgebern geäußert werden, gehen dahin, dass Angestellte ihre Aufgaben von zu Hause aus nicht so schnell oder gut erledigen könnten. Fast immer ist jedoch das Gegenteil der Fall: Menschen, die zu Hause an ihrem Schreibtisch sitzen, arbeiten häufiger entspannter, konzentrierter und damit auch deutlich produktiver. Der Grund: Es gibt weniger Unterbrechungen und Ablenkungsmöglichkeiten.

Der feste Schreibtisch im Büro oder das »Desk-Sharing« ist vor allem ein probates Mittel, wenn Sie auch weiterhin nicht den Kontakt zu Ihren Kollegen verlieren dürfen oder möchten. Eine Desk-Sharing-Lösung sieht so aus, dass Sie für eine bestimmte Zeit von zu Hause aus arbeiten und für einen Teil Ihrer Arbeitszeit weiterhin vom festen Arbeitsplatz im Unternehmen aus – an einem Schreibtisch oder Platz, den Sie sich mit einem oder mehreren Kollegen teilen.

Was schwebt Ihnen vor? Auch hier gilt wieder: Im Idealfall sind Sie natürlich flexibel und in der Lage zu kombinieren.

Von der Theorie zur Praxis

Nachdem Sie geklärt haben, wie es um Ihre Kernkompetenzen bestellt ist und auf welche Formen der Arbeit Sie später setzen können, kommen Sie nun zum eigentlichen Thema: Ihrem zukünftigen Job. Was genau wollen und werden Sie als Downshifter arbeiten, wie werden Sie Ihr Geld verdienen? In der Praxis gibt es eine klar aufeinander aufbauende Reihe von Möglichkeiten.

1. Sie arbeiten in Ihrem alten Beruf weiter bei Ihrem alten Arbeitgeber – allerdings auf reduzierter Basis.
2. Sie arbeiten in Ihrem alten Beruf in einem neuen Unternehmen – oder als Freelancer für eine Reihe von neuen Unternehmen.
3. Sie wählen einen völlig neuen Beruf und damit höchstwahrscheinlich auch einen oder mehrere neue Arbeitgeber.

Das zweite und dritte Szenario ist ökonomisch gesehen auf den ersten Blick mit mehr Risiken verbunden. Sie sollten diese Wege deshalb jedoch nicht pauschal ablehnen. Schon deshalb nicht, weil sie, wie bereits beschrieben, Folge eines Trends unserer Arbeitswelt sind: Unternehmen, die sich mit reduzierten Mannschaften auf ihr Kerngeschäft konzentrieren und wesentliche Arbeitsbereiche durch externe Berater-Teams besetzen.

Der Software-Ingenieur Fred B. wählte den sicheren Weg und zunächst wieder die Festanstellung auf Teilzeitbasis bei einem Großunternehmen. Dank seines Spezialwissens war er dort ein gefragter Mann, und mit der verkürzten Arbeitszeit schlug er mehrere Fliegen mit einer Klappe. Er stellte sein Leben und das seiner Familie schnell wieder auf eine sichere Basis und gewann außerdem Zeit, in der er sich nun um bislang vernachlässigte Lebensbereiche kümmerte. Darunter fallen nicht nur Dinge wie Familienausflüge und das Auffrischen alter Studienkontakte, sondern auch der Aufbau einer eigenen Beratungsfirma.

▶ **Sein Downshifting-Tipp:** *Mutig sein und nicht nach den Konventionen schielen. Regelungen wie die Teilzeitgesetzgebung gelten auch für Männer – sogar auf der Führungsebene.*

Ein Beispiel aus der Praxis für die sinnvolle Kombination der neuen Arbeitsmöglichkeiten sind die so genannten Dual Career Couples – Paare, die Karriere mit Abstrichen machen und sich dafür auch die Aufgaben des Alltags teilen. Angenommen, Sie persönlich haben einen Partner und eine Familie zu versorgen. Ein Schritt in die falsche Richtung wäre sicherlich die Rückkehr zu den alten Mustern, in denen ein Part sich allein um den Broterwerb kümmert, nie zu Hause ist, und ein Part die Erziehung der Kinder übernimmt – und damit schnell in eine andere Form einseitiger Beschäftigung gerät. Egal, ob es jetzt der Mann ist, der wie früher die Rolle des Ernährers übernimmt, oder die Frau. Im Dual-Career-Couples-Modell verfolgen beide Partner eine »Teilzeit-Karriere«; einen Teil der etwaigen Erziehungsaufgaben erledigen sie gemeinsam, ein weiterer Teil wird gerecht verteilt. Mutter und Vater, das sind dann zwei Elternteile, deren Energie nicht mehr ausschließlich in Job und Karriere fließt, sondern in entscheidendem Maße eben auch in Ehe und Familie – und keiner von beiden muss auf den Job verzichten.

Wie Sie sehen, steht Ihnen eine Vielzahl von Optionen offen, die natürlich auch unterschiedlich leicht oder schwer umzusetzen sind. Vieles hängt davon ab, ob Sie in Ihrem alten Beruf weiterarbeiten möchten oder ob Sie einen neuen Job suchen. Beginnen wir bei der Definition Ihrer individuellen Möglichkeiten im nächsten Kapitel mit der einfachsten und wahrscheinlich auch häufigsten Option, die Downshifter wählen.

8
Die sicherste Bank:
Ihr bisheriger Arbeitgeber

Von nun an trennen sich die Wege, und Sie müssen die ersten Entscheidungen von nicht geringer Tragweite treffen. Immerhin stehen Sie im Gegensatz zu all den Menschen, die weiterhin auf der Karriere-Autobahn dahinrasen und nur in eine Richtung können, nun an der ersten, vielversprechenden Kreuzung, die auf den weiteren Verlauf Ihres persönlichen Downshifting-Plans größeren Einfluss haben wird.

Die Möglichkeiten, auch als Downshifter Geld zu verdienen, sind unzählig. Es gibt Unternehmensberater, die Weinführer schreiben, Rechtsanwälte, die sich als Reisefotografen finanzieren, und Börsenmakler, die anfangen, Boote zu bauen. Allesamt mögliche, sicher auch spannende Wege, die jedoch nicht selten mit einer guten Portion Wagemut und Risiko verbunden sind. Deshalb soll es in diesem Abschnitt zunächst darum gehen, jene Möglichkeiten aufzuzeigen, die sich ergeben, wenn Sie Ihr bestehendes Arbeitsverhältnis nutzen, um erfolgreich downzushiften.

Ein sehr wichtiger Ratschlag vorweg: Die einfachste und eleganteste Lösung könnte Ihr derzeitiger Job sein, und wenn es auch nur für eine Übergangsfrist ist. Es ist eine geradezu klassische Strategie vieler erfolgreicher Downshifter, zunächst beim alten Arbeitgeber fest angestellt oder in Projektarbeit weiter beschäftigt zu bleiben, während sich in aller Ruhe die Downshifting-Karriere planen und umsetzen lässt. Diese Menschen machen es sich ganz einfach zunutze, dass sie im Job gebraucht und nicht so einfach ersetzt werden können – und gründen auf dieser Tatsache ihren neuen Lebensweg.

Ihr vielleicht wichtigster Verbündeter

Blicken Sie einmal ohne Bitternis oder falsche Schuldgefühle auf Ihre jetzige oder auch letzte Anstellung zurück. Mit Sicherheit haben Sie einen guten Job hingelegt und Ihren Chef und Ihre Kunden zufrieden gestellt. Sie sind immer anständig mit den anderen mitgerast: Blitzblanker Wagen, keine Pannen, und selbstverständlich haben Sie kaum Pausen eingelegt. Essen, trinken, Termine absprechen – kann man ja auch während der Fahrt machen. Das ist Ihr altes Arbeitsleben. Und das ist Ihr Pfund, der Köder, den Sie jetzt auswerfen. Denn sollte es Ihnen möglich sein, mehr oder weniger gleitend von einem festen Beschäftigungsverhältnis in einen Teilzeit- oder Projektarbeitsjob bei Ihrem derzeitigen Arbeitgeber überzugehen, könnte dies unter Umständen eine Ideallösung darstellen. Die mitunter drängendste Frage – die Finanzierung Ihres Downshifting-Plans – wäre damit geklärt.

Die beiden wichtigsten Fragen in diesem Zusammenhang lauten:

1. Wäre es für Sie persönlich denkbar, zukünftig in verändertem Umfang weiter für Ihren bisherigen Arbeitgeber zu arbeiten?
2. Und: Würde Ihr Arbeitgeber mitspielen?

Punkt 1 können nur Sie alleine beantworten – diese Frage hängt im Wesentlichen davon ab, wie sehr Sie Ihr derzeitiger Job belastet. Ein »Ohne mich!« in diesem Fall sollte wohl durchdacht sein und ist im Grunde nur akzeptabel, wenn klar definierte Gründe gegen diese Option sprechen. Wenn nämlich Ihre Absicht, Ihr Arbeitsleben zu verändern und Ihr Plan vom Downshifting ganz unmittelbar mit Ihrem derzeitigen Job verbunden sind, wenn also Ihre Unzufriedenheit genau darin Ihre Ursache hat.

Zwei Beispiele: Sie arbeiten als Einkäufer oder Einkäuferin für elektronische Bauteile in der Mobilfunkindustrie – und Sie hassen es. Sie wissen nicht, wie es geschehen konnte, wie Sie so katastrophal auf die schiefe Berufslaufbahn geraten konnten, aber Fakt ist: Sie arbeiten seit zehn Jahren oder noch länger in diesem Job, und Sie hassen es. Sie hassen alles, was mit Einkauf, Elektronik und Handys zu tun hat. Da hilft tatsächlich nur eines: Wechseln Sie nicht nur den Arbeitgeber, sondern möglichst schnell auch den Beruf.

Oder: Sie sind ausgebildete und studierte Grafikdesignerin und arbeiten in einer Werbeagentur, in der Sie ausschließlich, tagaus, tagein billige Kataloge gestalten. Ein weder lukrativer noch ausfüllender Job. Wenn Sie Ihren Chef darauf ansprechen, wie es mit Perspektiven oder Entwicklungsmöglichkeiten aussieht ... sprechen wir besser nicht darüber. Auch hier könnte die einzige Alternative sein: Suchen Sie sich einen neuen Job.

Wenn Sie allerdings sowohl bei Punkt 1 als auch 2 spontan sagen: »Klar! Überhaupt kein Problem!« haben sich eine Menge offene Fragen schon einmal in Rauch aufgelöst.

Leider sieht es jedoch meist bei Punkt 2 – der Bereitschaft des Arbeitgebers – häufig etwas komplizierter aus. Ein Einwand, der von Downshiftern selbst vorgebracht wird, lautet vielfach: »Warum sollte mein altes Unternehmen mich behalten wollen, wenn ich mit dem Gedanken spiele, weniger zu arbeiten?« Die Antwort ist einfach und klingt auf den ersten Blick paradox: Die, die am ehesten bereit sind zu gehen, sind meist auch diejenigen, die das Unternehmen am liebsten halten würde. Nicht immer um jeden Preis, aber häufig genug, wenn die Bedingungen, die der Arbeitnehmer stellt, realistisch sind und sich mit den Zielen der Firma vereinbaren lassen. Denn meist handelt es sich dabei um Mitarbeiter, die über jene Eigenschaften verfügen, welche die Unternehmen sich auch und gerade in Krisenzeiten wünschen: Eigenverantwortung und -initiative, Flexibilität, Veränderungsbereitschaft.

Wenn auch nur der Funke eines guten Willens von der anderen Seiten erkennbar ist, gibt es eine Vielzahl an Mitteln und Wegen, um Ihren Downshifting-Plan zusammen mit dem alten Arbeitgeber zu verwirklichen. Vielleicht haben Sie persönlich Glück und arbeiten in einer Branche, in der flexible Arbeitszeitlösungen längst zum Alltag gehören. Es gibt bereits zahlreiche Unternehmen, die ihren Angestellten häufig auf sehr kreative Weise entgegenkommen, wenn es darum geht, weniger oder anders zu arbeiten. Ganz gleich, ob es sich dabei um so genannte Time-out-Programme handelt oder ob schlichtweg die Möglichkeit geboten wird, per Telework einen Teil des Jobs von zu Hause aus zu erledigen. Diese Unternehmen haben erkannt, dass sie auch die außerberuflichen Perspektiven ihrer Mitarbeiter integrieren und fördern müssen, um gute Leute zu halten, und dass der alte Ansatz, nach dem viel

Arbeit gleichzeitig auch die Produktivität steigert, falsch ist. Um es deutlich zu sagen, und um auch Ihnen persönlich gegebenenfalls die Argumentation zu erleichtern: Menschen, denen die Möglichkeit gegeben wird, reduziert und vor allem flexibel zu arbeiten, sind in den allermeisten Fällen zufriedener und produktiver. Downshifting hat also nicht nur positive Effekte für die Mitarbeiter, sondern auch für die Unternehmen.

Wenn Sie jetzt sagen, »Leider habe ich Pech, ich arbeite nicht in solch einer gnadenvollen Branche« – in Kapitel 10 finden Sie Rat und Hilfe, wie Sie sich auf die Suche nach Unternehmen begeben, die Ihren Zielen und Wünschen entsprechen.

Strategien für den Umgang mit dem Arbeitgeber

Jetzt zu den Details. Finden Sie mit Ihrem jetzigen Arbeitgeber eine Übereinkunft, die Ihnen flexiblere Arbeitszeiten oder ein anderes Arbeiten ermöglicht? Welche Wege und Möglichkeiten gibt es, Ihren Chef oder Ihr Unternehmen von den Vorteilen einer solchen Flexibilität zu überzeugen? Vorausgesetzt, es gibt in Ihrem Unternehmen nicht bereits Downshifting-taugliche Arbeitszeitprogramme, sollten Sie sich zur Sicherheit auf eine skeptische Reaktion, zumindest aber auf kritische Fragen zu all diesen Punkten einstellen. Falls Ihr Arbeitgeber Sie positiv überrascht – um so besser. Dann wären die nachfolgenden Punkte für Sie ein Gedankenspiel.

Von zwei Dingen müssen Sie Ihren Chef beziehungsweise Ihre Firma überzeugen:

1. Ihr Einsatz kann auch in einer reduzierten beziehungsweise veränderten Form in Zukunft enorm wertvoll für das Unternehmen sein.
2. Sie wären bereit zu gehen, sollte sich keine Möglichkeit zu einem nach Ihren Vorstellungen angepassten Arbeitsverhältnis oder -pensum ergeben.

Gehen Sie auf keinen Fall schlecht oder gar unvorbereitet in diese Verhandlungen, sie stellen die erste wichtige Hürde auf Ihrem weiteren Weg dar. Sehr sinnvoll ist es, sich vorher in Gedanken intensiv mit dem neuen Arbeitsverhältnis zu beschäftigen und durchzuspielen, wie Ihr Job in Zukunft aussehen könnte. Eine Verhandlungsführung nach dem Motto »Ich muss meine Arbeitsbelastung reduzieren – wo können wir da ansetzen?« dürfte dagegen ins Leere laufen und höchstens zu einer Kündigung führen.

Die erste Frage, die Sie sich in diesem Zusammenhang stellen müssen, lautet: Gibt es …

* in Ihrem Bereich/Ihrer Abteilung,
* in Ihrer Firma, also unter den Kollegen,
* oder sonst irgendwo auf der weiten Welt

… jemanden, der oder die Ihren Job oder einen halbwegs vergleichbaren macht und dies erfolgreich tut, trotz oder gerade weil er oder sie eine flexible Lösung mit dem Arbeitgeber etabliert hat?

Mit 99-prozentiger Wahrscheinlichkeit lautet die Antwort: Ja. Und das ist bereits Teil Ihrer Lösung. Finden Sie heraus, wie dieser Mensch das macht, vielleicht sogar, wie er/sie seinen/ihren Chef überzeugt hat. Wenn Sie in einem Großunternehmen arbeiten und der Kollege nebenan sitzt, dürfte das keine allzu große Schwierigkeit sein. Für alle anderen Fälle gilt: Fragen Sie. Fragen Sie sich durch und sprechen Sie mit jedem greifbaren Menschen, der irgendwie auskunftsbereit scheint – persönlich, per Telefon oder E-Mail. Keine falschen Hemmungen: Gerade wenn es um die Arbeit, den Job geht, um das, was unser aller Leben bestimmt und dominiert, sind die meisten Leute ausgesprochen auskunftsfreudig. Vermutlich werden Sie überrascht sein, wie viele neue und inspirierende Ansätze Sie am Ende aus diesen Gesprächen mitnehmen. Wenn Sie beim besten Willen niemanden finden, der ein gutes Beispiel abgeben könnte: keine Panik. Ihr Traum vom Downshifting ist an dieser Stelle nicht ausgeträumt. Dafür kommt es jetzt eben auf Ihre Erfahrung und Vorstellungskraft an.

In dem entscheidenden Gespräch mit Ihrem Chef wird es von größter Wichtigkeit sein, einen möglichst präzise ausgearbeiteten Plan zu präsentieren. Und wappnen sollten Sie sich – die häufigsten Einwände dürften sein:

- »Das werden Kunden/Kollegen/die Unternehmensleitung nicht akzeptieren.«
- »Die Arbeitsleistung wird sinken.«

Lassen Sie sich davon nicht entmutigen. Mit allem, was Sie bisher über Arbeitsproduktivität gelesen haben, dürften Sie diese Vorbehalte schnell entkräften können. Über allem, was Sie sagen und wie Sie es sagen, stehen zwei Grundsätze:

- Ihr Vorschlag ist ein persönlicher Beitrag, um zur Gesundung und Prosperität des Unternehmens beizutragen.
- Ihr Vorhaben, anders zu arbeiten, zeugt von persönlicher Eigeninitiative – und nicht mangelnder Motivation.

Beschreiben Sie detailliert, wie Sie sich Ihren Arbeitseinsatz zukünftig vorstellen. Konkret sollte Ihre Argumentation folgende Punkte enthalten:

- An welchen Projekten möchten Sie arbeiten?
- In welchen Zeiträumen und in welcher Funktion?
- Was wäre der konkrete Nutzen für die Abteilung und das Unternehmen? Das können sein: Zeit- oder Kostenersparnisse, ein besonders reibungsloser Ablauf oder auch Ihr spezielles Know-how, das Sie dann natürlich ungefiltert und damit besonders effektiv einsetzen würden.

Noch einmal: Gehen Sie offensiv in dieses Gespräch. Rüsten Sie sich mit Lösungsansätzen und Argumenten, die beweisen, dass Ihr Modell nicht nur funktioniert, sondern zu mehr Produktivität und einer besseren Arbeitsleistung führt. Gerade in wirtschaftlich harten Zeiten gilt: Chefs lieben das. Im Hinterkopf sollten Sie dabei stets Ihre bereits abgeschlossenen Überlegungen zu den verschiedenen, für Sie infrage kommenden Formen der Arbeit haben.

Wenn die Fronten und Bedingungen erst einmal geklärt sind, gibt es in vielen Fällen keine Schwierigkeiten mehr. Der Grund ist sehr einfach: Tatsächlich möchten die meisten Firmen gute Mitarbeiter halten, und natürlich passt ein Mitarbeiter, der sich flexibel an die Auftragslage anpasst, gut ins Geschäftsklima. So paradox es klingen mag: Ob Teilzeit oder Ausstieg für ein Jahr – gerade in schwierigen Zeiten ist den Unternehmen dies meist leichter zu verkaufen, als wenn die Wirtschaft brummt. Voraussetzung ist allerdings, dass Sie diesen Schritt, wie bereits beschrieben, sorgfältig vorbereiten und richtig begründen.

Vertragliche und emotionale Details

Gehen wir jetzt einmal davon aus, dass es Ihnen gelungen ist, Ihren Arbeitgeber zu überzeugen, in Zukunft kürzer zu treten, anders zu arbeiten oder Ihnen ein Home-Office einzurichten. Folgende Punkte sollten Sie dabei beachten.

Vertragliche und rechtliche Vereinbarungen: In vielen Fällen führt ein verändertes Arbeitsverhältnis auch zu einer Umgestaltung des Arbeitsvertrages. Wenn Sie in Teilzeit oder auf Basis flexibler Arbeitszeiten bei Ihrem alten Arbeitgeber beschäftigt bleiben, kommt es in erster Linie darauf an, dass der vereinbarte neue Arbeitsumfang in vernünftiger Relation zu Ihrem neuen Gehalt steht. Eine andere Möglichkeit: Wenn Sie einen Beratervertrag mit Ihrem alten Arbeitgeber schließen, also als »Freelancer« für ihn tätig werden, garantiert Ihnen das ein stetes Auskommen in Verbindung mit einem Höchstmaß an zeitlicher Gestaltungsfreiheit. Bedenkenswert könnte in diesem Zusammenhang der Konkurrenzausschluss sein. So manches Unternehmen dürfte es nicht akzeptieren, wenn Sie beraterisch für die Konkurrenz tätig sind. Vorsicht: Dies verschließt Ihnen weitere mögliche Einnahmequellen und muss folglich bei der Verhandlung eines solchen Vertrages bedacht werden, entweder durch eine zeitliche Begrenzung oder durch ein entsprechend angemessenes Honorar. Die individuellen Gegebenheiten und Möglichkeiten Ihrer Branche sollten Sie vor der eventuellen Umgestaltung oder dem Neuabschluss eines Arbeitsvertrages unbedingt mit Arbeitskollegen oder entsprechenden Standesvertretern absprechen. Hilfe in allen diesen Fragen finden Sie bei den Industrie- und Handelskammern, etwa, wenn es um die Gestaltung einer Selbstständigkeit auf Basis einer oder mehrerer Beraterverträge geht, bei den entsprechenden Branchenverbänden oder Rechtsabteilungen der Gewerkschaften.

Finanzen und Honorare: Vergessen Sie bei Ihren Finanzplanungen nie, dass Sie bei allen Beschäftigungsverhältnissen, die sich außerhalb einer Festanstellung bewegen, sämtliche Sozialleistungen (Renten- und Krankenversicherung) persönlich zu tragen haben und in Ihre Kalkulation, also Ihr neues »Gehalt« miteinbeziehen müssen. Dabei kann ein zukünftiges Beraterhonorar höher ausfallen als Ihr jetziges festes Einkommen, obwohl Sie weniger arbeiten als vorher. Denn wenn Sie nicht als Angestellter, sondern als externer Berater arbeiten, verkaufen Sie in Zukunft nur noch die Stunden, die Sie de facto auch arbeiten – zu einem höheren Satz als in Ihrem früheren Arbeitsleben, als Ihre Arbeitsleistung noch von zahlreichen uneffektiven Nebenbeschäftigungen getrübt war.

Zukünftige Chancen auf dem Arbeitsmarkt: Einen gewissen Teil Ihrer neu gewonnenen Arbeitszeit sollten Sie in jedem Fall darauf verwenden, den Markt zu »scannen« und nach alternativen Beschäftigungs- und Job-Möglichkeiten abzusuchen. Welchen Anteil diese Marktanalyse einnehmen kann, erfahren Sie in einem späteren Abschnitt, wenn es um die Zusammenstellung Ihres neuen, individuellen »Zeit-Portfolios« geht. So viel vorweg: Wenn Sie etwa eine Stunde in der Woche darauf verwenden, Stellenanzeigen zu lesen und Ihr Marktumfeld zu analysieren, um einen Überblick zu bekommen und zu behalten, wie es in Ihrem Job-Umfeld aussieht, sind Sie zu jeder Zeit bestens gerüstet, falls es einmal erforderlich werden sollte, sich nach neuen Verdienstmöglichkeiten umzusehen.

Vertragsmentalität: Einer der wichtigsten Punkte zuletzt. Sobald Sie Ihren Arbeitsumfang reduziert und Ihr neues Arbeitsleben etabliert haben, ist der richtige Zeitpunkt gekommen, sich eine »Vertragsmentalität« zuzulegen. Das bedeutet: Jeder Job ist ein zeitlich begrenztes Projekt, das irgendwann einmal endet. Dann kommt etwas Neues. Das heißt natürlich nicht, dass Sie Ihre Arbeit in Zukunft hinschludern. Sinn dieser Distanzwahrung ist es zu vermeiden, zukünftig noch einmal in die »120-Prozent-Falle« oder jenen bösen Kreislauf des Over-Servings zu geraten, in dem die Arbeit mehr Platz einnimmt, als ihr eigentlich gebührt. Was den Bereich »Projektarbeit und Vertragsmentalität« anbelangt, haben insbesondere in den USA auch viele Top-Manager es längst gelernt, sich auf die veränderten Bedingungen einzustellen. Die Beziehungen zum jeweiligen Arbeitgeber sind dort häufig sachlicher und distanzierter. Was nicht heißt, dass sich diese Leute nicht stark für ihre Aufgaben engagieren würden. Es ist wie im Fußball: Sie geben in Zukunft in jedem Spiel Ihr Bestes, 90 Minuten lang. Danach ist erst mal wieder Pause – Zeit für andere Dinge. Und falls Sie persönlich noch immer Bedenken haben, dass sich Vertragsmentalität und verminderte Arbeitszeit auf Ihre Arbeitsqualität niederschlagen werden, denken Sie immer daran: Abschalten, intensive Muße und ein intaktes privates Umfeld blocken Stress und Druck ganz einfach ab. Gehen Sie also beruhigt davon aus, dass Sie in Zukunft weniger, aber auch ein ganzes Stück weit besser arbeiten werden.

9

Noch einmal ganz neu starten: Den Berufswechsel vorbereiten

Auch in wirtschaftlich unsicheren Zeiten besteht natürlich die Möglichkeit, dass Sie es bei Ihrem alten Arbeitgeber schlichtweg nicht mehr aushalten. Sei es wegen der fehlenden Perspektiven oder weil Ihr Chef nicht kooperativ ist und überhaupt kein Interesse zeigt, auf Ihre Wünsche einzugehen. Keine Frage, ein Unternehmen, in dem sich Ihre persönlichen Pläne nicht umsetzen lassen, sollten Sie verlassen, auch wenn dies auf den ersten Blick als ein Wagnis erscheint. »Toxic Companies« ist der Begriff, der sich dafür etabliert hat – Firmen, die ihren Leuten systematisch schaden und diese im wahrsten Sinne des Wortes nach und nach vergiften. Oftmals geben sich solche Unternehmen auf den ersten Blick ein besonders menschenfreundliches Bild, indem sie ihre Mitarbeiter beständig dazu auffordern, mehr für sich zu tun und besser auf sich selbst zu achten. Wenn man diese dünne Fassade der Besorgnis abkratzt, geht es letztlich meist doch nur um die Leistungsfähigkeit zum Wohle der Firma. Vielleicht hat Ihr Chef Ihnen schon öfter mal ins Gewissen geredet, früher Schluss zu machen oder mehr Pausen einzulegen. Wenn Sie dann zu Ihrem Arbeitsplatz zurückgekehrt sind und einen dicken Stapel neuer, unerledigter Aufgaben vorgefunden haben, wissen Sie nun, woran Sie sind. Ein anderer, von der Konsequenz her ähnlicher Fall, wäre dieser: Sie leiden in Ihrem jetzigen Job. Sie können es drehen und wenden wie Sie wollen, festes Einkommen hin oder her – Sie halten es schlichtweg nicht mehr aus. In beiden Fällen sollten Sie nicht länger zögern und gehen. Wie stark Ihre persönliche Unzufriedenheit ist und ob Sie mit einem anderen Job besser beraten wären, dies können Sie im folgenden Abschnitt genauer ermitteln.

Neues Spiel, neues Glück:
Worauf Sie beim Karrierewechsel achten sollten

In der Tat gibt es viele, vielleicht zu viele Bankangestellte, Immobilienmakler oder Versicherungsfachleute, die in Wahrheit lieber Drehbuchautoren, Tischler oder Landschaftsarchitekten wären. Und natürlich kann eine Zweit-Karriere, ein Beruf, den man erst ergreift, wenn man bereits eine erste Ausbildung abgeschlossen hat, ein überaus reizvoller Gedanke und ein sinnvolles Ziel sein. All den Berufstätigen, die einen solchen Plan mit dem Argument »Viel zu gefährlich!« vor sich her schieben, stehen allerdings auch einige Menschen gegenüber, die genau umgekehrt denken und handeln, in einer Kurzschlussreaktion kündigen und sich Hals über Kopf in ein Abenteuer stürzen, das ohne jede Planung schnell im Desaster enden kann. Vorab deshalb ein wichtiger Rat zum Timing: Ein gelungener Berufswechsel, der sich zudem noch harmonisch in einen ausgewogenen Downshifting-Plan einfügt, sollte mindestens ein halbes Jahr vorbereitet werden. Wenn Sie Ihren Berufswechsel zudem mit einer neuen Ausbildung oder der Gründung einer selbstständigen Existenz verbinden möchten, können aus dem halben Jahr schnell ein ganzes oder auch zwei werden. Beginnen wir am Anfang, bei den Dingen, die Sie in Ihre Planung miteinbeziehen müssen, wenn Sie auch in schwierigen Zeiten den Traum von einem Berufswechsel träumen.

Als Downshifter mit dem eher traditionellen Ansatz begeben Sie sich zukünftig in ein Gebiet, das Sie zwar noch nicht kennen, von dem Sie aber eine hilfreiche Karte besitzen: Wichtige Kreuzungen, Tankstellen, Reparaturwerkstätten – viele nützliche Stationen am Wegesrand sind verzeichnet. Als Downshifter mit dem Plan, einen neuen Beruf zu ergreifen und sich dabei vielleicht sogar selbstständig zu machen, bereisen Sie dagegen völlig neues Territorium. Wohin Ihr Weg Sie führen wird, ist spannend, aber auch ein ganzes Stück weit unsicher. Die erste Frage, die Sie sich nun stellen müssen, lautet: Wann lohnt es sich, nicht nur über einen Wechsel des Arbeitgebers, sondern auch gleich des Berufs nachzudenken?

Gegen einen Berufswechsel spricht die Tatsache, dass Sie es nicht unbedingt leicht haben werden, in einem völlig neuen Job Fuß zu fassen, gerade, wenn Ihre eigentliche Absicht es ist, die Belastungen durch den

Beruf zu reduzieren. *Dafür* spricht die Energie, die Sie zweifelsohne entfesseln werden, wenn Sie einen alten, ungeliebten Beruf ablegen und einen ergreifen, von dem Sie schon seit langer Zeit träumen.

Anders gesagt: Die Absicht, im Zuge Ihres Downshifting-Plans einen komplett neuen Beruf zu ergreifen, stellt einen Balanceakt auf einem schmalen Grat dar.

Test: Der Beginn Ihrer Überlegungen betrifft die simple, aber entscheidende Frage Ihrer zukünftigen finanziellen Situation:

> ◼ Haben Sie wenige bis keine finanziellen Reserven, auf die Sie im Zweifelsfall zurückgreifen könnten, vielleicht sogar Schulden?
>
> ◼ Haben Sie Kinder, eine Familie oder Angehörige zu versorgen?

Auflösung: Wenn Sie auf eine oder gar beide Fragen mit »Ja« geantwortet haben, kann die Konsequenz nur lauten: Vorsicht. Das Risiko, das Sie bei einem Berufswechsel eingehen, ist hoch. Denn der erste und wichtigste Schritt ist auch in diesem Fall wieder die Frage, wie und womit Sie in Zukunft jenes Basis-Einkommen sicherstellen, das Sie im vierten Kapitel definiert haben.

Wenn von vornherein feststeht, dass es zu einem Berufswechsel keine Alternative gibt, lautet der Ratschlag: Nutzen Sie die in Ihrem »ersten Berufsleben« erworbene Kernkompetenz, um sich das wirtschaftliche Überleben zumindest für eine Übergangsfrist zu sichern, und versuchen Sie dies mit Ihrem alten Arbeitgeber.

Eine weitere Option, die häufig schlicht vergessen wird, ist die berufliche Veränderung innerhalb des Unternehmens. Der Wechsel zwischen verschiedenen Funktionen und Bereichen in derselben Firma kann viel häufiger in Anspruch genommen werden, als gemeinhin angenommen. Dabei sollten Sie auch bedenken, dass sich das Verhältnis Chef-Angestellter oder auch Ihr eigenes Verhältnis zum Job ganz beträchtlich wandeln könnte, wenn Sie erst einmal eine gewisse Distanz zu Ihrer alten Tätigkeit gewonnen haben. Und: Es muss ja nicht für immer sein. Auch in solch einem Fall gilt wieder: Die aktive Position übernehmen und dem Chef konkrete Vorschläge unterbreiten.

Sollte das keine realistische Alternative sein, geht es in Ihrem Down-shifting-Plan jetzt mit der ersten größeren Herausforderung weiter.

Der Marketing-Manager Simon G. hatte Glück, in vielfacher Hinsicht. Er kannte seine Stärken – Kommunikationsgeschick, Freude im Umgang mit Menschen – und konnte bestehende Kontakte innerhalb des Unternehmens nutzen, um sich seine zweite berufliche Existenz aufzubauen. Sein Ziel war es, bei einer gemeinnützigen Organisation einzusteigen, als Spendenbetreuer, im Marketing oder in der Öffentlichkeitsarbeit. Aufwändige zusätzliche Fortbildungsseminare brauchte er dazu nicht, und dank der vielfältigen Verbindungen, die er sich beruflich geschaffen hatte, konnte er schon nach wenigen Monaten probehalber bei der Stiftung einer großen Bank mitarbeiten. Ein weiterer Pluspunkt war, dass sein alter Arbeitgeber ihm eine Übergangsfrist gewährte, während der er zur finanziellen Absicherung weiter fest angestellt blieb. So konnte der Mann aus der Automobilindustrie beruflich gefahrlos neues Potenzial und neue Betätigungsfelder ausloten. Die entscheidende und schließlich lebensverändernde Erkenntnis bestand für Simon G. darin, dass sowohl Berufswunsch als auch persönliche Qualifikation seiner neuen Aufgabe entsprachen.

▶ **Sein Downshifting-Tipp:** *Ohne Ausdauer und die Bereitschaft, auch Rückschläge wegzustecken, geht es nicht.*

In 10 Schritten neu starten: Den Berufswechsel vorbereiten

Den Wunsch, ihre Suche nach einem sinnvoll gestalteten Leben mit dem Wechsel in einen neuen Beruf zu verbinden, haben viele Menschen, und viele haben ihn auch höchst erfolgreich umgesetzt. Unabhängig davon, ob Sie sich vielleicht umschulen lassen oder eine schon länger gepflegte Liebhaberei in einen (Neben-)Erwerb verwandeln möchten, zunächst gibt es zwei Fragen, die Sie einer detaillierten Analyse unterziehen müssen:

- Was genau sind Ihre Fähigkeiten und möglicherweise versteckten Talente, die Sie zu professionellen Kompetenzen ausbauen möchten?
- Wie sieht es mit den Marktchancen aus? Konkret: Wie und wo lässt sich damit Geld verdienen?

Was die erste Frage betrifft, sehen Sie mit der nachfolgenden 10-Punkte-Analyse schon in Kürze deutlich klarer.

1. Definieren Sie Ihre beruflichen Träume. Am Anfang dieser Analyse steht die höchst simple Frage: In welchem Beruf würden Sie gerne arbeiten? Schreiben Sie es auf – alles, was Ihnen zu diesem Thema einfällt, alle Träume, Wünsche und Ziele. Schalten Sie bei diesem Punkt Gedanken und Argumente wie »Damit kann ich besonders gut/sicherlich überhaupt kein Geld verdienen« aus. Jetzt geht es ganz einfach nur darum herauszufinden, was Ihnen Freude machen und Erfüllung verschaffen würde. Denken Sie an das Bild des Autos auf der Autobahn: In was für einem Wagentyp würden Sie sich in Zukunft gerne sehen? Cabrio, Kombi oder Geländewagen? Oder möchten Sie sogar aufs Fahrrad umsteigen? Schrecken Sie vor keinem Gedanken zurück. Gerade die Beschäftigung mit Dingen, die man gerne tut, ist vielfach gewinnbringender als zunächst vermutet. Manchmal entwickeln sich demnach auch aus sehr außergewöhnlichen Tätigkeiten dauerhafte und vor allem befriedigende Einnahmequellen. Allerdings sollten Sie sich bei diesem Schritt noch nicht auf eine bestimmte Automarke festlegen, das könnte sich für Ihre anschließende Jobsuche als einengend herausstellen. Wenn Sie also auf einen Kombi umsteigen möchten, ist es bei diesem Schritt egal, ob es ein VW, Daimler oder Volvo wird. Die Zieldefinition zählt.

Halten Sie nun alle Aspekte, die Ihnen dazu einfallen, schriftlich fest, und definieren Sie am Ende Ihre Top-5-Berufswünsche. Wenn es weniger sind – auch kein Problem! Aber denken Sie daran: Je größer die Auswahl, desto größer ist auch die Wahrscheinlichkeit, dass Sie etwas finden, das sich elegant verwirklichen lässt. Natürlich ist es unwahrscheinlich, dass jemand fünf oder noch mehr völlig unterschiedliche Jobträume hat. Aber vielleicht gibt es Ihren Traumberuf auch in verschiedenen Abstufungen. Für künstlerische Tätigkeiten gilt zum Beispiel: Nicht jeder muss gleich ein großer Maler werden bei all den Möglichkeiten und Nischen, die der Kunstbetrieb bietet.

2. Definieren Sie die Stärken Ihrer Vergangenheit. Denken Sie einmal zurück an Ihre Vergangenheit und an die Dinge, die Sie außer oder neben Ihrem Beruf bisher getan haben. Listen Sie alle Fähigkeiten auf, die Sie seit Ihrer Schulzeit erworben und ausgeübt haben – wirklich alles, auch Hobbys und soziale Aktivitäten. Suchen Sie sich aus dieser Liste die fünf heraus, bei denen Sie die tiefste innere Befriedigung spüren oder gespürt haben. Was genau waren die Ursachen für das Wohlgefühl? Notieren Sie es hinter jede der Tätigkeiten. Dabei können völlig unterschiedliche Dinge herauskommen. Etwa, dass Sie dabei mit Ihren Händen oder mit dem Kopf gearbeitet haben. Dass Sie jeden Tag nachprüfbare Ergebnisse erzielt oder an einem extrem langwierigen Projekt gebastelt haben. Dass Sie draußen unter freiem Himmel körperlich gearbeitet haben. Dass Sie dabei Teil einer eingeschworenen Gemeinschaft waren – oder auch gerade nicht. Die Gründe sind vielfältig, und es ist wichtig, sie sehr deutlich offen zu legen. Die folgenden Fragen helfen Ihnen bei dieser Analyse:

- War es der Umgang mit immateriellen Dingen (Ideen) oder eher materiellen Dingen (Werkstoffe), bei dem Sie sich besonders wohl gefühlt haben?
- Hatten Sie dabei Umgang mit Menschen? Waren Sie Teil einer Gruppe oder alleine auf sich gestellt?
- Haben Sie unter Vorgabe fester Termine, gar unter Druck besonders produktiv und zufrieden gearbeitet oder war genau das Gegenteil der Fall?

Als Ergebnis dieser Überlegungen sollten Sie sich deutlich vergegenwärtigen können, was Sie in Ihrem Leben bisher besonders gerne gemacht haben und warum Sie es gerne gemacht haben. Erstellen Sie eine Liste Ihrer Top-5-Stärken – jenen Fähigkeiten und beruflichen Leidenschaften, die Sie schon immer mit besonderer Befriedigung erfüllten!

3. Definieren Sie Ihr gegenwärtiges Job-Know-how. So schlimm, wie sich Ihr gegenwärtiger Beruf derzeit für Sie darstellt, ist er möglicherweise gar nicht. Auch wenn Ihre Firma momentan vielleicht vor der Pleite steht, Ihr Chef ein Nichtskönner ist und Sie Löcher in Metallplatten bohren müssen, obwohl Sie viel lieber Werbetexter wären – es gibt Fähigkeiten, die Sie in Ihrem jetzigen Beruf erworben haben, und die vor allem eines sind: wertvoll. Sie verdienen Geld damit.

Was sehen diese Fähigkeiten aus? Auch wenn Sie eine verkappte Opernsängerin sind, haben Sie in Ihrem Job als Vertriebsmitarbeiterin vielleicht nützliches Know-how im Einkauf und damit Verhandlungsgeschick erworben. Definieren Sie Ihre fünf aktuellen Stärken!

4. Suchen Sie die Übereinstimmungen! Jetzt geht es ans Mischen. Vergleichen Sie die Liste Ihrer Top-5-Berufsträume mit Ihren »alten« Stärken und Ihrem gegenwärtigen Job-Know-how. Stellen Sie die Ergebnisse dazu in drei Spalten einander gegenüber:

Berufswunsch	Stärken der Vergangenheit	Jetziges Job-Know-how
Tätigkeit in der Kunstbranche	Soziale Tätigkeiten/ Umgang mit Menschen	Verhandlungsgeschick
Galeriebetrieb / Kunst-Messen	Produktives Arbeiten bei genauen Ziel- vorgaben	Präzise Planung
Gestalterische Tätigkeiten	Motivation anderer	Führungsqualitäten

Die Priorität liegt natürlich in der ersten Spalte, bei Ihren Berufsträumen und -wünschen. Jetzt vergleichen Sie: Wo gibt es die größten Übereinstimmungen? Wo tauchen Lücken auf? Dort müssen Sie ansetzen. Welche Ihrer Träume passen am besten zu Stärken und Fähigkeiten der Vergangenheit und Gegenwart? Vielleicht sind Sie verblüfft: Die Auflösung eines zunächst noch unpräzisen Berufswunsches, die wahren beruflichen Ziele decken sich in weiten Teilen mit Vorlieben und Stärken aus Vergangenheit und Gegenwart.

5. Definieren Sie Abneigungen aus der Vergangenheit. Zur Sicherheit folgt jetzt der Gegenentwurf. Tun Sie dasselbe nun mit jenen Aktivitäten, die Ihnen in Ihrem Leben bislang am unangenehmsten waren, einschließlich einer Aufstellung darüber, weshalb Sie sie als unangenehm empfanden. Denn um wirklich auf Nummer sicher zu gehen, müssen Sie neben Ihren Stärken und Wünschen ebenso exakt definieren, was Sie in Zukunft mit Sicherheit nicht tun wollen.

6. Definieren Sie die Negativ-Energien aus Ihrem jetzigen Job. Erstellen Sie eine Hitliste all jener Dinge, die Sie an Ihrem derzeitigen Job am meisten stören. Suchen Sie die fünf schlimmsten heraus und stellen Sie sich die Frage, wie gravierend diese Abneigungen tatsächlich auch mit Ihrem Beruf zusammenhängen. Wenn es Sie beispielsweise stört, dass Ihnen grundsätzlich zu wenig Verantwortung übertragen wird, dürfte dies ursächlich nur wenig mit Ihrem Beruf zusammenhängen. Vielleicht ist in diesem Falle einfach der Wechsel des Arbeitgebers sinnvoll. Dies wird Thema des folgenden Kapitels sein.

Folgende Anhaltspunkte sollten Ihnen dabei helfen, Ihre Abneigungen zu definieren:

- Fühlen Sie sich wegen der Arbeitsbedingungen unwohl? Dies kann zum Beispiel die Arbeitszeiten betreffen.
- Ist es vielleicht einfach der Ort Ihres Arbeitsplatzes, der Sie stört? Oder die Firmenkultur?
- Und schließlich: Liegt Ihre Unzufriedenheit darin begründet, dass Sie möglicherweise Ihre Wertvorstellungen nicht umsetzen können? Haben Sie ein moralisches Problem?

Anders gesagt: Was stört Sie an Ihrem jetzigen Wagen? Das ganze Modell? Die Tatsache, dass es ein Coupé ist, obwohl Sie einen Kombi bräuchten? Die hohen Verbrauchskosten oder etwa die prunkvollen Aluminiumfelgen, die Ihnen ein geschickter Verkäufer aufgeschwatzt hat? Schreiben Sie es auf.

7. Definieren Sie die Top-5-Negativ-Liste. Vergleichen Sie nun Abneigungen, die Sie in der Vergangenheit immer verspürt haben, mit all den Dingen, die Sie gegenwärtig aus Ihrem Berufsleben verbannen möchten. Diese Liste stellt den Gegenentwurf zu Ihrem Ziel dar – bei allem, was Sie in Zukunft tun werden, achten Sie darauf, dass es nicht mit den in dieser Analyse aufgeführten Abneigungen kollidiert.

8. Markieren Sie Hilfsmittel und Fallstricke. Zurück zu Ihrer Zieldefinition. Wenn Sie sich den Weg zu Ihrem neuen Traumjob einmal möglichst präzise vor Augen führen: Was könnten Ihnen helfen, Ihr Ziel zu erreichen, und was würde Sie daran hindern? Notieren Sie es – und zwar in chronologischer Reihenfolge, also von heute an bis zu dem Tag, an dem Sie in Ihrem neuen Beruf arbeiten. Je mehr Hilfsmittel es gibt, desto besser – das können nützliche Beziehungen oder Fortbildungen und Seminare sein, die Sie neben der Arbeit wahrnehmen können, oder einen Ehepartner, der für eine Weile ein wegfallendes Gehalt kompensiert. Falls es erhebliche Lücken im Bereich Ihrer Ausbildung und Ihrer fachlichen Qualifikationen gibt, müssen Sie zunächst feststellen, wie groß diese Lücken tatsächlich sind beziehungsweise, wie schnell und einfach sie in der Praxis zu schließen sind. Bei diesem Schritt hilft Ihnen das folgende Kapitel 10 weiter; dort erfahren Sie mehr zum Thema der Suche nach einem »Downshifting-tauglichen« Job.

Meist sind Fallstricke und Hinderungsgründe zeitlicher, finanzieller oder auch sozialer Natur. Wenn Sie zum Beispiel immer schon einmal im Ausland arbeiten wollten, könnte ein Hinderungsgrund sein, dass Ihre Kinder in die Schule gehen. Oder Sie haben Bedenken, sämtliche Brücken hinter sich abzubrechen und ganz alleine dazustehen. Eine Hilfe könnte in so einem Fall sein, dass Sie einen Aufenthalt in einer Stadt in Betracht ziehen, die über eine gut organisierte, deutsche Community mit deutscher Schule verfügt – einschließlich eines bereits bestehenden Netzes an nützlichen Kontakten für neue Übersiedler wie Sie.

Stellen Sie Hilfsmittel und Hinderungsgründe einander gegenüber. Was hebt sich gegenseitig auf? Was wiegt vielleicht so schwer, dass es besser wäre, einen im Grunde unrealistischen Traum doch fallen zu lassen? Wichtig ist dabei Folgendes: Nehmen Sie die Hinderungsgründe auf keinen Fall zum Anlass, Ihren Downshifting-Plan vor sich herzuschieben oder gar ad acta zu legen. Denken Sie zunächst intensiv darüber nach, wie sich die Hinderungsgründe aus dem Weg räumen lassen. Und wenn sich Ihr Favorit letzlich doch als undurchführbar entpuppt, steht dafür vielleicht ein berufliches Ziel an zweiter Stelle, das Sie dank der richtigen Hilfsmittel problemlos erreichen können.

9. *Gleichen Sie das Ergebnis mit Ihrer finanziellen Situation ab.* Mit einiger Wahrscheinlichkeit werden Sie, was Ihr Einkommen betrifft, in Zukunft einen Rückschritt auf sich nehmen müssen – zumindest anfangs. Die nächste Aufgabe besteht deshalb darin, den in Kapitel 4 bereits definierten Finanzstatus an dieser Stelle wieder ins Spiel zu bringen und ihn mit den Einkünften zu vergleichen, die Sie in Ihrem neuen Job voraussichtlich erzielen werden. Dabei sollten Sie in Betracht ziehen, dass möglicherweise einige berufsbedingte Posten zukünftig wegfallen wie Fahrtkosten, Restaurantbesuche oder Kleidung. Und natürlich brauchen Sie im Falle eines reduzierten und »entstressten« Jobs auch weniger Geld zur Kompensation wie etwa teure Urlaube, Restaurantbesuche oder Wellness-Wochenenden.

Alles in allem ist dies eine Rechnung mit einigen Unbekannten, bei der Ihnen ein Buch und eine Beratung allein jedoch nicht den dringend zu empfehlenden Austausch mit Menschen ersetzen kann, die bereits so arbeiten, wie Sie in Zukunft arbeiten möchten.

10. *Denken Sie sich in die Zukunft …* Führen Sie nun Ihren bisherigen Downshifting-Traum mit Ihrem neu definierten Berufstraum zusammen. Stellen Sie sich dabei in möglichst vielen konkreten Einzelheiten vor, wo und wie Sie in drei bis fünf Jahren leben werden. Dieses Bild ist die Vision, die Sie zukünftig vor Augen haben sollten. Sie verwirklichen sie in vielen kleinen Einzelschritten, mit einer ganzen Reihe noch folgender Planungen. Zum Timing sei an dieser Stelle noch einmal betont: Ein halbes Jahr Vorbereitungszeit für einen Berufswechsel ist das absolute Minimum, das Sie einplanen sollten, abhängig natürlich auch von den jeweiligen Hindernissen, die Sie dabei noch zu überwinden haben.

Und damit zu einem letzten Hinweis für die Planung Ihres Berufswechsels: Versuchen Sie nicht (gerade nicht, wenn es um Downshifting geht), Ihre Schwächen auszumerzen und zu beseitigen. Der umgekehrte Ansatz ist da weitaus erfolgversprechender: Bauen Sie Ihre Stärken aus. Ein Downshifting-Plan, der sich auf der Annahme gründet, »In meinem bisherigen Job war ich ein zu schwacher Verkäufer – ich muss in Zukunft meine verkäuferischen Qualitäten trainieren!«, dürfte nicht dazu angetan sein, Sie dem Ziel eines reicheren, von früheren Belastungen befreiten Lebens näher zu bringen. Setzen Sie stattdessen in Zukunft voll und ganz auf Ihre Stärken! Das ist der Sinn der obigen 10-Punkte-Analyse: Nur wenn Sie Ihre wahren Talente zutage fördern und konsequent entwickeln, werden Sie in Zukunft nicht nur beruflich mehr Erfolg haben, sondern auch den Sinn Ihres Tuns erkennen und sich damit vermutlich sehr viel wohler und glücklicher fühlen.

Am Ende dieses Kapitels sollte Ihnen klar geworden sein, ob und auf welche Weise Sie für Ihren alten Arbeitgeber weiter arbeiten können oder ob es Teil Ihres Downshifting-Plans ist, ein ganz neues berufliches Betätigungsfeld zu erschließen. Und Sie sollten wissen, was für ein Job das sein kann. Gleichgültig, ob Kombi, Sportwagen oder Wohnmobil – Sie haben eine präzise Vorstellung von Ihrem zukünftigen fahrbaren Untersatz. Möglichkeiten, sich diesen Wunsch zu erfüllen, also einen Job zu finden, der Ihren Vorstellungen entspricht, gibt es auch in schwierigen Zeiten. Dazu erfahren Sie im folgenden Kapitel mehr.

10

Wie und Wo:
Ihr neuer »Downshifting-tauglicher« Job

Jetzt zu etwas Erfreulichem – der Zukunft. Sie suchen also einen neuen Job. Und natürlich soll es nicht wieder eine von diesen Tretmühlen sein, in die Sie hineingeraten und bis zum Umfallen arbeiten, nur um am Ende wieder gekündigt zu werden oder nach einem Jahr frustriert den Entschluss zu fassen, »jetzt aber wirklich etwas zu ändern«.

Was immer Ihnen vorschwebt – die Suche erfordert Kreativität und Flexibilität. Zugegeben zwei reichlich nebulöse Begriffe, die in fast jeder Stellenanzeige zu finden sind. Aber sie meinen nichts anderes, als nicht nur aus bekannten Quellen zu schöpfen, sondern vor allem neue, unbeschrittene Wege zu gehen. Konkret heißt das: Sammeln Sie zunächst so viele Informationen wie möglich über Ihren angestrebten zukünftigen Job, Ihr zukünftiges Betätigungsfeld. Die wichtigste Quelle sind dabei nicht Bücher; und erst an zweiter Stelle Berufsverbände und Institutionen. An erster Stelle stehen Menschen, persönliche Ansprechpartner, die bereits in dem Umfeld arbeiten, in dem Sie einen Job suchen! Oft sind die Vorstellungen über den neuen Beruf ungenau und voller Illusionen. Genau damit räumen Sie auf. Denn nur auf der Grundlage ausreichender Informationen und einer intensiven »Marktforschung« haben Sie Aussichten auf Erfolg – darauf, einen Job zu finden, der auch wirklich zu Ihnen passt.

Erfolgreiche Job-Spionage I

Die ersten und wichtigsten Quellen sind also zunächst einmal persönliche Kontakte; jeder Mensch, der in dieser Hinsicht auch nur annähernd von Wichtigkeit sein konnte. Fragen Sie intensiv in Ihrem Bekanntenkreis herum, denn Bekannte in anderen Unternehmen wissen meist als Erste, wo Job-Potenzial vorhanden ist und wann neue Stellen frei werden. Und sie wissen meist auch detailliert darüber Bescheid, in welchen Bereichen Unternehmen Dienstleistungen nach außen vergeben. Sprechen Sie bei der Kontaktaufnahme offen an, dass Sie Ihre berufliche Zukunft planen und nach fundierten Informationen suchen. Einzige Ausnahme: Personalverantwortliche, die schnell abblocken, wenn sie erfahren, dass es um eine Jobsuche geht. Und: Legen Sie von vorneherein alle falschen Hemmungen ab. Die allermeisten Menschen sind ausgesprochen auskunftsfreudig, wenn man sie nach ihrem Beruf fragt, egal, ob es dabei um positive oder negative Erfahrungen geht.

Diese Gespräche sollten Sie intensiv vorbereiten. Machen Sie sich im Voraus Gedanken über die positiven Effekte, die Sie sich von Ihrer neuen Arbeit erhoffen, und schreiben Sie die Resultate auf. Dabei geht es um zwei Bereiche:

• Was erwarten Sie im Hinblick auf die Inhalte, also etwa die Möglichkeiten kreativer Entfaltung und individueller Gestaltungsmöglichkeiten? Wie sieht es mit Perspektiven der persönlichen Weiterentwicklung aus?

• Was erwarten Sie im Hinblick auf die äußeren Bedingungen? Gibt es spezielle unternehmensspezifische Gepflogenheiten, die Sie kennen sollten oder über die Sie Aufklärung wünschen?

Die Ergebnisse Ihrer Berufswunsch-Analyse aus dem letzten Kapitel sollten dabei natürlich in diese Überlegungen einfließen.

Wenn Sie beispielsweise frustriert sind, weil Sie in der Vergangenheit banale Konsumgüter wie Waschmittel und Anti-Schuppen-Shampoo vermarktet haben und deshalb einen Wechsel in eine Branche mit einem höheren ideellen Anspruch anstreben, wird es Sie vielleicht überraschen festzustellen, dass auch bei humanitären Organisationen wie etwa Greenpeace oder Amnesty International mit harten Bandagen gekämpft wird; nicht nur gegen den Gegner, sondern auch, was die internen Zielsetzungen betrifft. In den folgenden Gesprächen geht es deshalb darum, möglichst viel über den potenziellen neuen Job und die entsprechende Branche herauszufinden. Doch unabhängig davon, ob Sie Ihre Kontaktleute persönlich treffen, dies wäre der Idealfall, oder per Telefon oder E-Mail mit ihnen kommunizieren – die Zeit dafür sollten Sie schon aus Rücksicht auf Ihre Gesprächspartner auf etwa eine halbe bis eine Stunde begrenzen. Fragen Sie außerdem jeden Gesprächspartner, ob er oder sie Ihnen ein bis zwei weitere Kontaktpersonen nennen kann. In kürzester Zeit haben Sie auf diese Weise ein kleines Netzwerk geschaffen, das für die Vorbereitung eines beruflichen Neuanfangs äußerst hilfreich ist. Oft können sich im Zuge dieser Gespräche auch bereits die ersten Gelegenheiten zum (Quer-)Einstieg ergeben. Ein weiterer angenehmer Nebeneffekt ist, dass wenige Treffen genügen, um aus Ihnen selbst so etwas wie einen Insider zu machen, der über fundiertes Branchenwissen verfügt. Sie entwickeln folglich eine Kompetenz, die kein noch so aktuelles Fachbuch vermitteln kann – und werden dadurch wiederum für andere Menschen eine interessante Kontaktperson sein.

Ergebnis Ihrer Recherchen sollte also ein klares, detailreiches Bild über Ihr mögliches künftiges Betätigungsfeld sein. Gerade wenn Sie nicht nur den Arbeitgeber, sondern auch den Beruf wechseln möchten, gilt: Erst wenn der Traumjob diesen ersten Realitätstest bestanden hat, sollten Sie die Änderungen auch wirklich angehen.

Erfolgreiche Job-Spionage II

Stehen drei bis fünf Ideen beziehungsweise fünf bis fünfzehn Firmen fest, beginnen Sie damit, Ihr jeweiliges Objekt der Begierde auszuspionieren. Sie durchforsten Internet und Wirtschaftsdatenbanken, telefonieren mit berufsständischen Organisationen und der Konkurrenz und nehmen Produktpalette oder Dienstleistungen unter die Lupe, indem Sie Verkäufer und Kunden befragen. Im Idealfall haben Sie Ihre Lieblingsfirma schließlich durchleuchtet wie der TÜV einen Oldtimer mit Sonderzulassung und kennen sogar jemanden, mit dem Sie dort persönlich sprechen können. Denn auch hier gilt wieder: Persönliche Empfehlungen öffnen am ehesten die Tür. Personalexperten schätzen, dass 30 Prozent aller erfolgreichen Jobvermittlungen über persönliche Seilschaften laufen. Ansonsten führt Ihr Weg eben über die Telefonzentrale.

Jetzt gilt es, nicht mit der Tür ins Haus zu fallen. Der größte Fehler wäre es zu sagen, »Ich bin arbeitslos und suche dringend einen Job«. Bringen Sie sich subtiler ins Spiel, indem Sie etwa sagen, »Ich bin dabei, meine berufliche Zukunft zu planen und habe verschiedene Ideen. Darüber würde ich mich gerne mit Ihnen als Experte unterhalten.« Präsentieren Sie sich weder als Bittsteller noch als großspurigen Supermann, sondern als Problemlöser mit Sachkenntnis. Die Frage, die sich der Ihnen gegenübersitzende Personalleiter oder Firmenchef stellen wird, lautet: Welchen Nutzen kann der Bewerber dem Unternehmen bieten und wie glaubwürdig ist er? Auch mit Ihren Downshifting-Aktivitäten sollten Sie nicht hinter dem Berg halten. Hier gilt: Vermeiden Sie unbedingt, den Sinnsucher zu mimen, der nachmittags lieber Angeln geht, anstatt im Büro zu sitzen. Zeigen Sie sich als aktiver Mensch, der den (nahezu) perfekten Ausgleich zwischen forderndem Berufsleben und Lebensfreude gefunden hat. Der seine vielfältigen außerberuflichen Aktivitäten hervorragend mit dem Job vereinbart und zahlreiche, auch für das Unternehmen nützliche Synergieeffekte dabei erzielt. Übertrieben? Lachen Sie nicht: Das ist Ihr Fernziel.

Offizielle Anlaufstellen

Natürlich sind persönliche Gespräche und Recherchen nicht Ihre einzige Quelle. Auch einige offizielle und private Institutionen erleichtern Ihnen die Suche nach einem Job, der sich in Ihr Downshifting-Projekt fügt. Was einigen dieser Initiativen gemein ist, ist die Tatsache, dass sie selbstständige Arbeitnehmer virtuell zu Projektgruppen zusammensetzen. Je nach Auftrag werden so unterschiedliche, zueinander passende Teams zusammengestellt. Vorteil für die unterschiedlichen, daran beteiligten Menschen: Sie bleiben unabhängig und sparen sich meist eine Menge des Papierkrams, der sonst mit solcherlei Projekten verbunden ist. Nachfolgend zwei Beispiele – im Anhang finden Sie weitere Adressen und Anlaufstellen.

1. Die Gulp-Börse für IT-Fachleute (www.gulp.de). Ihr Prinzip ist einfach und ein gutes Beispiel dafür, wie die neue Arbeitswelt funktio-

niert: Gulp bündelt via Internet die Angebote verschiedener Unternehmen, um die sich freie Mitarbeiter bewerben können. Zudem können Selbstständige in einer Profildatenbank ihre Qualifikationen und Fähigkeiten eingeben und diese Informationen Unternehmen zur Verfügung stellen, die für kurzfristige Projekte geeignete Mitarbeiter suchen.

Die Beschäftigung spezialisierter Selbstständiger beziehungsweise Freiberufler in wechselnden Teams betrifft jedoch nicht alleine den IT-Bereich. Auch die Dienstleistungsbranche eignet sich meist ebenso gut für diese Art der flexiblen Zusammenarbeit.

2. Gemeinsam mit dem Fraunhofer Institut für Arbeitswirtschaft und Organisation (IAO) startete das Bundesforschungsministerium im Jahre 1998 die Initiative DL2100 (ehemals DL2000). Unter www.dl2100.de entstand eine Service-Plattform, die sich mit dem Thema beschäftigt, wie unsere Dienstleistungsgesellschaft in naher und ferner Zukunft aussehen kann. Das Angebot reicht von Marktstudien und verschiedenen Geschäftsmodellen bis hin zu Trendanalysen, praktischen Seminaren und Fortbildungsmöglichkeiten. DL2100 ist vor allem eine sehr nützliche Anlaufstelle, wenn Sie sich fragen, wo die Chancen der modernen Dienstleistungsgesellschaft für Sie persönlich liegen.

Projekt- und Job-Börsen gibt es im Internet reichlich und sind leicht recherchierbar. Wichtigste Grundvoraussetzung für Aufträge sind allerdings in allen Fällen bereits erfolgreich abgeschlossene Projekte. Sie sollten deshalb vorher nicht nur Informationen über einen potenziellen Auftraggeber, sondern möglichst auch viele Erfahrungen sammeln. Hier bietet sich nicht zuletzt wieder der alte Arbeitgeber an. Und natürlich spiegeln solche Jobdatenbanken immer auch die aktuelle Wirtschaftslage wider. Lassen Sie sich dennoch nicht entmutigen. Für jede Branche gilt, dass Investitionen stets nur aufgeschoben, nicht aber aufgehoben werden. Im Zweifelsfall müssen Sie also nur eine Durststrecke überwinden. Vielleicht schalten Sie bei Tempo 90 in den fünften Gang, sparen Benzin und sind spätestens beim nächsten Investitionsschub wieder mit dabei. Und wenn alle diese Wege ins Leere laufen, hilft Ihnen vielleicht der nächste Abschnitt weiter.

Auf Umwegen zum Traumjob

Auch für Downshifter gilt also: Nur wer jede verfügbare Informationsquelle nutzt, hat die besten Voraussetzungen, um den idealen Job zu finden. Und nur wer selbst die Initiative ergreift, kann sein Berufsleben zum Besseren verändern. Im Wesentlichen geht es also um Mut – den Mut, den eigenen Wünschen zu folgen und äußere Veränderungen nicht nur hinzunehmen, sondern aktiv zu gestalten.

Seien Sie deshalb auch bereit, notfalls Kompromisse einzugehen, und richten Sie Ihr Augenmerk auch auf Branchen und Bereiche, die Sie früher ignoriert haben. Die gibt es mit Sicherheit. Der Grund: Wenn alles glatt läuft und man beruflich aus dem Vollen schöpfen kann, neigt man dazu, bestimmte Firmen oder Berufszweige vorschnell mit den Argumenten »Mir zu langweilig« oder »Chronisches Krisengebiet – da tut sich nichts« abzutun. Zwei wichtige Ratschläge deshalb: Schielen Sie bei Ihrer Jobsuche nicht nur nach den bekannten Großunternehmen und Markenartiklern, sondern nehmen Sie auch mittelständische und Kleinunternehmen ins Visier. Und zum Zweiten: Gerade in Branchen, in denen es kriselt, entsteht häufig ganz neuer Arbeits- und Beratungsbedarf. Bestes Beispiel ist dafür die Gesundheitsbranche: Nicht nur in Krankenhäusern, auch in Wellness-Kliniken und Alten- oder Pflegeheimen werden oftmals händeringend Fachleute gesucht, die technischen, betrieblichen oder Marketing-Sachverstand mitbringen. Nicht selten sind gerade Außenstehende besonders qualifiziert für diese neuen Jobs. So kann beispielsweise jemand, der oder die Erfahrung im Journalismus und aus der Medienbranche mitbringt, auch im weiten Feld von Marketing/PR/Werbung einen gelungenen Einstieg finden, nämlich als Problemlöser mit neuen, unverbrauchten Ideen. Winken Sie deshalb nicht vorschnell ab, weil Ihr neuer Wagen nicht auf Anhieb die richtige Farbe hat. Jeder Job kann ein Vehikel für Ihren Downshifting-Plan sein, ein Teilchen im Puzzle, das Sie Ihrem Ziel näher bringt. Oft sind auch auf den ersten Blick unattraktive Angebote, die scheinbar nichts mit dem anvisierten Bereich zu tun haben, ein möglicher Einstieg.

Richtig angepackt, mit einer Portion Mut und Energie, führen auch Umwege zum Ziel – wie bei Benjamin K. Der Diplom-Ingenieur hatte eine rasante Karriere bei einem großen deutschen Baukonzern hingelegt, die ihn bis in die obersten Etagen des Unternehmens führte. Doch die starren Strukturen und die Dauerkrise in der Baubranche zermürbten ihn, er sah keine Perspektive mehr. Kurzfristig stieg der 44-Jährige bei einem Personaldienstleister ein, der Manager zur Überbrückung von kurzfristigen Personalengpässen rund um die Welt vermittelt. Inzwischen kann Benjamin K. völlig frei über sein Leben verfügen – er nimmt nur noch Aufträge an, die ihm auch zusagen. Nach jedem dieser Projekte, die in aller Regel zwischen drei und sechs Monaten dauern, genehmigt er sich eine Auszeit von mehreren Wochen, in der er regeneriert, sich um die Familie kümmert – und sich seinen alten Jugendtraum erfüllt und Drehbücher schreibt. Sein erster kleiner Erfolg: Während eines Interims-Jobs lernte er eine Person aus dem Filmverleih kennen, die ihm so einiges darüber verriet, wie die Filmbranche funktioniert – und die ihm einen ersten Einstieg vermitteln konnte.

▶ **Sein Downshifting-Tipp:** *Beweglich sein und auf Geradlinigkeit verzichten. Glück ist auch das Ergebnis von vielen Versuchen!*

Bringen wir es so auf den Punkt: Einem Menschen, der Künstler werden möchte, schadet die Beschäftigung in einem Galeriebetrieb gar nichts, und sei es auch als Buchhalter. Dies ist allemal sinnvoller als seine Zeit damit zu verbringen, auf das richtige Angebot zu warten.

Vergessen Sie bei allen diesen Analysen und Recherchen natürlich nie die wichtigste Frage. Sie lautet »In welchem Beruf möchte ich in Zukunft gerne arbeiten?« Wer sich diese Frage klar beantworten kann, wird nicht nur als Downshifter erfolgreich sein, sondern auch seiner Karriere noch einmal neuen Schub in die richtige Richtung geben.

Ziele setzen: Tipps für die Bewerbung

Natürlich kann dieses Buch keinen Bewerbungs-Ratgeber ersetzen, es kann nur Lösungsansätze für die Jobsuche als Downshifter aufzeigen. Für detaillierte Tipps zur Bewerbung sollten Sie auf die im Anhang aufgeführten Ratgeber zurückgreifen.

Folgende Ratschläge sollten Sie jedoch beherzigen. Wenn Ihre beruflichen Pläne abgesteckt sind, definieren Sie, wie Sie diese Ziele erreichen wollen, und zwar mithilfe eines einfachen Diagramms, wie es auch zur Strukturierung und Optimierung von Planungsprozessen verwendet wird. Auf diesem so genannten Flowchart notieren Sie die einzelnen Schritte bis zur Erreichung Ihres Hauptziels. Jeder Schritt sollte so klein sein, dass Sie ihn innerhalb einer Frist weniger Wochen beginnen und erfolgreich umsetzen können. Nehmen Sie sich zum Beispiel folgende Teilziele vor:

- Mit mindestens fünf Leuten aus der anvisierten Branche zu sprechen und zehn weitere Kontakte zu knüpfen.

- Ein Projekt oder ein Unternehmen auszuwählen, über das Sie sich so exakt informieren, dass Sie auf jedem Branchentreff mit Wissen glänzen könnten.

- Die Bewerbungsunterlagen für ein bestimmtes Projekt zusammenzustellen.

Lassen Sie sich bei allem pessimistischen Gerede und bei allen Negativ-Schlagzeilen gerade als Downshifter nicht entmutigen. In den allermeisten Fällen ist die Situation am Arbeitsmarkt nicht so schlecht, wie sie gemacht wird. Anders gesagt: Auch bei 10 Prozent Arbeitslosigkeit gibt es immer noch 90 Prozent Beschäftigte, die Arbeit haben. Zudem nutzen gerade in Krisenzeiten viele Unternehmen die Möglichkeit, sich flexibel mit qualifizierten Mitarbeitern zu verstärken.

Gelassener arbeiten

Dieses Buch handelt von dem schönen Ziel, weniger zu arbeiten und Arbeitsdruck abzuschütteln. Dennoch ist es unwahrscheinlich, dass Sie in Zukunft nicht zumindest einen Teil Ihrer Zeit weiterhin im Büro verbringen werden. Zeit, die Sie genau wie alle anderen Aspekte Ihres Lebens möglichst produktiv und befriedigend gestalten sollten. Nachfolgend deshalb einige Ratschläge, wie Sie zukünftig gelassener arbeiten, wie Sie Fehler aus der Vergangenheit vermeiden und nicht nur im Leben, sondern auch im Beruf zu mehr Besonnenheit finden.

Regel 1: Vermeiden Sie Pseudogeschäftigkeit. Unterlassen Sie in Zukunft alles, was letztlich auf selbst erzeugte und damit grundlose Hektik hinausläuft. Übertriebene Geschäftigkeit ist eine der übelsten Ursachen für Arbeitsstress. Konkret heißt das: Sie müssen nicht mehr bei jeder Sitzung dabei sein, Ihre E-Mails nicht noch um acht Uhr abends checken oder sich die Probleme anderer Abteilungen zu Eigen machen, um Arbeitseifer zu demonstrieren. Wenn Sie lernen, solcherlei Überflüssigkeiten von Ihrem Kerngeschäft zu trennen, hat das außerdem einen angenehmen Nebeneffekt: Sie entlasten Ihre Kollegen, Ihren eigenen Arbeitsbereich, mithin das gesamte System.

Regel 2: Immunisieren Sie sich gegen den Karriere-Virus. Stellen Sie sich taub, wenn Ihre Kollegen sich angstvoll um den eigenen Karriereweg sorgen oder Ihnen selbst vorhalten, Sie würden leichtfertig Ihre Karriere aufs Spiel setzen. Meist handelt es sich dabei um Menschen, deren Leben nur die herkömmliche Eingleisigkeit kennt. Lassen Sie sich deshalb auch nicht mehr nervös machen, wenn es um die Verteilung von Jobs geht, die zwar für Renommee im Kollegenkreis sorgen, meist aber nur heillose Mehrarbeit bedeuten.

Regel 3: Freuen Sie sich über kleine Erfolge. Nichts geht reibungs- und mühelos − insbesondere nicht in der neuen Wirtschaftswelt. Die Konvention, dass alles in überschaubaren Bahnen zu verlaufen habe und geradlinig zum Erfolg führe, ist längst passé. Das gilt im Leben − das gilt erst recht für jede berufliche Aufgabe. Wenn an einem Tag drei Teilschritte eines Projekts scheitern, ein vierter sich aber als Erfolg herausstellt, nehmen Sie den als Maßstab für Ihre Bilanz. Und wenn alle vier danebengehen, heißt es eben nicht mehr wie früher: Pech, morgen ist auch noch ein Tag. Sondern: Sei's drum, der Job ist für heute abgehakt, jetzt kommt etwas Wichtigeres!

Regel 4: Seien Sie mutig! Die meisten gut gemeinten Ratschläge aus Berufsratgebern laufen auf eines hinaus: Seien Sie mutig und beugen Sie sich nicht dem Druck der Allgemeinheit. Bezogen auf Ihren Arbeitsalltag heißt das: Wenn ein Kollege hereinschaut und Sie von der Arbeit abhalten will, setzen Sie ihn freundlich wieder vor die Tür. Wenn auf dem Gang vor Ihrem Büro lautstark Schwätzchen gehalten werden, schließen Sie die Tür. Wenn Kollegen oder auch der Chef Ihnen Nebensächlichkeiten aufhalsen wollen, die mit dem eigentlichen Job nichts zu tun haben, schütteln Sie freundlich, aber bestimmt den Kopf und sagen Sie »Nein«. Notfalls notieren Sie sich diesen Satz auf einem Notizzettel und befestigen ihn gut sichtbar am Bildschirm oder Telefon: »Sorry, dafür habe ich keine Zeit. Ich muss bei meiner Aufgabe XY am Ball bleiben.« Wenn das nichts hilft oder Ihr Gegenüber irritiert, fügen Sie ein kleines »Eine schöne Aufgabe, aber das passt im Augenblick leider gar nicht« hinzu. Sie werden sehen: Diese eher nebulöse Ausrede hilft fast immer.

Regel 5: Legen Sie übertriebenen Perfektionismus ab. Die Vorstellung mancher Menschen, auf allen Gebieten besser sein zu müssen, als der Rest der Welt, ist ein Irrglaube. Versuchen Sie das selbst nicht und stören Sie sich nicht an Menschen, die das von sich behaupten. Anders gesagt: Die Welt ist kompliziert, und niemand muss alles können und wissen.

Regel 6: Verabschieden Sie sich aus dem Wettbewerb »Wer lässt das Licht im Büro am längsten brennen?« Eine der wichtigsten Regeln für Downshifter lautet: Wenn der Job getan ist, gehen Sie. Eine wirkungsvolle Hilfe sieht so aus, dass Sie sich (zumindest anfangs) unverrückbare, private Termine für die Zeit nach der Arbeit setzen. Mit Ihrem Partner zu Hause, mit einer guten Freundin im Theater, mit sich selbst im Park. Wenn dann jemand fragt oder versucht Sie aufzuhalten, antworten Sie: »Ich habe einen wichtigen Termin mit meinem Activity Manager!« Oder auch: »In dreißig Minuten beginnt mein Timeout-Challenge-Meeting!« Was das heißt, muss kein Mensch wissen. Hauptsache, es klingt geschäftig, und Sie überwinden den »Bleib doch noch ein bisschen«-Gruppendruck im Büro, der gerade in einem neuen Job häufig stark ist.

Regel 7: Dämmen Sie die Informationsflut ein. Was für das Privatleben gilt, gilt erst recht für den Beruf: Kein Mensch kann mehr sämtliche wichtigen Informationen, die täglich auf uns einstürmen, filtern, geschweige denn verarbeiten. Versuchen Sie deshalb, Dämme dagegen zu errichten. Sortieren Sie aus, was sich schon in der Vergangenheit als nutzlos erwiesen hat, und befragen Sie Kollegen oder Bekannte aus Branchenkreisen nach den neuesten Neuigkeiten, anstatt die entsprechenden Dienste und Newsletter selbst zu lesen. Auf diese Weise können Sie sich das zeitaufwändige Filtern der für Sie relevanten Informationen ersparen.

Regel 8: Arbeiten Sie wie immer. Das klingt auf den ersten Blick paradox und wie ein Widerspruch zu allen bisherigen Regeln. Es gilt für Ihre Leistungen in der Firma und alles, was damit zusammenhängt. Es bedeutet: Die Leistung darf nicht leiden. Seien Sie pünktlich, zuverlässig und fair und arbeiten Sie auch weiterhin so, wie man es von Ihnen erwartet: qualitätsbewusst und einwandfrei. Natürlich müssen Sie nicht bei jedem Meeting als Erster vor dem Konferenzsaal stehen. Sie sollten aber als Downshifter auch nicht unnötig oft zu spät kommen. Zeigen Sie Chef und Kollegen, dass Downshifting nicht nur Ihrem Privat-, sondern auch Ihrem Arbeitsleben positive Impulse verleiht.

Regel 9: Missionieren Sie nicht. Eine Regel, die nicht nur für die Arbeit gilt, dort aber besonders wichtig ist: Versuchen Sie nicht, andere Menschen hartnäckig von Ihrem Downshifting-Plan zu überzeugen. Auskunftsfreude, wenn man nach den eigenen Zielen befragt wird, ist das eine. Das glühende Verbreiten der eigenen Ideen unter Nicht-Bekehrten kann dagegen schnell peinlich und unangenehm werden und würde vermutlich für Unruhe sorgen, von der auch Ihr Chef nicht begeistert wäre.

11
Die Existenzgründer-Falle

Ein anderes Szenario, dem wir uns nun widmen, sieht folgendermaßen aus: Sie wissen, dass es so nicht weitergehen kann – weder in Ihrem derzeitigen Job noch bei Ihrem derzeitigen Arbeitgeber. Jetzt muss etwas völlig Neues kommen. Warum nicht mit einem eigenen Geschäft loslegen, denken Sie, selbstständig werden und damit endlich frei über den eigenen Tag, die eigene Zeit, die eigene Zukunft verfügen?

Stopp … hier sollten Sie erst einmal anhalten. Wenn Sie tatsächlich eine wie auch immer gestaltete Selbstständigkeit ins Auge gefasst haben, wird Ihr Plan vom Downshifting mit hoher Wahrscheinlichkeit anders verlaufen als bei jemandem, der sich mit seinem bisherigen Arbeitgeber auf eine Teilzeit- oder Projektarbeit geeinigt hat. Tatsächlich ist die Selbstständigkeit für viele Menschen, die downshiften wollten, nur allzu häufig ein Schritt in die entgegengesetzte Richtung – ein Weg zu mehr Arbeit und mehr Stress. Ein Leben, das ökonomisch ausschließlich auf einer selbstständigen Existenz ruht, bedeutet in vielen Fällen ein erhebliches Mehr nicht nur an Arbeitsstunden, sondern vor allem auch an Verantwortung. Verantwortung, die Sie daran hindern kann, den Dingen nachzugehen, die Ihnen für Ihr neu definiertes Leben eigentlich vorschwebten. Dazu kommt für viele Selbstständige das manchmal überraschende Gefühl der Isolation, wenn Sie plötzlich völlig auf sich alleine gestellt sind, sowie wahre emotionale Achterbahnfahrten, wenn die Auftragsbücher entweder voll oder wieder leer sind. Und schließlich lassen Sie als Selbstständiger auch einen guten Teil an Sicherheit hinter sich; Sozial- und Krankenversicherungen, bezahlte Urlaube, Absicherung im Krankheitsfall. Der beste Ratschlag in Sachen Existenzgründung könnte daher tatsächlich lauten: Vergessen Sie's.

Dennoch ist gerade dies der Traum vieler Downshifter – Selbstständigkeit und eine Form von Freiheit, die viele in der Gründung einer eigenen Existenz zu finden glauben. Worum geht es Ihnen persönlich? Vermutlich um einen Lebens- und Arbeitsstil jenseits der viel befahrenen Karriereautobahn, um ein Leben, in dem die existenzielle Frage eben nicht zwischen »Wann werde ich befördert?« und »Wann werde ich gekündigt?« hin und her schwankt. Deshalb diese Warnung: Das Ziel, einen Downshifting-Plan in Verbindung mit der Gründung einer Selbstständigkeit durchzuführen, birgt die Gefahr des Scheiterns wesentlich stärker in sich als alle anderen hier vorgestellten Modelle. Auf der einen Seite steht die Befriedigung, dass Sie ausschließlich für sich selbst arbeiten; ein Traum, der gerade in wirtschaftlich schwierigen Zeiten aber auch schnell zum Albtraum werden kann.

Downshifting mit oder ohne Straßenkarte

Die wichtigste Überlegung, die Sie zunächst anstellen müssen, lautet: Wie einfach beziehungsweise wie schwer lässt sich Ihr Vorhaben, Ihre Geschäftsidee in eine Selbstständigkeit überleiten? Mit einer völlig neuen Idee in einem neuen Marktumfeld zu starten ist sehr viel schwieriger, als beispielsweise eine erprobte und bewährte Dienstleistung, die Sie vorher als Festangestellter bei einem einzigen Unternehmen erbracht haben, nun drei oder vier verschiedenen Unternehmen als externer Berater anzubieten. Denken Sie an das Bild mit dem Auto und der Straßenkarte. Was für einen Berufswechsel gilt, gilt erst recht für eine Existenz als Selbstständiger: Die Karte, die Sie für Ihren weiteren Weg benutzen werden, ist bei weitem nicht vollständig, und einen guten Teil des Weges werden Sie sich durchfragen müssen. Das Gebiet, in das Sie sich begeben, ist vollkommen neu. Wenn Sie sich mit dem Gedanken einer Existenzgründung tragen, sollten Sie sich eine mindestens sechsmonatige Übergangsfrist mit intensiver Bedenkzeit geben.

Test: Dieser erste Test besteht aus einem Fragenkatalog, in dem die wichtigsten Eigenschaften zusammengefasst sind, über die Sie als Existenzgründer verfügen sollten. Beantworten Sie sich die folgenden Fragen:

■ Sind Sie ein Realist, der sich über seine Fähigkeiten in beruflicher Hinsicht im Klaren ist?

■ Sind Sie diszipliniert und entscheidungsfreudig? Besitzen Sie Organisationstalent und arbeiten Sie schon jetzt in einem hohen Maße selbstständig?

■ Sind Sie kontaktfreudig und gehen gerne auf Menschen zu?

■ Sind Sie ausdauernd? Sind Sie bereit, in der Anlaufphase notfalls auch sieben Tage die Woche zu arbeiten?

■ Sind Sie sich Ihrer Ziele genau bewusst? Kennen Sie gleichzeitig die Risiken, die eine Selbstständigkeit in sich birgt? (Es gibt welche – ganz sicher.)

■ Sind Sie optimistisch und durchsetzungsfähig, was das Erreichen dieser Ziele betrifft? Und: Sind Sie fit und körperlich auf der Höhe?

■ Stecken Sie Rückschläge problemlos weg?

■ Stünde Ihre Familie auch bei einer Selbstständigkeit hinter Ihnen?

■ Wie steht es um die erforderliche Anschubfinanzierung? Könnten Sie Ihre Selbstständigkeit aus bestehenden Mitteln oder mit verhältnismäßig geringen Krediten finanzieren? »Gering« heißt in diesem Fall jede Summe, die Sie (falls erforderlich) mit einem beliebigen anderen Job innerhalb von 12 Monaten wieder abtragen könnten.

■ Und schließlich: Was zählt mehr für Sie – eher leicht verdientes Geld in einem Job, den Sie auch mal beiseite schieben können, Geld also, das mehr oder weniger nur den Treibstoff für den größeren Teil Ihres Lebens darstellt? Oder steht bei Ihrem zukünftigen Job die persönliche Befriedigung an allererster Stelle, wobei Sie der Überzeugung sind, dass dies nur durch eine Selbstständigkeit erreicht werden kann?

Auflösung: Machen Sie sich keine Illusionen, die hinterher bitter enttäuscht werden könnten: Bei diesem Test gibt es kein »Jein« oder »Vielleicht«

und keine Auswertung nach Punkten. Nur wenn Sie alle diese Punkte guten Gewissens mit »Ja« beantworten können, sollten Sie Ihren Plan vom Downshifting auch tatsächlich als Selbstständiger verwirklichen.

Ein eigenes Start-up, egal, ob als Blumenhändler oder Immobilienmakler, kann eine tolle Sache sein, wenn man versessen auf Arbeit, Geld und die Eroberung neuer Märkte ist. Als Existenzgründer stehen Sie alleine im Mittelpunkt. Das heißt, von Ihren Fähigkeiten hängt das Wohl und Wehe Ihres Geschäfts ab, die Aussicht, sich am Markt und gegenüber Ihren Konkurrenten durchzusetzen. Wenn Sie sich selbstständig machen möchten, sollten Sie vorher in Gedanken eine Probefahrt mit diesem völlig neuen Wagen machen. Sagen wir mal, es ist ein Geländewagen, der Sie mit Sicherheit auch an außergewöhnliche Orte bringen wird, die nicht mit jedem Auto erreichbar sind. Bis er sich bezahlt macht, kann es jedoch eine Weile dauern. Die Frage ist jetzt: Können und wollen Sie ihn sich leisten?

Test: Um in diesem entscheidenden Punkt auf Nummer sicher zu gehen, finden Sie nachfolgend als eine Art Gegenentwurf drei kritische Punkte, die gegen die Gründung einer eigenen Existenz sprechen könnten:

> ■ »Do or die«: Es sieht so aus, als hätten Sie keine einzige Alternative.

> ■ Sie leiden geistig und/oder körperlich bereits so stark unter Ihrem alten Job, dass Sie dringend eine längere Auszeit bräuchten.

> ■ Sie kennen andere Leute, die sich selbstständig gemacht haben, und denken aus einem eher spontanen Gefühl heraus und ohne, dass Sie wüssten, wie Sie es eigentlich anpacken sollen: »Was die können, kann ich auch«.

Auflösung: Machen Sie sich auch hier wieder keine Illusionen: Wenn Sie auch nur eine dieser Fragen mit »Ja« beantwortet haben, liegt die Lösung Ihrer Job-Probleme mit hoher Wahrscheinlichkeit nicht darin, dass Sie naht- und übergangslos von einer Festanstellung in eine Selbstständigkeit wechseln. Auf einem anderen Blatt steht natürlich, dass diese Merkmale Alarmzeichen sind – Zeit, einen Downshifting-Plan anzufertigen, wenn auch besser nicht als Existenzgründer. Vielleicht blättern Sie in diesem Fall noch einmal zurück zu Kapitel 9 und definieren genauer, in welchem Bereich Sie Ihre berufliche Zukunft sehen.

Selbstständig und glücklich dabei

Soviel zu den Warnungen. Wenn Sie an dieser Stelle noch immer das sichere Gefühl haben, dass Sie Ihren Downshifting-Plan entweder als Existenzgründer oder gar nicht verwirklichen wollen, kommen wir jetzt zu den positiven Aspekten. Für viele Downshifter bedeutet Selbstständigkeit die Erfüllung des Wunsches nach Unabhängigkeit. Und natürlich kann eine eigene geschäftliche Existenz – egal ob als Unternehmensberater, Galerist oder Bio-Bauer – einen wesentlichen Teil zu einem befriedigten und erfüllten Arbeitsleben beitragen. Ganz im Sinne des Downshiftings also. Einige finanzielle Vorteile liegen auf der Hand und gleichen das Risiko etwas aus: Sie zahlen nicht mehr in die Renten- und Arbeitslosenversicherung ein und können (müssen!) folglich Ihre Altervorsorge privat organisieren. Sie haben wesentlich bessere Möglichkeiten der steuerlichen Abzugsfähigkeit, ob dies den Geschäftswagen oder etwa die Mehrwertsteuer-Rückerstattung betrifft.

Sich ausgerechnet in Zeiten der Rezession und Krise selbstständig zu machen, kann tatsächlich auch ein finanziell lohnender Plan sein – wenn man jene Bereiche ausfindig macht, die in schweren Zeiten Konjunktur haben. Allerdings gilt auch hier wieder: Ohne reifliche Vorüberlegungen und genaue Planung sollten Sie es nicht wagen. Bereits im Vorfeld, bevor Sie also in die Vollen gehen, ein Gewerbe anmelden, eine GmbH gründen, Räume mieten oder potenzielle Kunden anrufen, sollten Sie sich mit insgesamt drei Themenkomplexen beschäftigen.

Test: Der *erste Bereich* beinhaltet Fragen zu Ihrer *persönlichen Qualifikation*:

■ Welche Fachkenntnisse und Berufserfahrungen können Sie vorweisen?

> ▪ Welches kaufmännische Wissen besitzen Sie?
>
> ▪ Und auf welche unternehmerischen Qualitäten können Sie bauen?

Test: Der *zweite Ber*eich betrifft Fragen zu Ihrer *Geschäftsidee*:

> ▪ In welchem Marktumfeld bewegen Sie sich und welche Konkurrenten gibt es?
>
> ▪ Wie wollen Sie sich von Ihrer Konkurrenz abheben? Durch den Preis, die Qualität oder andere Merkmale?
>
> ▪ Zu welchem Preis wollen Sie Ihr Produkt oder Ihre Dienstleistung anbieten? Wie haben Sie diesen Preis errechnet? Arbeiten Sie damit kostendeckend? Wo verläuft die Grenze, an der Sie profitabel arbeiten?

Auflösung: Beantworten Sie diese Fragen ehrlich und kritisch, und zwar unbedingt schriftlich. Es geht darum, Folgendes festzustellen:

- Bringen Sie persönlich die richtigen fachlichen Voraussetzungen mit?
- Taugt Ihre Geschäftsidee etwas? Gibt es vielleicht eine Menge Leute, die sie vor Ihnen hatten – und damit Pleite gingen?

Vergessen Sie auch Folgendes nicht: Es geht nicht einfach nur darum zu prüfen, ob eine Geschäftsidee Marktpotenzial besitzt, sondern auch darum, ob Sie sie sinnvoll in Ihren Downshifting-Plan integrieren können.

Um Ihren Überlegungen ein möglichst solides Fundament zu verleihen, sollten Sie wieder eines tun: Detaillierte Informationen sammeln – bei jedem Fach- und Branchenverband und jedem Menschen, den Sie nur irgendwie ausfindig machen können. Sie kennen niemanden? Und auch in Ihrem Bekanntenkreis gibt es keinen einzigen Menschen, der Ihnen weiterhelfen könnte? Kein Problem. Angenommen, Sie wollen eine entspannte Zweitkarriere als Gartenarchitekt starten, und selbst eine intensive Internet-Recherche hat Sie nicht weiter gebracht schlagen Sie das Branchenbuch unter »G« auf, rufen Sie den erstbesten Gartenarchitekten an und fragen Sie höflich:»Guten Tag, ich interessiere mich ganz brennend für den Beruf, den Sie ausüben. Hätten Sie eventuell eine Minute Zeit, um mir einige Tipps zu geben, und mir ein paar Informationsquellen zu nennen, die da am interessantesten sind …?« Spätestens nach fünf Telefonaten haben Sie sämtliche wichtigen Adressen beisammen. Und wer weiß, vielleicht ergibt sich so ja auch der erste interessante Geschäftskontakt – ein netter Gartenarchitekt, mit dem Sie ins Gespräch kommen, der ganz entzückt ist, dass Sie aufgrund Ihres eigentlichen Berufs Kenntnisse in Controlling oder Datenbankadministration besitzen, und der Ihnen spontan einen aussichtsreichen Nebenjob anbietet. Sie sagen:»Fremde Menschen anrufen – das kann ich nicht«? Akzeptiert. Allerdings: Wie wollen Sie dann als Existenzgründer erfolgreich sein?

Weitere Ratschläge zur Analyse Ihres Marktes geben Ihnen neben Fach- und Branchenverbänden auch die Industrie- und Handelskammern, deren wesentliche Aufgabe es ist, Neulinge und Existenzgründer über Chancen und Gefahren aufzuklären (Adressen und Anlaufstellen finden Sie am Ende dieses Buches). Bereits die Fragebögen der IHKs zum Thema Unternehmensgründung oder auch die Erstellung eines ganz gewöhnlichen Business-Plans werden Ihnen ein ganzes Stück weiterhelfen – sich selbst zu erkennen und vor allem auch die Markt- und Tragfähigkeit Ihrer Geschäftsidee.

Finanzierung: Alle Mittel ausschöpfen

Nachdem Sie festgestellt haben, dass Sie die richtigen Voraussetzungen mitbringen, folgt der *dritte Schritt*, der mindestens ebenso wichtig ist wie die ersten beiden: *Überprüfen Sie Ihre Finanzen.*

Zu der Summe, die Sie bereits im Verlauf des zweiten Meilensteins ausgerechnet haben, kommen nun die Investitionen in Ihr Geschäft.

Test: Addieren Sie die folgenden Posten zu der bereits in Kapitel 4 definierten Summe:

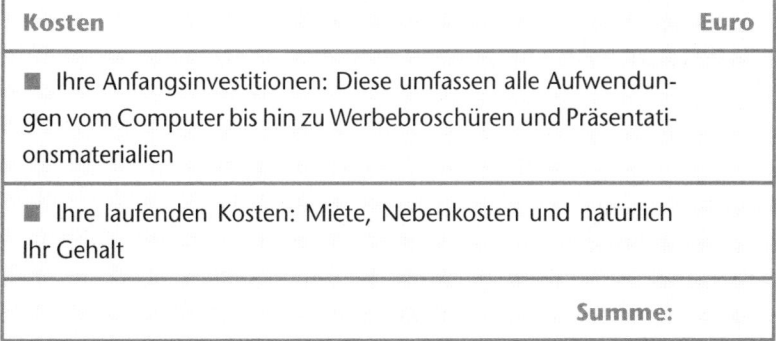

Kosten	Euro
■ Ihre Anfangsinvestitionen: Diese umfassen alle Aufwendungen vom Computer bis hin zu Werbebroschüren und Präsentationsmaterialien	
■ Ihre laufenden Kosten: Miete, Nebenkosten und natürlich Ihr Gehalt	
	Summe:

Auflösung: Jetzt geht es ans Rechnen. Wie viel Geld benötigen Sie als Anschubfinanzierung und anschließend monatlich? Daraus ergibt sich die Summe, die Sie jeden Monat umsetzen und verdienen müssen. Die einfache Frage, auf die alles hinausläuft: Ist Ihre Planung finanziell realistisch und durchführbar? Oder steht am Ende eine Summe auf dem Papier, von der Sie bereits ahnen, dass sie nur mit beträchtlichem Arbeitsaufwand zu erzielen ist?

Wenn es um die finanzielle Förderung Ihrer Selbstständigkeit geht, kann Ihnen auch das Arbeitsamt weiterhelfen (www.arbeitsamt.de). Dort finden Sie nicht nur die üblichen Infomappen und Gründer-Seminare. Viele Arbeitsämter organisieren gemeinsam mit örtlichen Handwerkskammern und Berufsverbänden spezielle, oft mehrwöchige Workshops für Existenzgründer, die teilweise aus Mitteln des Europäischen Sozialfonds (ESF) gefördert werden. Wenn Eigenmittel oder Bankdarlehen nicht ausreichen oder Sie aus Gründen der Vorsicht keinen Kredit aufnehmen möchten, hilft das Arbeitsamt manchmal auch mit dem so genannten Überbrückungsgeld weiter. Dieses Überbrückungsgeld muss allerdings unbedingt vor der eigentlichen Gründung beantragt werden – sonst geht das Arbeitsamt stillschweigend davon aus, dass Sie auch ohne den Zuschuss klarkommen. Einen Rechtsanspruch darauf gibt es nicht; neben einigen formalen Voraussetzungen, die es zu erfüllen gilt, müssen Sie Ihren Berater davon überzeugen, dass Sie förderungswürdig sind.

Denken Sie bei einer Selbstständigkeit zumindest theoretisch auch an die finanziellen Folgen eines Scheiterns. Als Gründer zahlen Sie keine Beiträge in die Arbeitslosenversicherung und haben folglich auch keinen Anspruch auf Arbeitslosengeld. Auch freiwillige Beiträge sind hier im Unterschied zur gesetzlichen Kranken- und Rentenversicherung nicht möglich. Als problematisch kann sich die Tatsache erweisen, dass in früheren Jahren erworbene Ansprüche auf Arbeitslosenunterstützung oder -geld im Gegensatz zu Rentenansprüchen ab einem gewissen Zeitpunkt schlichtweg verfallen. Sie sollten unbedingt klären, wie Ihre persönlichen Versorgungsansprüche aussehen und für den Fall der Fälle Vorsorge treffen. Das kann so aussehen: Entweder Sie legen stets genug beiseite, um auch für eine längere Durststrecke finanziell gewappnet zu sein, ohne gleich zum Sozialfall zu werden. Oder Sie ziehen bei einem absehbaren Scheitern rechtzeitig vor Ablauf der Fristen die Reißleine.

Selbstständig als Downshifter: Ihr neuer Leihwagen

Ein weiterer wichtiger Punkt ist schließlich, dass Sie Ihre Familie in diesen Plan miteinbeziehen müssen, und zwar intensiver, als in jeden anderen »normalen« Downshifting-Plan. Warum? Ganz einfach: Weil es einen ganz erheblichen Unterschied macht, ob Sie als Festangestellter von einem 50- auf einen 30-Stunden-Job wechseln oder von einem Festangestellten-Dasein in eine Selbstständigkeit, in der – zumindest in beruflicher und finanzieller Hinsicht – mit hoher Wahrscheinlichkeit nichts mehr so sein wird, wie es einmal war.

Ein letzter Ratschlag zum Thema Selbstständigkeit: Viele Downshifter starten ihre Existenzgründung, während sie gleichzeitig bei ihrem alten Arbeitgeber weiter beschäftigt bleiben oder projektweise für ihre alte Firma arbeiten. Ähnlich wie schon im Kapitel 8 angesprochen, ist dies eine geradezu klassische Strategie des Downshiftings und eine perfekte Möglichkeit, einen sicheren Weg einzuschlagen, bevor Sie alle Brücken hinter sich abbrechen. Natürlich ist diese Option für eine Übergangsfrist stressiger als alles, was Sie vorher getan haben. Der Vorteil besteht darin, dass Sie relativ risikolos die Tragfähigkeit Ihres Konzepts testen können –

und auch, wie Sie persönlich und Ihre Familie mit einer Existenz als Selbstständiger zurechtkommen. Anders gesagt: Sie fahren (und finanzieren) in dieser Zeit einen Leihwagen, während der alte noch in der Garage steht und jederzeit wieder hervorgeholt werden kann.

Setzen Sie sich für diesen Zeitraum auf jeden Fall feste Termine und eindeutig nachprüfbare Ziele. Beispielsweise eine feste Anzahl von Kunden oder eine bestimmte Anzahl verkaufter Produkte, die für Ihr wirtschaftliches Überleben notwendig sind. Wenn Sie diese Ziele nicht erreichen, könnte es sinnvoll sein, sich nach einer gewissen Frist zu entscheiden: Für ein Leben als Downshifter, der sich neben der Arbeit vielen anderen Dingen widmet oder für ein Leben als Unternehmensgründer, der mit sehr hoher Wahrscheinlichkeit für längere Zeit noch mehr arbeiten wird als jemals zuvor.

Soviel also zu den Segnungen und Gefahren der Selbstständigkeit. Und damit sind Sie auch schon fast am Ende des dritten Meilensteins angelangt. Sie haben den Preis Ihres neuen Autos beziehungsweise das Modell festgelegt, und inzwischen sollten auch Dinge wie Wartungs-, Versicherungs- und Benzinkosten keine offenen Posten mehr sein: Sie wissen, wie deren Finanzierung durch Ihren neuen Job aussehen kann.

Bevor Sie auf den vierten Meilenstein zusteuern, widmen wir uns einem Aspekt, der auf den ersten Blick jeden Downshifting-Plan durchkreuzt: Jobverlust und Kündigung. Keine Sorge jedoch – mit den richtigen Konsequenzen und Planungen kann auch ein Rauswurf der Start zu einem erstklassigen Neuanfang sein.

12

Jobverlust bedeutet nicht Zukunftsverlust

Angenommen ... einmal angenommen der Ernstfall ist tatsächlich eingetreten. Vielleicht ist es eine Woche her, vielleicht drei Monate, vielleicht auch erst zwei Stunden: Sie sind gefeuert worden, mehr oder minder überraschend, und wenn Sie jetzt an den Moment zurückdenken, an dem Sie es erfuhren, spüren Sie noch immer diese kalte Welle aus Wut, Enttäuschung und Resignation. Gestehen Sie es sich ruhig ein, schließlich bleibt es zwischen zwei Buchdeckeln: Mit größter Wahrscheinlichkeit hat Ihr Jobverlust auch eine mehr oder minder starke Identitätskrise ausgelöst. Sie denken an die Firma zurück, die Sie einst mit großartigen Versprechungen ins Boot holte, an die Aufstiegschancen und die Aussichten, von denen noch vor nicht allzu langer Zeit die Rede war, an die zehn oder zwölf Stunden täglich, in denen Sie Ihr Herzblut investiert haben. Vorbei. Den alten Arbeitgeber – eben noch ein sicherer Hafen, eine Gemeinschaft, der Sie gerne angehörten – gibt es jetzt nicht mehr. Stattdessen Vorgesetzte, die sich hinter inhaltsleeren Floskeln verschanzen, und Kollegen, die nur noch froh sind, dass es sie nicht selbst erwischt hat. Die Folgen für Sie persönlich: Sie sind jetzt entweder frustriert oder wütend oder todtraurig oder alles auf einmal. Es wäre kein Wunder. Gerade für erfolgsverwöhnte und leistungsorientierte Menschen bedeutet Jobverlust häufig auch Gesichtsverlust. Wer sich im Beruf über die Maßen engagiert, geht bei einer Kündigung oft durch ein regelrechtes Trennungstrauma, das Psychologen sonst nur vom Zerbrechen inniger, persönlicher Beziehungen kennen. Dass viele Firmen in Sachen Arbeitsplatzabbau und Kündigung oft nicht gerade zimperlich sind, macht die Lage nicht eben besser.

Der erste Gedanke, den die frisch Gekündigten nicht selten haben, ist: Gas geben. Auf den Tisch hauen, den alten Arbeitgeber auf Zahlung einer anständigen Abfindung verklagen und möglichst schnell einen neuen, noch spannenderen, noch schnelleren Job finden, in dem so etwas natürlich nie wieder passieren darf. In Wahrheit ist das keine gute Idee. Wenn es Ihnen so geht, wie hier beschrieben, sollten Sie sich stattdessen an die Ausarbeitung einer Alternative machen und die wahren Ursachen Ihrer gegenwärtigen Krise beseitigen, die aller Wahrscheinlichkeit nach in einer zu einseitigen Fixierung auf den Job liegen.

Zunächst einmal sollten Sie akzeptieren, dass es in der neuen Arbeitswelt auch Abschnitte ohne Erwerbstätigkeit geben kann. Dass weiße Flecken im Lebenslauf keine Schande, sondern Chancen sind. Dass es in der Karriere Seitwärts- und manchmal auch Rückwärtsbewegungen gibt. Und dass man Kündigungen bewusst dazu nutzen kann, das eigene (Berufs-)Leben zu überdenken und einen im Stillen vielleicht schon oft anvisierten Wechsel einzuleiten, kurz: neuen Lebenssinn zu finden. Im Bild der Karriereautobahn gesprochen, heißt das: Ein Motorschaden hat Sie für kurze Zeit aus dem Rennen geworfen. Na und? Lassen Sie sich gefangen nehmen vom Zauber eines Neuanfangs – eines Neuanfangs, in dem Sie die Fehler Ihres früheren Arbeitslebens vermeiden werden.

Strategien zur Kooperation

Wenn es so weit gekommen, wenn eine Kündigung erst einmal ausgesprochen ist, vermeiden Sie unter allen Umständen den Fehler, in Hektik und Aktionismus zu verfallen, aus Angst, das vermeintliche Stigma der Arbeitslosigkeit nicht loszuwerden. Im schlechtesten Falle geht einfach eine Menge wertvolle Energie verloren und Sie sitzen kurze Zeit später an einem neuen Schreibtisch, der in Wahrheit nicht zu Ihnen passt. Mit einem nur notdürftig reparierten Wagen sollten Sie sich nicht wieder auf die Straße begeben. Gehen Sie stattdessen die Kündigung und die Wochen davor noch einmal genau durch: Was hat dazu geführt? Wenn Sie zu dem Schluss kommen, dass Sie den Rauswurf zu einem guten Teil mitverschuldet haben, liegt dies vermutlich daran, dass Sie den falschen Beruf haben oder im falschen Betrieb arbeiten. Es mag zynisch klingen, aber in diesem Fall sollten Sie besonders froh über den Jobverlust sein. Menschen, die längere Zeit unter Bedingungen arbeiten, die sie unglücklich machen, werden nicht alt. Wenn neben Ihnen noch die halbe Abteilung gekündigt wurde, ist Ihre persönliche Schuld vermutlich begrenzt. Auch das sollte Ihr Selbstbewusstsein heben.

Ihre folgenden Schritte gründen sich zunächst auf die Frage, ob und welche Wege zur Kooperation es mit Ihrem alten Arbeitgeber gibt. Falls keine gewichtigen Gründe dagegen sprechen, bleibt er zunächst wieder Ihr wichtigster Verbündeter. Die erste Regel lautet deshalb: Kooperation statt Konfrontation. Bleiben Sie besonnen und versuchen Sie zunächst immer, zu einer außergerichtlichen Einigung zu kommen. Auch wenn Wutausbrüche menschlich durchaus verständlich sind: Halten Sie sich mit Beschimpfungen oder übler Nachrede zurück. Einerseits würde Ihnen das alle weiteren eventuellen Möglichkeiten verbauen. Zum anderen ziehen mögliche neue Arbeitgeber natürlich auch Erkundigungen ein. Je kleiner die Branche ist, in der Sie tätig sind, desto schneller stehen Sie auf verlorenem Posten.

Wenn Sie einen Downshifting-Plan gefasst haben, fragen Sie sich, welche Rolle Ihr alter Arbeitgeber darin spielt. Falls die Beschäftigung bei ihm Teil Ihrer Downshifting-Strategie war oder sinnvollerweise auch sein könnte, lautet der erste Ratschlag: Reden Sie darüber mit Ihrem direkten Vorgesetzten. Dieses Gespräch wird vermutlich wehtun. Es sieht nach einem Akt der Unterwürfigkeit aus, sich bei einer Firma, die einen gekündigt hat, noch einmal vorzustellen und quasi als Bittsteller vorzusprechen. Halten Sie sich dabei Folgendes vor Augen: Meist zwingt nicht Unmenschlichkeit, sondern die problematische Wirtschaftslage Unternehmen zu Stellenkürzungen – und die Firmen sind dankbar für Mitarbeiter, die sie auf anderer Basis weiterbeschäftigen können. Ein weiterer kleiner Trost in diesem Zusammenhang ist vielleicht auch die Tatsache, dass die meisten Führungskräfte und Personalverantwortlichen sich durch die Kündigungsgespräche, die sie führen müssen, selbst belastet fühlen. Und dass moralisches Fehlverhalten von Vorgesetzten seine Ursache häufig darin hat, dass diese Menschen nicht wissen, wie sie richtig reagieren sollen. Der wichtigste Punkt aber ist: Persönliche Schuld- und Hassgefühle sind deshalb fehl am Platz, weil es in diesem Gespräch nicht darum geht, einen schmutzigen Scheidungskrieg zu führen, sondern eine neue ökonomische Basis für Ihren Downshifting-Plan zu finden. Ihr Job ist ein Vehikel oder besser noch, eine Tankstelle, die Ihnen das weitere, problemlose Fortkommen ermöglichen soll. Nicht mehr und nicht weniger.

Für die Gespräche gelten die gleichen Grundregeln wie in Kapitel 8 beschrieben:

- Versuchen Sie Ihren Ex-Chef davon zu überzeugen, dass Ihre Arbeitskraft auch auf anderer Basis wertvoll für das Unternehmen sein könnte.
- Werden Sie aktiv. Bieten Sie Lösungen an, einen Plan, der auch für das Unternehmen Vorteile bietet.

Die Rechnung, die Sie aufmachen müssen, ist höchst einfach: Fragen Sie sich, was Sie das Unternehmen (jetzt wie auch in Zukunft auf einer veränderten Beschäftigungsbasis) kosten und was Sie gleichzeitig an Gegenwert erbringen. Wenn Sie denken, dass der ökonomische Nutzen, den Sie leisten, groß genug für eine Weiterbeschäftigung ist, sollten Sie versuchen, Ihren Chef davon zu überzeugen. Die entsprechenden Fakten und Argumente sollten Sie selbstredend parat haben.

»Welche Fakten?«, denken Sie jetzt vielleicht. »Ich bin gefeuert worden, weil man mich für überflüssig hält!« Keine Panik: Hier zwei wichtige Anhaltspunkte, die für die Entwicklung einer solchen Argumentation nützlich sein können:

- Es ist beileibe nicht immer so, dass der von Ihnen betreute Aufgabenbereich über Nacht komplett überflüssig wurde. Finden Sie heraus, was weiter getan werden muss und vielleicht sogar durch wen. Vielleicht liegt darin der Ansatz für eine Beschäftigung als Projektmitarbeiter. Denn wer auch immer Ihren Job in Zukunft machen soll, die Einarbeitung kostet Zeit und Geld.
- Gibt es Fürsprecher, die Sie für sich gewinnen können? Das mögen Kunden oder auch Kollegen aus anderen Unternehmensbereichen sein, denen Sie zugearbeitet haben – kurz: Menschen, denen daran liegt, dass Sie (auf welcher Basis auch immer) weiter einen Teil Ihres Jobs machen.

Wenn Ihr Chef überzeugt von Ihnen und Ihrer Arbeitskraft ist und Sie ihn davon überzeugen können, in Zukunft auf reduzierter Basis für das Unternehmen zu arbeiten, wäre das schon die halbe Miete. Der Vorteil einer Lösung, die im Kern auf verringerter Arbeitszeit basiert, besteht darin, dass Ihre Firma weiterhin auf bekanntes und bewährtes Know-how bauen kann, und Sie selbst die Umsetzung Ihres Downshifting-Plans auf einer ökonomisch sicheren Basis beginnen.

Wenn Sie auf der persönlichen Ebene zu viele Schwierigkeiten mit Ihrem (Ex-)Chef haben, suchen Sie sich einen Mittler innerhalb des Unternehmens. Das kann der Gruppenleiter oder auch ein Kollege aus der Abteilung sein, zu dem Sie besonderes Vertrauen haben. Wichtig ist dabei: Der oder die Vermittler/in sollte in der Hierarchie mindestens neben oder über Ihnen stehen, niemals aber unterhalb Ihrer Stellung angesiedelt sein. Für die Umgestaltung Ihres Arbeitsvertrages zum Beispiel in eine Teilzeitstelle oder einen Berater-Job gelten die Fakten aus Kapitel 7.

Trotz Kündigung erfolgreich downshiften

Wie kann eine mögliche, vor allem auch Downshifting-taugliche Einigung aussehen? Ein Lösungsansatz liegt, wie bereits beschrieben, im *Teilzeit- und Befristungsgesetz*, das nicht nur für Gewerkschaftsmitglieder, sondern auch für leitende Angestellte gilt. Bei drohender Kündigung können Sie danach Arbeitszeitverkürzung bei Ihrem Arbeitgeber beantragen. Eine Kündigung mit der Begründung, die Arbeitszeit müsse wegen schlechter Auftragslage verkürzt werden, wäre damit ungültig.

Unbezahlter Urlaub ist ebenfalls eine gängige Praxis, wenn das Unternehmen in wirtschaftlichen Schwierigkeiten steckt. In dieser (von vorneherein begrenzten) Zeitspanne entfallen für beide Seiten die »elementaren« Pflichten aus dem Arbeitsvertrag: Leistung von Arbeit und Auszahlung von Gehalt. Andere Nachteile dürfen sich für den Arbeitnehmer nicht ergeben – dies sollten Sie unbedingt schriftlich regeln, inklusive von Details, wie sich diese Auszeit auf etwaige Bonuszahlungen (beispielsweise Weihnachtsgeld) auswirkt. Für Angestellte ist unbezahlter Urlaub allerdings ein zweischneidiges Schwert. Wenn Sie entbehrlich sind, wird man das natürlich auch feststellen, und Ihre Karten, auf dieser Basis einen Teilzeit- oder befristeten Job herauszuhandeln, sind schlecht. Wenn Ihr Job für das Unternehmen dagegen unverzichtbar ist und Sie eine solche Zeit finanziell unbeschadet überstehen, wäre dies eine gute Gelegenheit, Engagement zu zeigen: Präsentieren Sie den Schritt aktiv als einen persönlichen Beitrag zur Genesung des Unternehmens und treffen Sie gleichzeitig in Ruhe Vorbereitungen für Ihre weitere Downshifting-Zukunft.

Auch eine *Versetzung innerhalb des Unternehmens* kann gut in den Downshifting-Plan passen, vorausgesetzt, sie fügt sich harmonisch in Ihre Lebensplanung ein. Wenn Sie also bisher in der Entwicklung gearbeitet haben, sich aber eigentlich als Kreativer fühlen und Ihr Chef Ihnen einen Job in der Marketing-Abteilung anbietet, wäre dies ein erster Schritt in die richtige Richtung. Hüten Sie sich allerdings davor, auf ein Abstellgleis geschoben zu werden, etwa weil Ihr Unternehmen die Abfindung sparen will. Ihre Zustimmung zu einer Versetzung sollte dort enden, wo auch Ihr Downshifting-Plan endet.

Falls es zu keiner Einigung kommt, wäre der letzte zu klärende Punkt mit Ihrem Arbeitgeber eine *Abfindung*, die Ihnen natürlich auch die Umsetzung Ihres Downshifting-Plans erleichtern kann. Gerade um dieses Thema ranken sich allerdings auch sagenhafte Legenden – Geschichten von Menschen, die mit fünf- oder gar sechsstelligen Jahresgehältern verabschiedet wurden und fortan (zumindest in finanzieller Hinsicht) sorgenfrei lebten. Wahr ist sicherlich: Die Männer und Frauen an der Spitze der Wirtschaft fallen meist weich, wenn sie gehen müssen. Abfindungen und Pensionszusagen im Millionenbereich sind für Top-Leute durchaus realisierbar. Allerdings muss, wer schon in der zweiten Reihe des Managements steht, mit erheblich geringeren Zuwendungen rechnen; Angestellte des mittleren Managements erhalten kaum genug, um sich aufs Altenteil zurückzuziehen. Deshalb jetzt zu den Fakten. Einen rechtlichen Anspruch auf eine Abfindung haben Sie dann, wenn es Sozialpläne für die betriebsbedingte Kündigung gibt oder Entsprechendes in Ihrem Arbeits- oder einem Aufhebungsvertrag vereinbart wurde. Und: Wenn Ihr Unternehmen die gesetzliche, tarifliche oder einzelvertraglich geregelte Kündigungsfrist nicht einhält. Die Höhe der Abfindung kann dabei stark schwanken. Als Durchschnittswert gilt: Für jedes Jahr in der Firma zahlt der Arbeitgeber ein halbes bis ganzes Brutto-Monatsgehalt, abhängig natürlich auch von Ihrem Verhandlungsgeschick und der Situation, in der sich das Unternehmen befindet. Die Höhe der Abfindung bei Top-Leuten, also Geschäftsführern oder Vorstandsmitgliedern mit zeitlich befristeten Verträgen, orientiert sich dabei häufig an der Restlaufzeit des Anstellungsvertrages. Für jedes Jahr, das noch fällig wäre, gibt es ein halbes bis volles Brutto-Jahresgehalt.

Den Gang zum *Arbeitsamt* sollten auch Sie als Downshifter unbedingt antreten – und zwar je früher, desto besser, egal wie peinlich das manchem Leistungsträger auf den ersten Blick auch scheinen mag. Denn Arbeitslosengeld wird nicht rückwirkend ausgezahlt. Wer sich erst Wochen nach der Kündigung ordnungsgemäß mit Lohnsteuerkarte, Personal- und Sozialversicherungsausweis und Arbeitsbescheinigung meldet, verschenkt bares Geld. Wenn Sie einen Aufhebungsvertrag mit Ihrem Arbeitgeber geschlossen haben, erhalten Sie in den ersten zwölf Wochen allerdings kein Arbeitslosengeld; der Gesetzgeber behandelt diesen Fall dann ähnlich wie eine freiwillige Kündigung des Arbeitnehmers. Um diese Zeit zu überbrücken, sollten Sie also gegebenenfalls eine angemessene Abfindung aushandeln. Weitere Details zu Fristen und der Höhe des Arbeitslosengeldes finden Sie auf der Website des Arbeitsamtes (www.arbeitsamt.de).

Das Arbeitsamt kann entgegen anders lautenden Vorurteilen für Fach- und Führungskräfte auch eine echte Hilfe sein, wenn es um die Vermittlung oder Übernahme von Fortbildungs- oder Bewerbungskosten geht oder auch um Geld für Umzüge und Arbeitsmittel. Der Stellen-Informationsservice »SIS« informiert beispielsweise nicht nur über offene Stellen, sondern auch über Existenzgründungen. Die »KURS«-Datenbank bietet zahlreiche Informationen zu Aus- und Weiterbildungen und den jeweiligen (finanziellen) Fördermöglichkeiten – ganz gleich, ob es um ein Wochenendseminar oder eine mehrmonatige Schulung geht.

Nutzen und Zweck von Outplacement-Beratung

Eine klassische Antwort auf die Frage nach einem neuen Job oder einer neuen Herausforderung lautet »Karriere- oder Personal-Beratung«. In Sachen Downshifting greift diese Lösung allerdings häufig zu kurz. Warum? Ganz einfach deshalb, weil die klassischen und konventionellen Karriere-Berater fast immer Menschen sind, die Sie fast ausschließlich in Sachen »Arbeit und Karriere« beraten. Dabei geht es ums Geldverdienen und um nichts anderes. Das Leben und all jene Aspekte, die für Sie persönlich ebenfalls eine nicht unerhebliche Rolle spielen dürften, kommen im Beratungsgeschäft konventioneller Karriere-Scouts fast immer zu kurz. Etwas anders verhält es sich dagegen mit den so genannten Outplacement-Beratern: Im Falle von Kündigungen betreiben mehr und mehr Unternehmen ein professionelles »Trennungsmanagement«, in dem die Entlassenen von externen Outplacement-Beratern betreut und beraten werden. Zu beachten ist dabei, dass diese Beratung immer vom Arbeitgeber finanziert werden sollte. Wenn Sie gekündigt wurden und es einen solchen Outplacement-Vertrag nicht gibt, drängen Sie darauf. Je nach Stufe der Hierarchie, auf der Sie sich befinden, sind dabei auch Gruppenberatungen möglich, in denen mehrere Gekündigte gemeinsam beraten werden. In jedem Falle kann Ihnen ein guter Outplacement-Berater dabei helfen, den Schock der Kündigung zu verarbeiten und Sie professionell bei Ihrer neuen persönlichen und beruflichen Orientierung (»newplacement«) unterstützen. Ein guter Outplacement-Berater hat nicht das Ziel, Sie unter Hochdruck an ein neues Unternehmen zu vermitteln, sondern hilft Ihnen bei der Gestaltung der Zukunft und kann folglich auch bei der Planung eines Downshifting-Plans eine Hilfe sein.

Und damit wären Sie schon fast in den Planungen zu Ihrem vierten und letzten Meilenstein, bei dem es um Lebenssinn und neue Lebenslust geht. Machen Sie sich bereit für die letzten Kilometer – für den Weg, der Sie endlich in die unbekannten, neuen Gegenden und Landschaften führt, von denen Sie bisher nur geträumt haben!

Der vierte Meilenstein:

Entdecken Sie neuen Lebenssinn

13

Abschied nehmen vom Wohlstandsstress

Stellen Sie sich vor, Sie rasen auf der Autobahn dahin, die eine Hand am Steuer, die andere an der Freisprechanlage, in Gedanken beim letzten oder nächsten Meeting (wahlweise auch bei Ihrem nächsten Job und wie Sie ihn ergattern wollen), hinter sich einen aufdringlichen Verfolger mit Lichthupe im Anschlag, und plötzlich beobachten Sie aus den Augenwinkeln für wenige Sekunden einen Menschen, der in seiner klapprigen, alten Kiste auf der Kriechspur dahinzockelt. Jemand, der nicht mit diesem verkniffenen Gesichtsausdruck unterwegs ist wie der Fahrer im Wagen hinter Ihnen (der hupt jetzt sogar erbost), sondern fröhlich singend. Tatsache: Er ist nicht halb so schnell wie Sie, und sein Auto ist mindestens doppelt so kaputt. Aber dafür ist er unverschämt gut gelaunt.

Was ist Glück?

Das ist sie, die Eine-Million-Euro-Frage, mit der alleine man Bücher füllen könnte. Für viele Menschen ist sie so schwer zu beantworten wie kaum etwas anderes. Wenn Sie es gewohnt sind, in Kategorien von Sieg oder Niederlage, von Willenskraft und Zielstrebigkeit zu denken, hat die Frage nach dem Glück für Sie vielleicht einen ähnlich abstrakten, klebrigen Beigeschmack wie die nach dem Sinn des Lebens. Man wischt sie beiseite, mit einem Gefühl falscher Überlegenheit und Überheblichkeit. Glück? Ist gleichbedeutend mit Erfolg und stellt sich von alleine ein, wenn man nur hart genug daran arbeitet. Abgehakt. Und damit könnte man prima leben, wenn da nur nicht diese steten Zweifel wären.

Wenn Sie sich bisher eher haben treiben lassen, nimmt die Frage nach dem Glück vielleicht einen ähnlichen Stellenwert ein wie die nach dem Wetter. Es kommt, wie es kommt, und man kann es eben nicht ändern. Tatsächlich hat Glück etwas mit allen diesen Dingen zu tun, mit Zielstrebigkeit und Willenskraft, aber auch mit Gleichmut und der Fähigkeit, manche Dinge zu akzeptieren, wie sie sind.

Fragen Sie sich zunächst einmal Folgendes: Wie viele Menschen kennen Sie persönlich, die das, was sie tun, wirklich lieben? Die nicht unter der Hektik und Einseitigkeit des modernen Arbeitsalltags leiden? Und die sich nicht mehr oder weniger regelmäßig fragen: »War's das jetzt?« Diese Frage ist nichts anderes, als der Ausdruck einer Desillusionierung, die sich einstellt, wenn wir erkannt haben, dass der Weg, auf dem wir uns bisher befunden haben, in eine Sackgasse führt. Seien Sie sicher: Früher oder später kommt jeder an diesen Punkt, an dem sich die große Sinnfrage stellt: Wie geht's weiter? Was kommt jetzt noch?

Es kann dauern, bis man sich diese Frage stellt. Üblicherweise sind wir in jungen (und manchmal auch älteren) Jahren zu sehr damit beschäftigt, Karriere zu machen, Geld zu machen, materielle Reichtümer und berufliche Ehrenbezeichnungen wie »Group Head« oder »Total Quality Manager« anzuhäufen. Bis dann schließlich früher oder später der Moment kommt, an dem wir entdecken, dass wir im Grunde noch nie so wahnsinnig viel Spaß am Power-Shoppen, Business-Smalltalk oder an Geschäftsreisen hatten. Es war mehr eine zufällige Entscheidung – ein Nachäffen gesellschaftlich weit verbreiteter Verhaltensweisen. Schließlich machen es alle so.

Anders gesagt: Die Frage nach dem »War's das etwa schon?« ist die Frage nach dem Glück. Sie sollten versuchen, sich diese Frage ehrlich zu beantworten. Mogeln Sie sich nicht darum herum, indem Sie weitermachen wie bisher oder sich mit dem typischen »Wird schon ...« zufrieden geben. Einige Leute versuchen auch, das bohrende Gefühl der Unzufriedenheit durch ein »Mehr« zu bewältigen: mehr Geld, mehr Konsum, ein größeres Haus und ein neues Auto. Wieder andere wollen dem Gefühl innerer Leere entfliehen, indem Sie zu immer ferner liegenden Urlaubszielen reisen oder sich intensiv der Perfektionierung einzelner Hobbys widmen. Das Ergebnis ist, dass man neben der beruflichen Einseitigkeit eine zweite aufbaut: Ein tolles Golf-Handicap (macht die Kollegen neidisch) oder ein dickes Fotoalbum voller Ferien-Impressionen (kann man sich ins Regal stellen). Und schließlich gibt es noch jene Fälle, deren Batterien völlig entladen sind, die zum Arzt oder Heilpraktiker gehen, der ihnen dann rät, was sie meist ohnehin schon wussten: »Treten Sie beruflich kürzer! Leben Sie weniger einseitig!«

Kurzfristige, singuläre Maßnahmen führen dabei jedoch nicht zum Erfolg. Sie übertünchen das Gefühl der Erschöpfung und Leere für kurze Zeit, ohne die Ursachen zu beseitigen. Denn Glück ist kein kurzfristig inszeniertes Ereignis, sondern immer gebunden an Qualitäten wie Dauerhaftigkeit, an Engagement, Aktivität und Hingabe. Glück hat vor allem etwas damit zu tun, die Vielfalt und Komplexität des Lebens zu entdecken und in sich selbst zu entwickeln. Was das genau heißt und was das sein kann, können nur Sie alleine entscheiden.

Auf die Frage nach dem Glück erhält man folglich so unterschiedliche Antworten, wie es Menschen gibt. Eines allerdings ist allen diesen Antworten gemeinsam: Glückliche Menschen sind fast immer solche, die nicht nur über komplexe Anlagen und Talente verfügen (das tut jeder von uns), sondern diese auch für sich nutzbar gemacht und sinnvoll in ihren Lebensentwurf integriert haben. Also: Ob Sie ein Buch lesen, einen Waldlauf machen, Archäologie studieren, Theater spielen, sich um die Renaturierung des Dorfweihers kümmern oder eines Ihrer großen Lebensziele, eine Weltumsegelung, verwirklichen – tun Sie dies alles mit der frei gewordenen Zeit und Energie, die bisher einseitig in Ihre berufliche Arbeit geflossen ist. Und wenn Sie deshalb immer noch ein schlechtes Gewissen, gar Angst vor dem Ende Ihrer Karriere haben sollten, dann lassen Sie sich beruhigen: Wenn Sie den Mut haben, Ihre Talente zu entfalten, sich lang gehegte Wünsche zu erfüllen, kurz: das Leben in all seiner großartigen Vielfalt bewusster als bisher auszuschöpfen, dann werden Sie auch in beruflicher Hinsicht produktiver und erfolgreicher sein. Wer der Komplexität des Lebens gerecht wird, wer mit anderen Worten »diversifiziert« lebt und nicht von wenigen, einzelnen Faktoren abhängig ist, lebt gesünder, besser, leistungsfähiger – und vor allem glücklicher. Dazu soll Ihnen Downshifting verhelfen.

Reifendruck, Ölwechsel, Waschanlage: die letzte Inspektion

Die für viele Downshifter meist am schwersten zu erreichenden Meilensteine haben Sie erfolgreich hinter sich gelassen: Der Spurwechsel ist beschlossene Sache, der (alte oder neue) Wagen durchfinanziert, die wichtigsten Menschen sind auf Ihrer Seite. Und schließlich: Sie haben Ihre Arbeitsbelastung reduziert – oder sind sich zumindest sicher, wie Sie sie in Zukunft reduzieren werden.

Auf der letzten Etappe geht es zunächst um die notwendige Motivation, mit der Sie ein Leben neben Job und Karriere gestalten, um inneren Antrieb und um diesen jämmerlichen Kleinmut, der hin und wieder jeden von uns heimsucht, ob Astrophysiker, Top-Manager oder Postbote – und darum, wie man ihn bekämpft.

Für die nun folgenden Abschnitte heißt das: Sie nehmen die verschiedenen, entweder über- oder unterrepräsentierten Bereiche und Aktivitäten Ihres Lebens unter die Lupe und tun drei Dinge:

- Sie sortieren eisern das aus, was Sie belastet.
- Sie bauen konsequent das auf, was Sie mit Zufriedenheit erfüllt.
- Sie leiten systematisch Schritte ein, um diese Ziele auch wirklich zu erreichen.

Sein Leben selbst in die Hand nehmen

Altes Aussortieren, Neues aufbauen, Vielfalt etablieren: Auch für diese Schritte gilt wieder, dass sie nur zum Erfolg führen, wenn folgende Voraussetzungen erfüllt sind:

- Sie kennen Ihre Fähigkeiten und Interessen genau.
- Sie haben eine klare Vorstellung davon, in welche Richtung die Reise gehen soll.

Menschen, die ein erfülltes und glückliches Leben führen, sind Menschen, die nicht an die Übermacht eines unveränderlichen Schicksals glauben, sondern ihr Leben selbst in die Hand nehmen – sie überprüfen immer wieder kritisch das, was sie tun und wie sie es tun. Deshalb gilt: Gleichgültig, ob es ums Geldausgeben geht, um die Kontaktpflege zu alten Kollegen/neuen Freunden oder die Zeit zwischen zwei und vier Uhr nachmittags, wenn Sie einfach mal gar nichts tun – überlassen Sie nicht zu viel dem Zufall. Auch Ihren Downshifting-Plan sollten Sie in dieser Hinsicht genauso aktiv gestalten, wie Sie bisher Ihren Job und Ihre Karriere zielstrebig verfolgt haben. Erfolgreiche Menschen, erfolgreiche Downshifter wissen, was sie vom Leben erwarten – auch in privater Hinsicht.

Soviel zu den hehren Absichten, gegen die wahrscheinlich wenig einzuwenden ist. Wie kommt es nun, dass viele von uns trotzdem so häufig Schwierigkeiten bei der Umsetzung dieser Ziele haben?

Gruppendruck und schlechte Gewohnheiten

Dass Ihr Alltag bis jetzt langweilig war, ist unwahrscheinlich. Vermutlich war eher das Gegenteil der Fall: Der tägliche Kampf gegen die Uhr, gegen Meetings und gegen die tausend Dinge, die den Terminkalender vermauern, haben Sie reichlich Nerven und innere Ruhe gekostet. Getreu dem Credo: Ein guter Mitarbeiter ist einer, der sich um alles kümmert und möglichst spät das Büro verlässt. Das war der Preis für einen prestigeträchtigen Job, materiellen Wohlstand und die Anerkennung durch Chef, Kunden und Kollegen. Und es war die Ursache für nicht unerheblichen Stress. Dagegen kann Stress tatsächlich auch sinnvoll sein und das Leben bereichern. Der richtige, positive Stress treibt Sie an und ermöglicht es Ihnen, Ihre Ziele zu erreichen. Erst oberhalb einer individuellen Marke wirkt sich Stress zerstörerisch aus. Dass diese Marke überschritten ist, erkennen wir an vielen kleinen und großen Anzeichen: An der Erschöpfung am Abend, wenn wir direkt vom Autositz vor den Fernseher und anschließend ins Bett sinken, an Krankheiten, die uns häufig genau dann befallen, wenn auf eine Phase länger andauernder, beruflicher Anspannung endlich der ersehnte Urlaub folgt. Wenn die berufliche Belastung und damit der Stresspegel rapide abfallen, treten die eigentlichen Probleme erst so richtig ans Tageslicht.

Fast jeder kennt diese kritische Marke, aber kaum jemand zieht die notwendigen Konsequenzen, wenn sie überschritten wird. Warum lassen wir es überhaupt so weit kommen und streifen die Zwangsjacke aus beruflicher Dauerbelastung und dem Druck, unter den wir uns selbst setzen, nicht rechtzeitig ab? Genau genommen sind es zwei Gründe, die uns daran hindern.

Zum einen ist es Angst – oder besser gesagt, die Bereitschaft, der eigenen Angst nachzugeben. Nur allzu oft fällen wir Entscheidungen nicht, weil wir hoffen, damit etwas Positives zu bewirken, sondern weil wir Angst haben: Angst vor den Reaktionen anderer Menschen, Angst davor, unangenehm aufzufallen, Angst davor, gefeuert zu werden. Und natürlich wird diese Angst meist sorgsam begründet, um Gewissenskonflikten auszuweichen. In solchen Fällen nennen wir die Angst auch gerne »Vorsicht« und bauen künstliche Szenarien auf, was alles passieren könnte, wenn wir sie nicht hätten. Vermutlich kennen Sie die Situation, wenn man im Kollegenkreis beisammensteht und mit wohligem Schauder Fälle von Ex-Kollegen schildert, die ausgewandert sind, das Unternehmen verlassen oder sonst etwas Außergewöhnliches getan haben und – natürlich – kläglich gescheitert sind. In solchen Fällen macht sich giftige Behaglichkeit breit. Behaglichkeit und Zufriedenheit darüber, dass man selbst eben »vorsichtiger« ist. Manchmal nennen wir die Angst auch »Hindernis«, dabei geht es dann bevorzugt um Hindernisse, die – natürlich – von außen gesetzt sind und die sich eben »nicht ändern« lassen.

Der zweite Grund ist Druck – der soziale Druck, dazu gehören zu wollen, der Druck, ein vollwertiges Mitglied der Gruppe der ewig Erfolgreichen sein zu müssen. Dieser Druck setzt nicht nur das Realitätsempfinden außer Kraft, er macht auch krank. Denn niemand kann auf Dauer sämtliche in ihn gesetzten Erwartungen erfüllen: Immer gut gelaunt, immer erfolgreich – ob im Job oder in der Freizeit. Auch einmal Fehler machen zu dürfen, zu versagen, gehört zum Leben ebenso wie Glück und Erfolg.

Die Zeit ist dein Freund

Nun zu einer Erkenntnis, die auf den modernen, gehetzten Menschen häufig wie ein Offenbarung wirkt. Sie lautet: Die Zeit ist Ihr Freund. Augenblicklich führen Sie ein Leben gegen die Uhr. Wenn Sie eine Alternative zu Ihrem Arbeitsalltag entwickeln wollen, müssen Sie sich jetzt die Frage stellen, worin genau dieser Kampf gegen die Uhr bisher bestanden hat – und warum Sie ihn geführt haben. »Dumme Frage – weil ich arbeiten musste!« gilt übrigens nicht. Genauso gut könnten Sie auf die Frage, weshalb Sie nicht Laufen gehen, antworten »Weil ich keine Sportschuhe besitze.« Um beim Bild mit dem neuen Auto zu bleiben: Sie stehen auf dem Rastplatz und haben endlich Zeit zum Nachdenken. Bevor Sie jetzt allzu versonnen im Autoatlas blättern und den weiteren Weg auskundschaften, sollten Sie sich mal im Inneren des Wagens umsehen. Egal, ob Rückbank, Handschuhfach oder Kofferraum – was haben Sie alles dabei? Nützliche oder auch viele nutzlose Dinge? Und wie sieht's überhaupt in der Garage aus, in der Sie die Karosse normalerweise parken? Dabei geht es nicht um den materiellen Wert der Dinge, sondern darum, wie viel Zeit und Nerven diese Sachen Sie kosten. Sehen wir doch mal nach …

Zunächst einmal wären da die guten und teuren Sachen wie Freisprechanlage, CD-Wechsler und Navigationssystem. Macht ordentlich Eindruck. Aber brauchen Sie das? Während der Fahrt telefonieren sollten Sie in Zukunft nicht mehr, und eine Navigationshilfe für Ihr weiteres Leben brauchen Sie auch nicht. Und was haben wir da in der Garage? Den Fahrrad-Gepäckträger. Eigentlich ein sinnvolles Zubehör – leider schon seit Jahren nicht mehr benutzt. Also: Entweder in Zukunft gebrauchen oder gleich ganz weg damit. Dann das Handschuhfach: vollgestopft mit irgendwelchen Mitgliedskarten von Automobil-Clubs, alten Notizzetteln und halb vollen Dosen Entfrosterspray. Was von dem ganzen alten Zeug brauchen Sie überhaupt? Wahrscheinlich ahnen Sie es schon: Ihr (neuer) Wagen soll nicht nur wendiger, beweglicher und individueller werden, sondern auch aufgeräumter. Mit Platz für mehr Menschen und sinnvollere Utensilien, mit Platz für die zahlreichen Karten all der Gegenden, die Sie noch erkunden möchten. Das Fernziel kann dann lauten: Raus aus dem Vehikel und öfter mal eine Tour zu Fuß oder mit dem Fahrrad unternehmen

Sondermüll entsorgen

Im Folgenden geht es um zwei Sorten von Ballast, der Sie nichts als Zeit und Nerven kostet:

● Aktivitäten und
● Gegenstände.

Welche materiellen Dinge in Wahrheit unnütze Zeitkiller sind, lässt sich am leichtesten herausfinden. Alles, was Sie dazu brauchen, sind ein Notizblock und ein angespitzter Bleistift. Damit ausgerüstet, unterziehen Sie Ihre Wohnung oder Ihr Haus einer schonungslosen Inspektion – jeden Raum, vom Keller bis zum Dachboden. Sehen Sie sich genau um und notieren Sie jeden Gegenstand, der nicht nur Staub fängt, sondern Ihnen auch regelmäßig durch seine Nutzlosigkeit zur Last fällt. Das ist etwa der elektrische Eis-Crusher, der alle halbe Jahre vom Regal genommen, inspiziert und wieder sorgsam verstaut wird. Das sind die alten Skier, die Sie jeden Winter wachsen und anschließend wieder sorgsam verpacken, obwohl sie nie benutzt werden. Das ist die unberührte Schachtel mit den ungefähr zwölftausend Briefmarken, die Sie von Ihrem Onkel erbten und deshalb einmal in einem Anflug von Melancholie beschlossen: Da mache ich ein Hobby draus – obwohl Sie damals schon ahnten, dass es nie so weit kommen würde. Zu viel des Guten? Kapitulieren Sie schon jetzt angesichts der Größe der Aufgabe? Teilen Sie sich die Räume auf und nehmen Sie sich jeden Tag nur einen vor. Notfalls können Sie auch quadratmeterweise vorgehen. Jede Wette: Je erfolgreicher Sie beruflich sind (oder sich fühlen), desto länger wird die Liste der Dinge »Teuer und vielleicht auch gut zum Angeben – aber leider völlig unpraktisch«. In allen diesen Fällen heißt es: Sperrmüll oder Flohmarkt. Und Sie werden sich hinterher garantiert erleichtert fühlen.

Bei den Aktivitäten und Freizeitbeschäftigungen wird es schon etwas schwieriger. Schwierig, aber nicht unmöglich: Fertigen Sie im ersten Schritt eine Aufstellung sämtlicher Aktivitäten an, mit denen Sie sich in den letzten Wochen und Monaten beschäftigt haben. Dazu gehören auch Dinge, die Sie zwar nicht unmittelbar während der Arbeit getan haben, die aber mehr oder weniger direkt mit dem Beruf zusammenhängen. Also eventuelle Treffen mit Geschäftspartnern, Golf-Turniere mit dem Chef, Partys, die Sie nur besucht haben, weil Ihre Kollegen hingingen, Bücher und Zeitschriften, die Sie gelesen haben, weil Sie glaubten, sie könnten beruflich nützlich sein. Notieren Sie, was es war, und wie viel Zeit Sie jede einzelne Aktivität gekostet hat. Möglicherweise ist es sinnvoll, wenn Sie dafür nicht nur einen ganzen Tag, sondern vielleicht sogar einen kompletten Monat mehr oder weniger intensiv durchspielen – von der Zeit, die Sie morgens vor dem Spiegel damit verbringen, sich zu schminken oder die passende Krawatte auszusuchen, bis hin zu den Wochenenden, an denen Sie in irgendwelchen langweiligen Fachzeitschriften blättern, anstatt endlich mal wieder den Hund Gassi zu führen. Diese Liste kann beliebig lang sein und die seltsamsten Punkte enthalten – niemand außer Ihnen muss sie jemals zu Gesicht bekommen.

Um einen möglichst repräsentativen Überblick über die Verwendung Ihrer verschiedenen Zeitfenster zu bekommen, sollten Sie die Aufstellung als Wochenschema anfertigen, am besten in Form einer Tabelle mit vier verschiedenen Spalten, die Sie wie unten beschrieben betiteln. Die vierte, rechte Spalte lassen Sie zunächst noch offen.

Montag

Wann?	Was?	Dauer?	Punkte
13.00 (Mittagspause)	Essen mit Kollege Breitendorf (japanisch)	1 Std.	
19.00 (nach Feierabend)	einkaufen – neuen Akku für Handy gesucht	40 Min.	
21.00	Fernsehen	2 Std.	

Dienstag

Wann?	Was?	Dauer?	Punkte
20.00	Kino (Harry Potter, angeblich sehr empfehlenswert, Kollegen waren alle schon drin)	3 Std.	

Samstag

Wann?	Was?	Dauer?	Punkte
9.30	Frühstück – neuen Akku in Handy eingesetzt	30 Min.	
10.00	Shopping (neues Outfit fürs Büro besorgt)	3 Std.	
14.00	Tennisturnier	4 Std.	
19.00	Vortrag vorbereitet; Treffen mit den Mitgliedern vom Marketing-Club	3 Std.	
23.00	Handy neu programmiert (Akku defekt – Adressen versehentlich gelöscht)	2 Std.	

Je nachdem, wie stark Sie bisher in Ihren Job eingespannt waren, wird die Liste mehr oder weniger niederschmetternd ausfallen. Es kann auch Fälle geben, wo sämtliche Aktivitäten, die Sie eintragen, unmittelbar mit Ihrer Arbeit verbunden sind. Soviel vorweg: In dem Fall müssten Sie Ihre neuen Downshifting-Aktivitäten ausschließlich auf Kosten der Arbeitszeit etablieren.

Test: Gehen Sie diese Liste nun in Ruhe durch; vielleicht spielen Sie die Aktivitäten im Geiste noch einmal möglichst präzise durch. Dabei stellen Sie sich folgende Fragen und notieren bei jedem »Ja« 1 Punkt in der freien Spalte rechts.

- Hatte die betreffende Aktion in Wahrheit etwas mit dem Job zu tun, obwohl Sie sie offiziell gerne als Freizeitbeschäftigung deklarieren würden?
- Wenn es tatsächlich eine Freizeitbeschäftigung war: Hätten Sie die Zeit im Nachhinein lieber doch in etwas anderes investiert?
- Wie würden Sie Ihren persönlichen »Return on Investment« speziell in Sachen Downshifting bewerten? Haben Sie die Zeit auch im Hinblick auf Ihren Downshifting-Plan richtig investiert?

- Stichwort Gruppendruck: Waren Dinge dabei, die Sie tun oder getan haben, weil »man« es tut? Weil Sie Angst davor hatten, sonst vor anderen Menschen dumm dazustehen?
- Stichwort Bequemlichkeit: Finden sich Aktivitäten, die Sie seit Jahren nur noch aus purer Gewohnheit verrichten, ohne dass wirklich Ihr Herz daran hängt?

Auflösung: Sie müssen jetzt nur noch die Anzahl der Punkte in der rechten Spalte zusammenzählen, um dann sofort ans Aussortieren zu gehen. Beginnen wir mit den kritischen Fällen: Jede Aktion, jede Aktivität, die 4 oder sogar 5 Punkte erreicht, sollten Sie besser heute als morgen streichen und durch etwas Sinnvolleres ersetzen. Hier haben Sie mit hoher Wahrscheinlichkeit einen Zeit- und Zufriedenheitskiller entdeckt.

Jede Aktivität, hinter der Sie 3 oder 4 Punkte notiert haben, gehört zumindest auf den Prüfstand. Sie müssen einen solchen Posten nicht notwendigerweise auf der Stelle eliminieren, sollten solche Dinge aber für spätere Aufräumaktionen im Hinterkopf behalten.

Für Dinge, hinter denen nur 1 Punkt steht, kann gelten, dass Sie sie auch in Zukunft beibehalten (müssen) – je nach Ihren persönlichem Wünschen und der Intensität Ihres Downshifting-Plans. Machen wir uns nichts vor: Sie werden nicht alles aussortieren können, was sich als hinderlich auf Ihrer Suche nach mehr Lebensqualität und Lebenslust erwiesen hat. Manche Dinge, egal, ob in beruflicher oder privater Hinsicht, sind unvermeidlich.

Zeitkiller kontrollieren

Ähnlich wie schon bei der Analyse Ihrer Finanzen in Kapitel 4 geht es hier nicht darum, sich auf einen Schlag von allem zu trennen, was auf den ersten Blick sinnlos und überflüssig erscheint. Vielmehr geht es zunächst um die Kontrolle dieser Dinge und darum, sich selbst die Augen zu öffnen – zum Beispiel herauszufinden, wo sie denn hinfließt, die wertvolle Zeit, von der wir immer und grundsätzlich zu wenig haben. Je nach Ausprägung Ihres Downshifting-Vorhabens können Sie mit dem Streichen folglich schrittweise beginnen und die Geschwindigkeit beliebig erhöhen, wenn Sie erst einmal erkannt haben, dass die Konsequenzen positiv ausfallen – mithin einen Zeitgewinn bedeuten. Nehmen Sie sich für den Anfang also einen, zwei oder auch fünf Posten vor. Der entscheidende Punkt ist allerdings, die Veränderungen tatsächlich einzuleiten und es nicht beim Analysieren und Niederschreiben zu belassen.

Ein weiterer wichtiger Ratschlag: Vergleichen Sie jede der einwandfrei identifizierten Lästigkeiten mit Ihrem Finanz- und Haushaltsplan beziehungsweise der Streichliste darin. Taucht der Posten dort auf? Falls ja, mit welchem Budget? Eventuell haben Sie nicht nur einen Zeit-, sondern auch einen neuen Kostenkiller entdeckt, den Sie bisher übersehen hatten und der Ihnen zusätzlichen finanziellen Spielraum verschafft.

Bei der Werbemanagerin Karen G. waren es die zahllosen Branchenpartys und Marketing-Meetings, die sie letztlich bedeutend mehr Zeit und Energie kosteten, als dass sie Lebensfreude gebracht hätten. Es gab Wochen, da war sie rund um die Uhr im Einsatz: Mittags Treffen mit wichtigen Kunden, am frühen Abend auf einen schnellen Snack mit den Kollegen zum Japaner und anschließend auf eine jener Partys, wo »man hin muss, um Kontakte zu pflegen«. Bittere Konsequenz: Der Job griff wie eine Krake auch noch nach dem letzten bisschen Freizeit.

▶ **Ihr Downshifting-Tipp:** *Werden Sie sich vor allem darüber klar, welche Freizeit-Aktivitäten in Wahrheit beruflich motiviert sind.*

Das Ergebnis Ihrer Streichliste kann lang sein oder auch kurz, es kann absolut außergewöhnliche Beschäftigungen und Zeitkiller enthalten, auf deren Spur nur Sie alleine kommen, aber auch absolut gewöhnliche, die praktisch jeden von uns betreffen. Um das zu verdeutlichen, seien nachfolgend zwei der alltäglichsten, gleichzeitig aber auch schädlichsten Angewohnheiten geschildert, die uns den Weg ins Downshifting gewöhnlich versperren.

Glotze und Hightech:
Wie man garantiert Zeit vergeudet

Der erste Punkt betrifft den Fernsehkonsum. Damit verhält es sich ähnlich wie mit Alkohol: Die Glotze wird gebraucht, um sich von einen wenig erfreulichen Alltag abzulenken. Wenn Sie spaßeshalber einmal Ihren durchschnittlichen, wöchentlich Fernsehkonsum zusammenzählen, sollten Sie sich kritisch fragen, mit wie viel sinnvolleren Beschäftigungen Sie diese Zeit hätten ausfüllen können.

Wie wäre es zum Beispiel, wenn Sie einen radikalen Schritt wagen und für eine Weile Ihren Fernseher aus dem Wohnzimmer verbannen oder zumindest den TV-Konsum deutlich einschränken. Falls Sie nicht sicher sind, wie konsequent Sie ein solches Vorhaben auch umsetzen werden, notieren Sie einmal neben einer Aufstellung Ihres Fernsehkonsums, ob Sie wirklich aus Interesse fernsehen, beispielsweise um Ihr Informationsbedürfnis zu stillen, oder ob die Glotze als Ersatz für ein Glas Wein oder eine Schlaftablette herhalten muss. Wenn Sie wirklich Zeit und Muße gefunden haben und Ihr Downshifting-Plan halbwegs etabliert ist, werden Sie verblüfft sein, welche positiven Energien freigesetzt werden, wenn Sie erst einmal eine Weile aufs Fernsehen verzichtet haben und sich stattdessen mit anderen Dingen beschäftigen.

Der zweite Punkt ist schon etwas komplizierter. Es geht um unsere wunderbare Hightech-Welt. Die Technik, die sich in den letzten zehn Jahren unaufhaltsam ihren Weg bahnte, hat unser Leben von Grund auf verändert – nicht in jeder Hinsicht zum Positiven. Natürlich ist vieles einfacher geworden: Dank Handy, Laptop und Internet können wird heute zu jeder Zeit und von jedem beliebigen Ort aus arbeiten. Genau da aber beginnen die Schwierigkeiten. Die rasende Geschwindigkeit, in der sich gerade in den letzten Jahren Technik und Kommunikationsformen verändert haben, steht im eklatanten Gegensatz zu unseren natürlichen Bedürfnissen, die nicht anders sind als die der Menschen vor dreißig, fünfzig oder hundert Jahren. Gerade einmal fünfzehn Jahre ist es her, dass sich Menschen von Zeit zu Zeit in einem Zustand befanden, der uns heute nur noch wie ein seltsames, irgendwie rührendes Relikt vorkommt: Unerreichbarkeit. Heute dagegen herrscht eine ausufernde, bisweilen alles andere erstickende Kommunikation. Wenn man nach dem dritten Klingeln nicht abgenommen hat, meldet sich eben die Voicebox, und im Zweifelsfall hilft immer noch eine E-Mail mit der Wichtigkeit »Hoch« – am besten gleich noch »cc« an einen ganzen Schwung weiterer Empfänger geschickt. Besonders zynisch melden sich Handys zu Wort, wenn wir tatsächlich einmal die Unverfrorenheit besessen haben, sie für eine Weile nicht zu benutzen: »Sie hatten 'X' Anrufe in Abwesenheit!« Und damit auch ja nichts verloren geht, keine Aufgabe, kein noch so unwichtiger Rückruf, gibt es Organizer, auch liebevoll PDAs genannt, »Personal Digital Assistent«. Ein solcher Assistent behält für seinen Besitzer (falls der einmal »abwesend« ist) im schlimmsten Falle mehrere zehntausend Termine. Und genau darin liegt die Crux: Eine Geschwindigkeitsbegrenzung wie beim Auto gibt es nicht, eine Art elektronische Sperre, die das Vehikel drosselt, sobald man zu schnell fährt. Und weil die meisten Menschen dazu neigen, vorhandene technische Möglichkeiten auch auszunutzen, wird der elektronische Helfer schnell zum Tyrannen, der seinen Besitzer beherrscht – und nicht umgekehrt. Ob wir es wollen oder nicht: Die meisten von uns passen sich dem Druck und der Geschwindigkeit an und packen sich mit jeder überflüssigen Nachricht, mit jedem nutzlosen »Anruf in Abwesenheit« ein weiteres Fangeisen ins Leben.

»Stopp!«, rufen Sie jetzt vielleicht. »Bis hierher und nicht weiter – wie soll ich bitte schön meinen Downshifting-Plan mit Telework und allem, was dazugehört, erfolgreich umsetzen, ohne von den modernen technischen Möglichkeiten Gebrauch zu machen?« Seien Sie sicher, es kommt wie in fast allen Fällen auf einen kontrollierten und maßvollen Umgang an. Dazu ein Beispiel, das Sie wahrscheinlich schmunzeln lässt, vielleicht aber auch nachdenklich macht. Fast jeder von uns kennt Outlook, jenes Programm von Microsoft zur Verwaltung von Terminen, Adressen und E-Mails, das mittlerweile zur Standardausstattung jedes anständigen Büro-Rechners gehört. Fast niemand weiß allerdings, was Bill Gates einmal auf die Frage antwortete, welches Programm er denn persönlich zur Verwaltung seiner Termine und Kontakte nutze. Der Microsoft-Chef schwieg einen kurzen Moment betreten und zog dann einen abgegriffenen, altmodischen Taschenkalender aus der Jackentasche. »This«, war alles, was er schelmisch lächelnd antwortete.

Entscheidend ist also der vernünftige Umgang mit der Technik und den Möglichkeiten der Kommunikationswelt. Für Sie als Downshifter spielt außerdem die Tatsache eine gewichtige Rolle, dass sich mit den neuen Informations- und Kommunikationstechnologien auch das Verhältnis zwischen Arbeit und Freizeit gewaltig verändert hat. Die Gefahr, der Sie sich aussetzen: Steigender Arbeitsdruck, außergewöhnliche Arbeitszeiten und die Möglichkeit, zu Hause zu arbeiten, führen dazu, dass Sie nicht nur permanent erreichbar sind, sondern auch in Ihrer Freizeit arbeiten. Gerade deshalb sollten Sie versuchen, es Bill Gates zumindest probeweise nachzumachen.

Test: Mit einem einfachen Test finden Sie zunächst heraus, wie stark Sie bereits von der Technik und modernen Kommunikationswelt abhängig sind.

- Für jede der nachfolgenden Fragen, die Sie uneingeschränkt mit »Ja« beantworten, notieren Sie sich 2 Punkte.
- Wenn Sie mit »teils, teils« antworten würden, gibt es 1 Punkt.
- Und jede Frage, die ein klares »Nein« zur Folge hat, bedeutet keinen Punkt.

Frage	Ihre Punktzahl
■ Widerstehen Sie nur schwerlich dem Drang, eine frisch eingetroffene E-Mail zu öffnen, auch wenn Sie gerade mit etwas anderem (egal ob privat oder beruflich) beschäftigt sind?	
■ Haben Sie sich schon mal gefragt, ob etwas mit Ihrem Mail-Programm nicht stimmte, weil über einen längeren Zeitraum keine E-Mails eintrafen?	
■ Werden Sie nervös, wenn Sie Ihr Handy ausgeschaltet oder vergessen haben – auch bei Unternehmungen, die eigentlich nichts mit dem Job zu tun haben?	

■ Gehen Sie unbedacht mit Ihrer Handynummer oder Ihrer E-Mail-Adresse um und erhalten aus diesem Grund hin und wieder Anrufe und/oder E-Mails, die Sie nicht spontan zuordnen können, vielleicht sogar als störend empfinden?

■ Versuchen Sie, auch in Ihrer Freizeit oder sogar im Urlaub für Firma, Kunden und Kollegen erreichbar zu sein? Haben Sie schon öfter Ihre private Nummer an Kollegen oder Vorgesetzte herausgegeben?

■ Sind Sie im Büro praktisch immer ansprechbar und erreichbar? Haben Sie Ihr Büro-Telefon auch in Fällen größter Arbeitsbelastung immer angeschaltet (das heißt, die Voicebox ist aus)?

Summe:

Auflösung: Wenn Ihr Ergebnis zwischen 0 und 3 Punkten liegt, kann man Sie nur beglückwünschen. Sie scheinen die moderne Kommunikations-Technik im Griff zu haben – und nicht umgekehrt. Die Notwendigkeit, Ihren Umgang mit Handy, E-Mail & Co. zu verbessern, ist folglich gering.

Wenn Sie 4 bis 7 Punkte erreicht haben, könnte man das Ergebnis als »kritisch mit Verbesserungspotenzial« umschreiben. Sie sollten sich in Zukunft bei Ihren Kommunikationsgewohnheiten aufmerksam beobachten und gegebenenfalls gezielt bei den heiklen Punkten ansetzen.

Sollten Sie bei 8 Punkten oder darüber liegen, gilt die höchste Alarmstufe. Unter diesen Voraussetzungen einen Downshifting-Plan erfolgreich durchzuführen, könnte schwierig werden. Der Grund: Sie kontrollieren Ihre Kommunikationsgewohnheiten nicht mehr und sind im schlimmsten Falle ein »Erreichbarkeits-Junkie«. Die Gefahr ist, dass Ihr Handy bimmelt, während Sie gerade im Garten stehen und Ihren ersten Baum pflanzen – und Sie auch noch rangehen. Hier tut Änderung bitter Not.

Der Lösungsansatz für alle vom Fernseher oder der Technik verursachten Zeitprobleme ist einfach. Er lautet: kalter Entzug bei gleichzeitiger Beschäftigung mit anderen Dingen. Je nachdem, wie schlimm die Sache bei Ihnen ist, sollten Sie steigende Zeitperioden wählen. Erst eine oder mehrere Stunden, in denen Sie nicht erreichbar sind, später auch ganze Tage und vielleicht sogar Wochen.

Eine neue Zeitrechnung

Das Ziel bei alledem ist klar: Mehr Zeit für die wirklich sinnvollen und wichtigen Dinge zu gewinnen. Zu diesem Zweck sollten Sie auf Ihrem Wochenplan notieren, wie und wo Sie sich wertvolle Zeit freigeschaufelt haben. Natürlich wird es auch in Zukunft unangenehme Dinge geben, die Sie – je nach individuellem Downshifting-Grad – schwerlich ablegen können. Folgende Ratschläge sollten Sie dabei beherzigen, wenn Sie ans Streichen und Reduzieren der (echten oder vermeintlichen) Zeitkiller gehen.

Denken Sie in »Komplett-Lösungen«: Es macht keinen Sinn, beispielsweise die Mitgliedschaft in einem Fitness- oder Segel-Club zu kündigen, weil sie Geld spart, wenn Sie dort auch regelmäßig Ihre besten Freunde treffen – möglicherweise die einzigen Menschen, die Ihnen neben der Arbeit etwas bedeuten.

Kalkulieren Sie eine Übergangsperiode ein: Streifen Sie nicht alles auf einmal ab, sondern gehen Sie in einzelnen Schritten vor.

Nutzen Sie jede Gelegenheit, um mit anderen Downshiftern zu sprechen: Von welchem Ballast im privaten Bereich haben sich andere Menschen befreit und wie geht es ihnen dabei?

Am Ende dieses Kapitels sollte ein begründetes und vor allem spürbares »Weniger« an Beschäftigungen stehen, die Sie nicht ausfüllen und die das Gegenteil von kontrolliertem Verhalten bedeuten. An derselben Stelle steht ein »Mehr« an der wichtigsten Ressource, die wir besitzen, nämlich Zeit.

Wie Sie in Zukunft mit dieser Zeit umgehen, welche sinnvollen und sinnstiftenden Aktivitäten sie aufbauen, ergründen Sie im nächsten Kapitel. Das Beste zum Schluss!

14

Die wunderbare Vielfalt

Sie haben die nächste Ausfahrt genommen und stehen an einer Wegkreuzung, vielleicht zum ersten Mal seit langer Zeit. Aus der Ferne hören Sie noch das Rauschen der Autobahn und aus Ihrer Aktentasche das bimmelnde Handy. Gehen Sie nicht ran. Schalten Sie den Motor aus, steigen Sie aus und atmen Sie ein paar Mal kräftig durch. Sehen Sie sich in Ruhe um. Von hier aus beginnt etwas grundlegend Neues. Was auch immer Sie von der Zukunft erwarten und an verrückten oder auch einfach umzusetzenden Plänen bereits in Ihrem Kopf kreist: Die Voraussetzungen, sich Ihre Träume zu erfüllen, sind ideal, denn Sie haben nun sämtliche Vorbereitungen erfolgreich hinter sich gebracht.

Sie sind jetzt so weit, dass Sie definiert haben:

- Wie stark Sie Ihr Leben beruflich und finanziell umorganisieren möchten, um mehr persönlichen Freiraum zu gewinnen.
- Womit, wie und wo Sie in Zukunft Geld verdienen wollen.
- Wer die Menschen sind, auf deren Unterstützung Sie zählen können.
- Und worauf Sie verzichten können: Konsum, Technik, überflüssige Freizeitaktivitäten oder auch materielle Dinge, die einfach nur die Folge schlechter Gewohnheiten sind.

Der letzte offene Punkt, der sich aus allen anderen ergibt, ist ebenfalls klar: Sie wissen, wie viel Zeit Sie in Zukunft haben werden, und dass Sie diese Zeit sinnvoller investieren werden als in einen nervenaufreibenden Job. Genau darum geht es in den folgenden Abschnitten: Um die Reisen, die Sie mit Ihrem neuen Wagen unternehmen, um Rast und Ruhe, aber auch um neue Wege und neue Herausforderungen, die nicht die Arbeit, sondern das Leben betreffen. Kurz: um neuen Lebenssinn.

Einseitigkeit vermeiden, Vielfalt etablieren

Ihre Downshifting-Pläne haben in den vergangenen Kapiteln vor allem dadurch Gestalt gewonnen, dass Sie definiert haben, worauf Sie künftig am ehesten verzichten können. Verzicht allein ist natürlich kein Selbstzweck, Sie haben damit jedoch eine gesunde Basis für die nunmehr entscheidende Frage gelegt: Womit füllen Sie Ihr Leben, die neu entstandene, freie Zeit aus?

Eigentlich sollte das kein Problem sein, schließlich haben Sie lange genug auf diesen Moment gewartet – da sollten die Ideen nur so hervorsprudeln. Genau darin liegt allerdings auch eine Gefahr: Die Geschwindigkeit und die Kolonnen von Fahrzeugen, inmitten derer sie sich in der Vergangenheit bewegt haben und vielleicht für eine gewisse Zeit noch bewegen, haben zu einem guten Teil auch Ihren Blick getrübt für das, was sich am Wegesrand abspielt. Womöglich nehmen Sie die Straßen, die jenseits der Rennstrecke verlaufen, inzwischen gar nicht mehr oder nur noch schemenhaft wahr. Eine solch eingeschränkte Wahrnehmung könnte jedoch dazu führen, dass Sie Ihren alten, von Job und Karriere dominierten Lebensstil gegen einen neuen, ebenso einseitigen Lebensstil eintauschen. Und genau das sollten Sie um jeden Preis vermeiden, egal, ob diese neue Einseitigkeit nun darin liegt, dass Sie sich mit voller Energie 24 Stunden am Tag einem einzelnen Hobby widmen, oder ob Sie zu lange und zu oft gar nichts tun. Für letzteren Fall gilt: Einfach in den Tag hineinzuleben, mag für eine Weile ganz reizvoll sein, auf Dauer wirklich befriedigend ist es jedoch nicht. Besonders dann nicht, wenn Sie es vorher gewohnt waren, unter Druck und mit Hochgeschwindigkeit zu arbeiten.

Als Manager hatte Simon G. fast ausschließlich kühle und sachliche Business-Entscheidungen zu treffen, empfand sich aber in Wahrheit eher als kreativer Mensch; Impulse, die er jahrelang erfolgreich unterdrückte und durch noch mehr Arbeit kompensierte. Schließlich wagte G. den radikalen Schnitt, kündigte und eröffnete mit Ersparnissen und jeder Menge Enthusiasmus eine Kunstgalerie. Nach einem Jahr Kunstbetrieb stand er allerdings da, wo er auch schon mit seinem alten Job gestanden hatte: In einer höchst einseitigen Beschäftigung, dominiert vom selbst gesetzten Zwang, erfolgreich zu sein. Erst nachdem er auch dieses Abenteuer ad acta gelegt und einen aus vielen verschiedenen Komponenten bestehenden Plan entwickelt hatte, erfüllte sich sein Wunsch nach einem ausgeglichenen und vor allem vielseitigen Leben.

▶ **Sein Downshifting-Tipp:** *Ein alternatives Lebensszenario auf den (falschen) Prämissen des alten Arbeitslebens aufzubauen, funktioniert nicht. Vermeiden Sie es, einfach nur die Verpackung zu tauschen, in Wahrheit aber den alten Inhalt beizubehalten.*

Der folgende Abschnitt handelt von jener beglückenden Vielfalt, die das Leben für jeden von uns bereithält. Menschen, die erfolgreiches Downshifting betrieben haben, wissen, dass dies die wichtigste Bedingung eines glücklichen und damit auch erfolgreichen Lebens ist. Deshalb sollten Sie sich bei allen Ihren kommenden Planungen stets vor Augen halten: Es geht darum, offen zu sein für die Vielfalt der Möglichkeiten, die sich in jedem Augenblick bietet, und die jeder entwickeln und für sich nutzbar machen sollte.

Das Geheimnis glücklicher Menschen: Selbstkomplexität

Um dieser Vielfalt auf die Spur zu kommen, hilft Ihnen der Gedanke der so genannten Selbstkomplexität entscheidend weiter, einer Erkenntnis aus der modernen Psychologie, die inzwischen auch von zahlreichen Arbeitspsychologen und Management-Beratern angewendet wird. Selbstkomplexität bedeutet nichts anderes, als Aspekte der eigenen Persönlichkeit zu entwickeln, die bisher unterrepräsentiert waren. Selbstkomplexe Menschen verfügen über so genannte mentale und emotionale Ausweichfelder: Ein vergeigtes Projekt oder eine dumme Bemerkung vom Chef stecken sie leicht weg – sie kompensieren Rückschläge mit Fähigkeiten auf anderen Feldern. Was sich dahinter verbirgt, ist also ein vielseitiges Selbstbild mit vielen unterschiedlichen Bereichen und Talenten; ein Selbstbild, das übrigens nicht nur das geistige, sondern auch das körperliche Wohlbefinden fördert.

Viele Downshifter treibt bei ihrem Plan, eine neue Lebensvielfalt zu etablieren, auch die Gewissheit an, dass sie über Fähigkeiten und Stärken verfügen, die bislang zu kurz kamen. Tatsächlich sind Downshifter besonders häufig kreative Menschen oder Leute, die ihre kreative Ader bisher unterdrückten oder unterdrücken mussten.

Unabhängig davon, was Sie persönlich nun erwarten: Sie sollten vor allem daran denken, Aspekte zu entwickeln, die sich von dem unterscheiden, was Sie bisher beruflich getan haben. Wenn Sie bisher als Controller gearbeitet haben, sollten Sie nicht unbedingt das Amt des Schatzmeisters im Tennisverein übernehmen. Wenn Sie bisher als Vertriebsmitarbeiter stets unter hohem Erfolgsdruck gearbeitet haben, sollten sportliche Ambitionen nicht unbedingt mit Medaillenjagd und Ranglisten zu tun haben. Umgekehrt kann es für einen Menschen, der bislang eher geistigforschend tätig war, durchaus Sinn machen, in Zukunft verstärkt Aufgaben zu übernehmen, die seine vernachlässigte extrovertierte Seite fördern und zur Geltung bringen. Natürlich sollten Sie solche Beschäftigungen nicht gegen Ihre Neigungen etablieren. Selbstkomplexität zu entwickeln meint nichts anderes, als dass Sie den künstlichen Graben zwischen Arbeit und Leben zuschütten und herausfinden, welches individuelle Gleichgewicht an Aktivitäten und Interessen Sie glücklich und zufrieden macht. In letzter Konsequenz geht es um ein ausgeglichenes und möglichst vielseitiges Zusammenspiel der verschiedenen Lebensbereiche. Das steht übrigens nur scheinbar im Widerspruch zu der Absicht, das Leben zu vereinfachen. Genau genommen geht es darum, sich von den falschen Dingen zu trennen – und die richtigen aufzubauen.

Ein wichtiger Ratschlag vorab: Es sind beileibe nicht immer die großen, umwälzenden Pläne und Neuerungen, mit denen Sie Ihr Leben verändern und verbessern. Sie müssen nicht gleich auf eine einsame Insel ziehen und Schafe züchten, um die Aktiva in Ihrer Downshifting-Bilanz durch einen positiven Posten zu bereichern. Häufig genug sind es auch sehr kleine Dinge, die eine positive Veränderung bewirken. Lassen Sie sich deshalb nicht durch einen auf den ersten Blick zu mächtigen Downshifting-Brocken entmutigen. Wenn Ihr Fernziel darin liegt, mit einem Boot um die Welt zu segeln, sollten Sie vor der finanziellen und organisatorischen Planung vielleicht erst einmal einen Segelschein machen.

Anders gesagt: Downshifting und die Entwicklung von Selbstkomplexität ist auch ein evolutionärer Prozess, in dem Sie Schritt für Schritt und Meilenstein für Meilenstein Ihrem Ziel näher kommen, in dem Sie verschiedene Routen ausprobieren und auch mal einen Umweg nehmen. Nun zu der entscheidenden Frage: Wie finden Sie heraus, was noch in Ihnen steckt?

Vergangenheit und Gegenwart: Ihr Weg in die Zukunft

Zunächst geht es darum, sich noch einmal deutlich ins Bewusstsein zu rufen, was in der Vergangenheit Sie besonders mit Freude und Zufriedenheit erfüllt hat – und was Sie in Zukunft tun möchten! Prüfen Sie, welche bisher vernachlässigten Lebensbereiche Sie ausbauen sollten und möchten. Dabei geht es um drei Fragebereiche, denen Sie sich stellen müssen – im übertragenen Sinne sind es drei Straßenkarten, wie Sie sehen werden.

1. Ihre Vergangenheit: Bei welchen Aktivitäten haben Sie schon früher gesagt: »Das ist genau das, was ich schon immer tun wollte.«?
2. Ihre Gegenwart: Wobei fühlen Sie sich schon jetzt besonders wohl – welche Bereiche wollen Sie weiterhin pflegen oder vielleicht weiterentwickeln?
3. Ihre Zukunft: Was wollten Sie schon immer einmal tun? Was würden Sie zukünftig gerne an bislang vernachlässigten Bereichen auf- und ausbauen? Wozu sind Sie wegen des Jobs bislang gar nicht oder zu selten gekommen, obwohl Sie wissen, dass Sie Freude daran hätten?

Um Veränderungen in Ihrem Leben wirklich gezielt anzugehen, empfiehlt es sich, eine schriftliche Aufstellung anzufertigen. Vergessen Sie dabei wieder einmal berufliche Tugenden wie Realismus und Praxisnähe. Auf Ihrer Wunschliste ist Platz für die ausgefallensten Träume und Pläne, und niemand muss diese Liste jemals zu Gesicht bekommen. Nehmen Sie am besten drei Blätter Papier zur Hand, überschreiben Sie sie mit den Begriffen »Vergangenheit«, »Gegenwart« und »Zukunft« und legen Sie los:

1. Die Karte Ihrer Vergangenheit: Denken Sie sich einmal zurück in Ihre Vergangenheit und an die Dinge, die Sie in Ihrer Freizeit getan haben, bevor Sie ein vielbeschäftigter Berufstätiger wurden. Welche Hobbys und Aktivitäten waren das? Schreiben Sie es auf – alles, was Ihnen einfällt. Haben Sie Gedichte geschrieben oder waren Sie ein erfolgreicher Hürdenläufer? Haben Sie in einer Band gespielt oder jede freie Minute genutzt, um die Tiere auf dem Bauernhof nebenan zu versorgen. Denken Sie ruhig auch ein Stück weiter, an Ihr Studium oder die Ausbildung. Was waren da die besonders eindrucksvollen Erlebnisse, bei denen Sie intuitiv gespürt haben: Jetzt tue ich genau das, was mich zufrieden und glücklich macht!

2. Die Karte der Gegenwart: Was sind die Bereiche, von denen Sie trotz Ihres fordernden Jobs noch immer nicht gelassen haben, von denen Sie spüren, dass sie ein zuverlässiges Bollwerk gegen die einseitigen Belastungen des Berufslebens sind? Auch wenn sich gegenwärtig vielleicht nur einige wenige Ansatzpunkte ergeben sollten, auf denen sich aufbauen lässt, dann sind diese umso wichtiger. Denn was Sie neben dem Beruf all die Jahre mitgenommen und bis heute eisern verteidigt haben, kann die stabilste Grundlage für künftige Veränderungen sein.

3. Die Karte Ihrer Zukunft: Ihre dritte Landkarte ist sicher die spannendste und kann die vielfältigste und weitläufigste werden, die Sie immer wieder ergänzen und erneuern. Die entscheidende Frage zu dieser von Ihnen anzulegenden Karte lautet: Was erwarten Sie von Ihrem zukünftigen Leben? Auf dieser Karte ist alles zu verzeichnen, was Sie vermutlich schon seit Jahren im Hinterkopf haben, bisher aber niemals wirklich zu formulieren oder umzusetzen wagten, weil Ihr Chef, die Kunden oder Klienten Ihnen den Weg erklärten. Auch wenn es für die wenigsten Menschen ein Problem sein sollte, die Straßenkarte ihrer Zukunft mit Kreuzungen, Wegen und Orten zu füllen, sollen die nachfolgenden Tipps und Anregungen eine Hilfestellung sein.

- Möchten Sie mehr für sich persönlich tun? Wenn ja, was? Geht es darum, Sport zu treiben, um Weiterbildung oder auch um eine künstlerische Tatigkeit, entweder als Maler oder Rockmusiker?

- Möchten Sie mehr für die Familie tun? Für Freunde oder auch Bekannte, die bislang zu kurz kamen? Für andere Menschen – oder auch Tiere?
- Gibt es Ideen, die vielleicht mit einem Ortswechsel verbunden sind? Möchten Sie ein Hotel auf Usedom oder eine Kunstschmiede in Lissabon eröffnen?

Ein weiterer wichtiger Ratschlag in diesem Zusammenhang lautet: Was auch immer diese Karte an komplizierten, vermeintlich schwer zu erreichenden Zielen enthält – suchen Sie nicht nach Ausreden. Jeden Gedanken, der in die Richtung von »Schöne Idee, aber ist das nicht zu kompliziert/zu anstrengend/zu zeitraubend?« geht, streichen Sie sofort wieder. Versuchen Sie stattdessen, die Ursache für Ihre Besorgnis zu ergründen. Manchmal sind die Hindernisse nur winzige Steine auf einem Weg, über den Sie früher einfach hinweggerast sind. Typischerweise sind es folgende Vorbehalte, die Ihnen bei der Verwirklichung Ihrer Vorhaben im Weg stehen:

- Sie sind im Moment einfach noch überarbeitet und erschöpft.
- Sie haben Angst vor dem Unbekannten.
- Sie fragen sich wieder mal als Erstes: »Aber was werden dann die Nachbarn/meine Freunde/der Chef sagen?«

Wenn Sie selbst zu keiner Lösung gelangen, kann auch ein erhellendes Gespräch mit dem Partner, guten Freunden oder Menschen weiterhelfen, die genau das tun, was Sie vorhaben. Und im Zweifelsfall gilt immer noch eine der Tugenden, die Sie auch schon im Beruf vorangebracht hat: Grübeln Sie nicht länger, legen Sie einfach los.

Ihre neue Downshifting-Generalkarte

Jetzt geht es ans Mischen, daran, wie Sie die unterschiedlichen Teile – Ihre drei Karten der Vergangenheit, Gegenwart und Zukunft – am besten miteinander verbinden, und welchen Part Sie wie stark betonen. Sie fertigen also aus den drei Einzelkarten Ihre neue Downshifting-Generalkarte an, mit deren Hilfe Sie zukünftig erfüllter, befriedigter und sinnreicher durchs Leben reisen werden!

Die Auswertung ist denkbar einfach: Versehen Sie Ihre Ziele und Wünsche auf jeder einzelnen Liste mit den Prioritäten A, B oder C. A steht für Ihre ganz großen Highlights. B sind alle Dinge, die Sie ebenfalls gerne verwirklichen würden, aber zugunsten einer A-Priorität jederzeit stehen und liegen lassen würden. Auf C setzen Sie alles, was auf den ersten Blick unwichtig sein könnte, bisher aber einfach aus Zeitgründen zu kurz kam.

Wenn beispielsweise Zeit mit der Familie ganz oben auf Ihrer Wunschliste steht, erhält dies selbstverständlich die Priorität A. Wenn Ihre heimliche Leidenschaft die Promotion in Ihrem längst vergessen geglaubten Nebenfach Ägyptologie ist, Sie aber sicherstellen möchten, dass darunter weder die Familie, die Freunde oder der Hund leiden, kommt dieser Punkt auf B. Und wenn Ihr Garten wüst und verwildert ist und Sie jetzt schon wissen, dass Ihnen eine halbe Stunde Gartenarbeit pro Woche im Prinzip reicht, um dort alles wieder auf Vordermann zu bringen, liegen diese Arbeiten auf Priorität C.

Die Anfertigung dieser Generalkarte basiert auf dem Downshifting-Grundsatz der Vielfalt und Komplexität. Die Lösung liegt also im richtigen Mischungsverhältnis der Aspekte aus Vergangenheit, Gegenwart und Zukunft, aus A- und B-Plänen und C-Absichten. Falsch wäre es, wenn Sie sich jetzt einen letztlich einseitigen Plan aus lauter in der Zukunft liegenden A-Zielen zurechtbasteln und alle auf Priorität B oder C liegenden Dinge auf später (das heißt niemals) verschieben. Vermeiden Sie es also, Kleines hinauszuzögern und erst mal »die großen Herausforderungen« anzupacken. Wenn Sie persönlich zu den Leuten gehören, die sagen »Ganz oder gar nicht – um die Bagatellen kümmere ich mich später«, könnte in so einem Falle schnell eine Karte herauskommen, die nur aus hochfliegenden Träumen besteht, die sich schwerlich alle auf einmal verwirklichen lassen – und das dürfte letztlich wieder zu Frustration und Niedergeschlagenheit führen.

Fazit: Meist müssen Sie an der Verwirklichung der A-Prioritäten länger und härter arbeiten. Deshalb ist es gut, sie mit B- und C-Absichten zu ergänzen und abzufedern. Dasselbe gilt für die Ergebnisse aus Ihrer Vergangenheits-, Gegenwarts- und Zukunfts-Analyse. Versuchen Sie, ein möglichst ausgewogenes Verhältnis herzustellen, in dem sich die verschiedensten Neigungen und Absichten wiederfinden. Eine wichtige Frage in diesem Zusammenhang lautet: Gibt es Punkte, Pläne, Ziele, die auf allen drei Listen auftauchen? Bingo. Wenn Sie beispielsweise in der Vergangenheit ein großer Läufer und Leichtathlet waren, auch jetzt noch halbwegs regelmäßig laufen und in der Zukunft von der Teilnahme am New-York-Marathon träumen, sollten Sie eigentlich sofort darangehen, einen detaillierten Trainingsplan zu entwickeln und die Startbedingungen recherchieren.

Keine Veränderung ohne Details: Ein nützliches Hilfsmittel kann je nach Schwierigkeitsgrad und Dauer der Umsetzung eine ergänzende Checkliste mit Zeitplan sein. Sie gibt Ihnen die Gelegenheit, Ihre Ziele möglichst exakt zu definieren und auf sinnvolle, in überschaubaren Zeitabständen zu erreichende Einzelschritte herunterzubrechen. Meist sind es die in der Zukunft liegenden A-Pläne, welche die Anfertigung eines detaillierten Zeitplanes erfordern. Bei der Anfertigung sollten Sie folgende Grundregel beachten: Beginnen Sie bei der Planung der Einzelschritte immer mit dem Endziel und planen Sie von dort bis zum Anfang zurück. Auf diese Weise vermeiden Sie es am ehesten, dass Ihnen wichtige Details entgehen. Die Teilziele sollten regelmäßig überprüfbar sein und Sie auch wirklich spürbar voranbringen. Eine solche Checkliste in Kombination mit einem Zeitplan kann so aussehen:

Ziel: Teilnahme am New-York-Marathon!

Worum geht's?	Voraussichtliche Dauer und Ideen zur Lösung
Startgenehmigung/ Teilnahme-bedingungen	Drei bis vier Wochen? Bei den Recherchen kann evtl. Kollege Breitenbacher behilflich sein
Flug/Übernachtung	Wenige Tage – schnell zu buchen über Reisebüro

»Probe-Teilnahme« an einem weniger wichtigen Lauf	Möglichkeiten recherchieren
Training	Etwa vier bis sechs Monate

Der New-Economy-Manager Jörg D. besann sich auf seine Studienzeit und die dort entwickelten Vorlieben. Um genug Geld zu verdienen, verdingte er sich als freier Berater für eine Reihe von Unternehmen. Nebenbei begann er mit seiner Promotion – eine Absicht, die er Jahre zuvor zugunsten der Karriere aufgegeben hatte. An seinen Forschungen schätzt er heute vor allem, dass diese in einem so wohltuenden Gegensatz zur Hektik und Schnelllebigkeit des Berufsalltags stehen. Ein angenehmer Nebeneffekt lag zudem in einem erblühten Kontakt zum Universitätsleben und den vielen neuen und anregenden Kontakten, die sich daraus ergaben.

▶ **Sein Downshifting-Tipp:** *In der Vergangenheit stöbern – viele unserer Lebensträume und -wünsche wurzeln in dem, was wir früher getan und geliebt haben.*

Wie viele Punkte auf Ihrer neuen Karte sollten Sie nun als Erstes ansteuern? Alles auf einmal dürfte kaum möglich sein. Die Auswahl und Anzahl der neuen Ziele hängt daher zunächst von Ihren persönlichen Prioritäten innerhalb Ihres neu gesetzten Zeitrasters ab. Wenn Sie Ihre durchschnittliche Wochenarbeitszeit nur geringfügig reduziert haben und sich auch ansonsten in eher geringerem Umfang von Ballast und überflüssigen Freizeitbeschäftigungen befreit haben, sollten Sie sich für den Anfang höchstwahrscheinlich nicht mehr als zwei oder drei neue Orte auf Ihrer neuen Straßenkarte vornehmen. Wenn Sie allerdings jetzt schon absehen können, dass Sie zeitlich in Zukunft aus dem Vollen schöpfen werden, darf die Liste durchaus länger ausfallen und Orte enthalten, die Sie erst nach einem guten Stück Weges erreichen.

Ein wichtiges Instrument, das Ihnen bei Ihrer Zeitplanung und Zeiteinteilung helfen wird, lernen Sie im nächsten Abschnitt kennen.

Mit Plan zur Vielseitigkeit:
Der Portfolio-Ansatz

Der Portfolio-Ansatz sieht vor, dass Arbeit und Karriere nicht mehr den Mittelpunkt Ihres Lebens darstellen, um den sich alles andere herum gruppiert, sondern nur noch Teil eines ausgewogenen Portfolios sind, das Sie je nach persönlichen Neigungen mit weiteren Aktivitäten und Zielen auffüllen. Im Gegensatz zur Vergangenheit ist Ihr Job, also das, womit Sie in Zukunft Geld verdienen werden, darin nur noch ein kleiner und wesentlich feiner definierter Teil.

Der Kerngedanke des Portfolio-Ansatzes, der auf Überlegungen des Trendforschers Charles Handy zurückgeht, ist der gleiche wie der bekannte Grundsatz aus der Investment-Welt: Ein breit diversifiziertes Aktien-Portfolio senkt das Risiko, einen Total-Crash zu erleiden. Für die Aktienanlage heißt das, niemals alles auf eine Karte zu setzen, stattdessen das Risiko zu streuen und in verschiedene Werte aus verschiedenen Branchen zu investieren. Im Falle Ihres Downshifting-Plans sieht es ähnlich aus. Um das Crash-Risiko zu minimieren – das heißt, das Risiko, Einseitigkeit statt Vielfalt zu etablieren, in beruflicher Hinsicht vielleicht sogar einen Burnout zu erleiden –, sollten Sie nicht zu viel Energie in eine einzelne Aktivität investieren, sondern stattdessen Ihr Kapital (Ihre Zeit und Energie) breit streuen.

Wenn Sie sich Ihre Pläne und Ziele als neue Straßenkarte vorstellen, dann ist ein sorgsam ausgearbeitetes Portfolio so etwas wie ein guter Hotel- oder Reiseführer. Er hilft Ihnen bei den Details, etwa wenn es um Planungen bei der Unterbringung oder ein gutes Essen geht, und nur wenn er auch unterschiedliche Hotels, Restaurants und Sehenswürdigkeiten enthält, werden Sie gut mit ihm unterwegs sein.

In der Praxis funktioniert der Portfolio-Ansatz folgendermaßen: Stellen Sie sich die Woche in Einheiten vor. Bisher haben Sie im Durchschnitt 50 oder vielleicht sogar 60 Stunden gearbeitet. Diese 60 Stunden – oder sagen wir besser »Einheiten« – sollten Sie nun neu einteilen und vergeben. Natürlich stellt die Arbeit, der Sie nachgehen, um Geld zu verdienen, noch immer einen wichtigen Teil dar. Es ist gewissermaßen der Anker in Ihrem Leben, der sicherstellt, dass Sie nicht wegtreiben. Oder: Das Benzin, das Ihren Wagen am Laufen hält. Ihr persönlicher Ansatz könnte so aussehen, dass Sie beispielsweise nur noch 50 Prozent Ihrer bisherigen Arbeitszeit für reinen Broterwerb nutzen. Bei einer 60-Stundenwoche wären das 30 Stunden beziehungsweise Einheiten. 10 Einheiten, die Sie bislang mit Arbeit verbrachten, könnten Sie in Ihre Familie und Ihre Freunde investieren. In 5 Einheiten könnten Sie Hobbys oder musischen Neigungen nachgehen. Weitere fünf Einheiten könnten Sie darauf verwenden, das Haus oder den Garten zu pflegen …

Natürlich wird jeder Downshifter seine eigene, völlig individuelle Zeiteinteilung vornehmen – ein Patenrezept gibt es nicht. Die Idee des Portfolio-Ansatzes bleibt allerdings in allen Fällen die gleiche: Arbeit und Karriere stellen nicht mehr den Mittelpunkt des Lebens dar, um den sich alles andere herum gruppiert, sondern sind nur noch Teil einer breiten Palette an Fähigkeiten und Aktivitäten.

Portfolio-Planung in der Praxis

Was sollten Sie bei der Erstellung Ihres persönlichen Portfolios beachten? Zunächst ein paar formale Dinge: Am besten fertigen Sie Ihr Portfolio in Form eines Kreises als »Kuchendiagramm« an. Denn in einem Kreis haben alle Teile den gleichen Stellenwert – im Gegensatz etwa zu einer Tabelle, wo dem, was oben steht, meist auch eine höhere Bedeutung zukommt. Mindestens ebenso wichtig ist, sein Portfolio anfangs nicht zu überfrachten. Gerade, wenn Sie am Anfang Ihrer Downshifting-Planungen stehen, lässt sich schwer sagen, wie viel Zeit exakt Sie übrig behalten werden und wie viel davon in neue Beschäftigungen fließen kann und soll. Beim Portfolio-Ansatz geht es nicht darum, sich das Leben sofort wieder mit neuen Aktivitäten zu vermauern. Ziel ist es vielmehr, die neu entstehende, freie Zeit bis zu einem gewissen Rahmen zu füllen, um nicht in das Loch zu fallen, das Sie sich zuvor in den Jahren Ihrer beruflichen Tätigkeit geschaufelt haben. Sie sollten sich folglich auch Freiräume lassen, die Sie nicht sofort wieder besetzen.

Karen G. entwickelte ihr Portfolio im Laufe von etwa sechs Monaten und aufgrund der Erkenntnis, dass sie vor allem ihre sozialen Defizite beheben und sich mehr für ihre Familie und Freunde engagieren wollte. Sie hatte Ihre Arbeitsbelastung nach und nach um etwa 60 Prozent reduziert – von 60 Wochenstunden auf nur noch 20 – und folglich reichlich neue Downshifting-Einheiten gewonnen, die es sinnvoll zu investieren galt. Karen G. wusste allerdings auch, dass sie nun einen größeren Teil ihrer Zeit als früher in die Organisation des Haushalts und die Erziehung des Sohnes investieren musste – und wollte. Eines ihrer Fernziele war der Umzug in ein größeres Haus, das sie gemeinsam mit ihrem Mann renovieren würde. Ihr Ergebnis: 40 Einheiten, die neben dem Job neu vergeben werden konnten. Und so sieht ihr Portfolio aus:

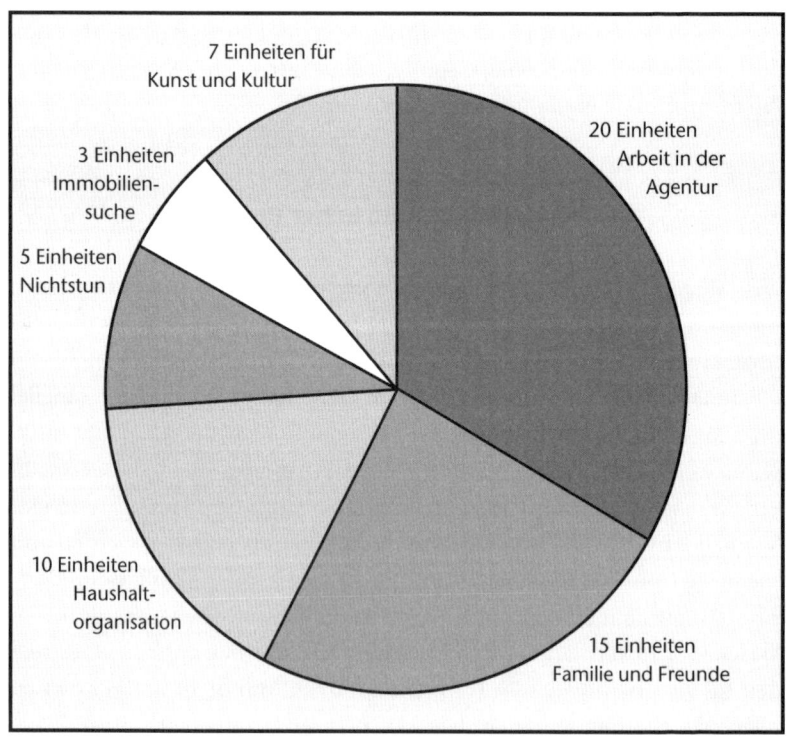

Natürlich müssen Sie dem Stunden-Ansatz nicht sklavisch Folge leisten; Sie können Ihr Portfolio auch in Einheiten von Tagen oder sogar Wochen, verteilt auf ein Jahr, gestalten. Der Grund, weshalb hier der klassische Ansatz nach Stundenplan gewählt wurde, liegt einfach darin, dass er für die meisten Menschen am praktikabelsten ist. Auch, wie Sie Ihre Einheiten letztlich auf die einzelnen Tage umlegen, bleibt Ihnen überlassen – es hängt davon ab, wie und wann Sie arbeiten und ob einzelne Aktivitäten mit bestimmten festen Tageszeiten oder Wochentagen verknüpft sind. Ihr Portfolio ist keine Stechuhr, die über Ihre neue Zeiteinteilung herrscht, sondern ein Modell, das Orientierungshilfe gewährt. Um es mit dem Beispiel Ihres neuen Wagens zu sagen: Sie fügen dem alten Reiseführer, der nicht viel mehr enthielt als ein paar schäbige Motels und Autobahnraststätten, nach und nach neue, spannende Seiten hinzu. Ein paar Anregungen, was das im Einzelnen sein könnte, erhalten Sie in den folgenden Abschnitten.

Kunst, Kultur und Wissenschaft: Die neue Lust am Lernen!

Verspüren Sie den Wunsch, endlich einmal Ihren so lange vernachlässigten kulturellen Interessen nachzugehen? Jetzt ist die Zeit dazu! Einer der angenehmsten Aspekte am Downshifting, an einem frei zu gestaltenden Portfolio ist es, dass Sie nun die Zeit und vor allem auch die Muße haben, sich intellektuell, künstlerisch oder auch beruflich weiterzubilden. Worin dabei letztlich Ihre Motivation liegt, ist nicht entscheidend. Vielleicht haben Sie erkannt, dass Sie für Ihren neuen (oder alten) Job neue Qualifikationen erwerben müssen und beginnen aus diesem Grund ein ergänzendes Studium oder auch eine Fortbildung. Sie erweitern Ihre kaufmännischen Kenntnisse, Ihre technischen Fähigkeiten oder erwerben Kreativitätstechniken? Oder Sie studieren noch einmal aus reiner Lust und Liebhaberei? Dies alles ist möglich. Doch ganz gleich, ob Sie neue Sprachen erlernen oder Geige spielen, ob Sie Privatunterricht nehmen, sich an einer Uni einschreiben oder autodidaktisch vorgehen – einer der dringendsten und sinnvollsten Ratschläge, die man Ihnen im Zusammenhang mit Ihren Portfolio-Planungen geben kann, ist: Planen Sie einen Teil Ihres Down-shifting-Portfolios unbedingt für Studien, für Fort- und Weiterbildungen ein, für den Erwerb neuen Wissens. Jede zusätzliche Fähigkeit, die Sie auszubilden versuchen, stellt eine Herausforderung und eine echte Bereicherung für Ihr neues Leben dar. Und was ein ebenso entscheidender Aspekt ist: Manchmal führen überhaupt erst diese Studien zu den wahren Talenten und Fähigkeiten, die vielleicht schon lange in Ihnen verborgen liegen. Verschanzen Sie sich dabei nicht hinter falschen Ausreden. Die meisten von uns wissen überhaupt nicht mehr, wie angenehm es sein kann, aus purer Freude zu lernen. Was kein Wunder ist, lernen wir doch bereits in der Schule nicht zum Vergnügen, sondern fürs Leben. Und was die dann folgende Ausbildung oder das Universitätsstudium anbelangt, so hat man auch dort meist nur etwas »Anständiges« zu lernen, um damit später anständig Geld verdienen zu können. Eine völlig andere Erfahrung werden Sie hingegen machen, wenn Sie sich in späteren Jahren noch einmal zurück an die Schulbank oder in den Universitätshörsaal begeben. Das Verhältnis zum Lernen und auch das zu Lehrern und Dozenten ist meist völlig neu und um ein Vielfaches inspirierender. Der Grund liegt schlichtweg darin, dass Sie nun unter ganz anderen Voraussetzungen erneut an den Start gehen, andere Ziele verfolgen und älter, mithin erfahrener sind.

Der Start kann dabei durchaus bescheiden ausfallen – einige Stunden in der Woche, in denen Sie Klavierunterricht nehmen oder sich in die Mysterien der höheren Mathematik entführen lassen, weil Sie ahnen, dass Ihre katastrophalen Mathe-Noten in Wahrheit nicht mit mangelnden Neigungen, sondern Ihrem damaligen Mathe-Lehrer zusammenhängen. Viele Menschen entdecken häufig erst nach den ersten Schritten in diese Richtung, welche Fähigkeiten sie entwickeln und ausbauen möchten. In jedem Falle werden Sie sich am Ende als neuer, vielleicht sogar besserer Mensch fühlen – was in letzter Konsequenz der Sinn Ihres Downshifting-Plans ist.

Und wenn Sie das noch nicht überzeugt hat, liegt es vielleicht daran, dass Sie schlicht und einfach nicht wissen, wie Sie etwas finden sollen, das auch wirklich zu Ihnen passt und sie folglich vor der erdrückenden Menge an Angeboten kapitulieren lässt. Die Lösung heißt »Trial and Error«.

Downshifting bedeutet nicht nur Vielfalt, sondern meint auch das Recht, Fehler zu machen. Kein Mensch macht Ihnen Vorwürfe, wenn Sie ein halbes Jahr Vorlesungen in Archäologie hören und hinterher feststellen: Das ist doch nichts für mich.

Soziales Engagement

Wofür arbeiten wir? Fürs Geld, werden die meisten auf diese Frage antworten. Schließlich muss man von irgendetwas leben. Das ist genau der Punkt – und der Grund, in Ihr Portfolio vielleicht einen Bereich aufzunehmen, der vielen Menschen häufig (leider) erst nach dem zweiten oder dritten Nachdenken aufgeht. Wenn Sie weniger arbeiten, um mehr Zeit für sich selbst zu haben, haben Sie auch mehr Zeit für andere. Das müssen nicht notwendigerweise Menschen sein, die Sie kennen. Wie wäre es, wenn Sie einen Teil Ihres zukünftigen Portfolios in den Dienst einer guten Sache stellen? Die Möglichkeiten wären gewaltig. Viele Wohltätigkeitsorganisationen, soziale und kommunale Einrichtungen klagen über einen Mangel an ehrenamtlichem Engagement. Das ist bitter, und tatsächlich liegt es daran, dass viele Menschen falsche, häufig einseitige Vorstellungen von den Möglichkeiten sozialen Engagements haben und nicht wissen, wie sie sich einbringen können.

Die Vielfalt und auch der Einfluss von Stiftungen und gemeinnützig tätigen Einrichtungen ist heute beeindruckender denn je. Die Summe etwa, die die 12 000 in Deutschland tätigen Stiftungen jährlich für kulturelle, wissenschaftliche und soziale Zwecke ausgeben, beläuft sich auf mittlerweile 18 Milliarden Euro. Das Spektrum reicht dabei von Kunst und Kultur über Soziales bis hin zu Umwelt und Technik. Gerade angesichts dieser Menge und Vielfalt wird deutlich, dass die Voraussetzungen für mehr Bürgersinn besser kaum sein könnten. Engagement ist dabei auf vielfältigste Weise denkbar – als Pressesprecher für den Tierschutzverein, als Deutschlehrer für Zuwandererkinder oder als Mitstreiter in Projekten, die sich der Denkmalpflege widmen, um nur einige Beispiele zu nennen.

Markus Q., der Betriebswirt mit der nur kurzen Bankkarriere, entschloss sich im Anschluss an seine Rückkehr ins Berufsleben fest, sein Leben nicht mehr ausschließlich dem beruflichen Fortkommen zu widmen. Er arbeitet inzwischen weiter als freier Consultant für Banken und Unternehmensberatungen. In projektfreien Phasen hat er jedoch genügend Zeit, sich sozialen Projekten zuzuwenden. Gemeinsam mit einigen Freunden gründete er ein Beratungsunternehmen, das zu konkurrenzlos günstigen Preisen ausschließlich für ausgewählte, gemeinnützige Organisationen tätig ist, mithin für Leute, die für seine Leistung ganz einfach dankbar sind.

▶ **Sein Downshifting-Tipp:** *Ausprobieren – ausprobieren und sich wundern, welche überraschenden Lebensaspekte sich durch ehrenamtliche und gemeinnützige Arbeit auftun!*

Die Gründe, weshalb gemeinnütziges Engagement gerade für Downshifter eine ideale Ergänzung ihres Portfolios darstellt, liegen auf der Hand. In erster Linie geht es um Dank und Dankbarkeit. Jeder von uns kennt das Dilemma der meisten Tätigkeiten, die ausschließlich dem Broterwerb dienen. Es lautet: Für die Leistung am Arbeitsplatz gibt es Geld – und sonst nichts. Keine Rede von so etwas wie aufrichtiger Dankbarkeit. Dabei ist es genau dieser Dank, der vielen von uns (auch dem härtesten Top-Manager) fehlt, und der die meisten von uns am stärksten motiviert. Der Schriftsteller John Steinbeck ging sogar so weit, in den großen amerikanischen Stiftern keine edlen Wohltäter zu sehen, sondern Menschen, die ausschließlich deswegen gaben, weil sie dafür geliebt werden wollten. So schlimm muss es um Sie persönlich natürlich nicht bestellt sein. Tatsache bleibt aber, dass viele erfolgreiche Downshifter in sozialen und gemeinnützigen Projekten jenen menschlichen »Return on Investment« erhalten, der ihnen im Berufsleben versagt blieb. Ein weiteres »egoistisches« Argument für soziales Engagement ist nicht zuletzt die Chance, dabei anderen gleichgesinnten Menschen zu begegnen, die ebenfalls der Wunsch antreibt, ihr Leben durch einen Dienst im Interesse der Allgemeinheit zu bereichern.

Um es auf den Punkt zu bringen: Sie persönlich sind in der wunderbaren Situation, dass Sie im Laufe Ihres Berufslebens eine Menge nützlicher

Fähigkeiten erlernt und erworben haben. Warum denken Sie nicht darüber nach, diese Fertigkeiten Menschen zur Verfügung zu stellen, die sie unter Umständen bitter nötig haben, aber im Normalfall nicht bezahlen könnten? Ganz gleich, was Sie von Beruf sind – Lehrer, Krankenschwester, Kontakter in einer Werbeagentur oder Ingenieur –, es gibt Menschen und Einrichtungen, denen Ihre Zeit und Ihre Fähigkeiten von großem Nutzen sein können.

Und als letzten Punkt sollten Sie Folgendes bedenken: Freiwilliges soziales Engagement ist einer der Grundpfeiler unserer Gesellschaft. Ohne den Sinn für Gemeinschaft, für Zusammengehörigkeit und ohne Menschen, die sich dafür einsetzen, stünden wir alle schnell vor dem Nichts, ganz gleich, ob dies unser hohes Niveau im sozialen Bereich, in der Wissenschaft oder der Kultur betrifft.

Künstlerisch tätig werden

So weit, so gut: Sie haben die Abfahrt von der unruhigen Karriere-Autobahn genommen und sind auf dem besten Weg in neue, unbekannte Regionen. Und im Hinterkopf haben Sie schon seit längerer Zeit ein Ziel, auf das Sie besonders gespannt sind: Der nächste Stopp soll Sie in das Gebiet der Kunst führen. Es wäre ein nahe liegender Wunsch. Tatsächlich schlummert in den meisten von uns eine unentdeckte, kreative und künstlerische Ader, die aber gerade viele erfolgreich im Beruf stehende Menschen kaum ausleben. Häufig haben wir sogar Schwierigkeiten zuzugeben, dass wir einen Drang nach Arbeit verspüren, die frei ist von dem Gedanken der Nützlichkeit im herkömmlichen Sinne. Das gilt insbesondere für Menschen, in deren Berufsleben ausschließlich harte Zahlen und Fakten zählen. Verkaufsergebnisse und Marktanteile vertragen sich, so scheint es, nicht unbedingt mit kreativen und künstlerischen Ambitionen. Ein kerniger Vertriebsleiter, der Geige spielen lernt oder gar Bilder malt? Schwer vorstellbar …

Wenn Sie sicher sind, dass Sie diese Neigung ausleben möchten und kein Problem mit den vielleicht argwöhnischen Kommentaren mancher Ihrer Mitmenschen haben, kann man Sie nur beglückwünschen. Genauso wahrscheinlich ist aber auch der umgekehrte Fall; gerade, wenn Sie mit Ihren Portfolio-Planungen noch in den Startlöchern stehen. Es könnte sein, und es bliebe unter uns: Irgendwie trauen Sie sich nicht. Der Weg hierher war schon hart genug. Ihrem Hund könnten Sie das ja noch beibringen, aber dann kommen manchmal eben noch Ihre Ex-Kollegen zu Besuch, von denen einige inzwischen regelrecht neidisch sind. Was würden die sagen, wenn sie Sie mit einer Staffelei im Garten sehen? Genug ist genug, denken Sie sich in dem Fall vielleicht. Aber wie damit umgehen? »Durchkämpfen«, würde jetzt einer der wohlvertrauten Ratschläge lauten, »Kämpfen, reden und überzeugen«. Falsch. Das gilt eben nicht fürs Downshifting. Sie müssen nicht mehr um alles kämpfen und bei allen Aktivitäten die gleichen kämpferischen Maßstäbe anlegen wie im Job. In diesem konkreten Fall heißt das: Tun Sie es, wie Sie es für richtig halten.

Die anderen müssen nicht alles wissen. Auch das ist Teil des Downshiftings. Räumen Sie ein Zimmer oder einen Schrank frei, in dem Sie die Staffelei oder die Töpfersachen verstecken. Zumindest fürs Erste. Und wenn Sie sich dorthin zurückziehen, gehen Sie lästigen Fragen am besten dadurch aus dem Weg, dass Sie vorgeben, Fachbücher zu wälzen und sich auf den Wiedereinstieg ins Berufsleben vorbereiten. Vielleicht möchten Sie Laienschauspieler werden und haben bereits Kontakt mit einer Theatergruppe aufgenommen. Sie wissen nur allzu gut, der Weg bis hierher war hart genug. Zunächst einmal haben Sie keinen Bedarf an neuen Herausforderungen und den üblichen Rechtfertigungen. Sollte Sie dann einer Ihrer Bekannten oder gar Ihr Ex-Chef bei der ersten Aufführung sehen und verwundert ansprechen, erklären Sie einfach: »Es hilft mir beruflich weiter! Es fördert die Entwicklung meiner verkäuferischen Fähigkeiten!« Nennen Sie es Salami-Taktik, nennen Sie es eine Ausrede: Das Wichtigste ist, dass es Ihnen dabei gut geht. Wenn Sie schließlich ganz sicher erkannt haben, wie viel Zufriedenheit Ihnen das neue Engagement verschafft, können Sie immer noch den harten Weg gehen. Dann blicken Sie jedem, der Sie schief oder belustigt ansieht, fest (sehr fest) in die Augen und sagen: »Ja, ich male Bilder. Das tat Picasso übrigens auch. Und wie ich konnte er sehr böse werden, wenn er dumm angegrinst wurde.«

Ihr wichtigstes Geschenk an Familie und Freunde

Einer der wichtigsten Schutzschilde gegen Stress, Fehlschläge und Enttäuschungen, seien sie beruflich oder privat, sind Menschen, mit denen wir teilen, anstatt mit ihnen zu konkurrieren. Es sind die Beziehungen, die wir außerhalb des Arbeitsplatzes pflegen, die uns vor solchen Belastungen schützen. Umso schlimmer ist es deshalb, wenn das Privat- vom Berufsleben in Mitleidenschaft gezogen wird. Vielen Menschen ist im Laufe ihres Berufslebens eine Regel schmerzlich bewusst geworden: Im Business gibt es keine Freundschaften. Wenn Sie persönlich vom Gegenteil überzeugt sind, Hochachtung. Es könnte allerdings sein, dass Sie schneller als Ihnen lieb ist, von einem Menschen – in moralischer wie geschäftlicher Hinsicht – enttäuscht werden, auf den Sie bisher große Stücke gehalten hatten. Der Grund dafür ist einfach: Je kritischer die Zeiten, desto stärker geht es für jeden Einzelnen ums Überleben. Wenn es hart auf hart kommt, wenn im Business die letzten Barrieren fallen, könnte es sein, dass Sie mit einem Mal mutterseelenallein sind.

Umso wichtiger, ja geradezu existenziell notwendig ist es deshalb, Beziehungen einzugehen und zu pflegen, die vom Berufsleben unabhängig sind – die nicht damit steigen und fallen, ob man einander geschäftlich von Nutzen ist oder nicht. Und wenn Sie erst einmal damit begonnen haben, Ihr Leben mit neuen Aktivitäten auszufüllen, werden sich auch neue Kontakte schnell von alleine ergeben. Dabei sollten Sie den Rat beherzigen, sich in Zukunft intensiv Zeit für die Entwicklung der richtigen Freundschaften zu nehmen. »Richtig« meint wohlgemerkt Beziehungen, die Sie nicht deshalb eingehen, weil Sie beruflich von Vorteil, sondern weil sie angenehm und im besten Falle inspirierend sind. Folgen Sie in Ihrer privaten Sphäre nicht dem so genannten »Networking«, jenem entsetzlichen Trend unserer Zeit, der nichts anderes meint, als die ohnehin rare Freizeit auch wieder in Arbeitszeit zu verwandeln, in der man sich intensiv um das Fort- und Weiterkommen im Schlepptau anderer Leute bemüht. In beruflicher Hinsicht bringt ein noch so ausgeklügeltes und fein gesponnenes Netzwerk heute oft allein schon deshalb nicht mehr den gewünschten Effekt, weil Unternehmen ohnehin ständig umgebaut werden und kaum jemand weiß, wie und wo er morgen arbeiten wird. Damit lässt sich kaum noch vorhersehen, welcher Kontakt sich in Zukunft als »wertvoll« erweisen könnte. Wie wäre es deshalb, wenn Sie Ihr Networking in Zukunft unter einem völlig neuen Vorzeichen betreiben würden. Wenn Sie es vermeiden würden, nach Leuten zu suchen, die irgendwie »nützlich« oder »wichtig« für das berufliche Fortkommen sein könnten, und stattdessen Kontakte entwickeln, die für Sie und Ihren angestrebten neuen Lebensentwurf eine menschliche Bereicherung darstellen.

Die Unterscheidung zwischen der alten und Ihrer neuen Form des Networking ist sehr leicht zu treffen. Fragen Sie sich, wenn Sie neue Kontakte knüpfen, ganz einfach einmal kritisch: Ist mir der/diejenige etwa beruflich von Nutzen oder ist er/sie mir menschlich sympathisch? Und was wäre, wenn mir mein Gegenüber plötzlich offenbarte, dass er/sie gar nicht Personalvorstand bei Siemens ist, sondern in Wahrheit Zeitungen austrägt? Seien Sie sicher: Die Wahrscheinlichkeit, dass sich aus ehrlichen und menschlich anregenden Verbindungen Kontakte ergeben, die Sie in letzter Konsequenz auch beruflich weiterbringen werden, ist bedeutend größer, als wenn Sie vor allem nach dem vordergründigen Nutzen einer Beziehung schielen.

Für alle bereits bestehenden Freundschaften sowie für Ihre Familie gilt: Starten Sie das große Wiederaufbauprogramm, die »Überraschung, ich bin für euch da!«-Initiative. Freundschaften, eine intakte Partnerschaft, Familie, dies ist nichts, was von alleine entsteht, gewissermaßen als Neben- oder gar Abfallprodukt einer rasanten Karriere. Im Gegenteil, intensive menschliche Beziehungen wollen aktiv geplant und gestaltet werden. Allerdings sollten Sie sich jetzt nicht als Erstes den Kopf darüber zerbrechen, wann, wo und wie das am besten zu geschehen habe. Nehmen Sie sich jedoch zunächst einmal Folgendes vor: Anstatt in Zukunft teure Geschenke an Menschen zu verteilen, die Ihnen etwas bedeuten, schenken Sie Ihnen Ihre Zeit. Zeigen Sie Ihrer Familie, Ihren Freunden, dass Sie für sie da sind. Der zweite Ratschlag lautet: Fragen Sie diese Menschen nach ihren Wünschen, und lassen Sie sich inspirieren. Sie werden überrascht sein, wie viele überraschende Ideen Menschen hervorbringen, die nicht tagaus, tagein mit Karriereplanung beschäftigt sind. Ihnen selbst werden die richtigen Ideen dann irgendwann von ganz alleine einfallen;

wenn Sie erst einmal jene Spontaneität entwickelt haben, die Sie bisher vor allem im Hinblick auf die Lösung akuter Job-Probleme besaßen, die aber in Bezug auf Freundschaft und Freizeit wahrscheinlich noch unterentwickelt ist. Derzeit sind Sie vermutlich meisterlich darin geschult, ein vergeigtes Projekt wieder geradezubügeln oder einen Geschäftsplan gegen alle Widerstände durchzuboxen. In Zukunft könnte dasselbe für ein anregendes Wochenende zu zweit in einer Berghütte oder für die Organisation einer großen Reunion Ihrer in alle Winde verstreuten Abschlussklasse gelten.

Fort- und Weiterbildung: Der Job bleibt ein Anker

Gleichgültig, was Sie in Zukunft tun, und egal, wie Sie es tun werden: Ihr Job, Ihr Broterwerb bleibt etwas elementar Wichtiges, der Treibstoff, der die (Downshifting-)Maschine am Laufen hält. Einen vorher festgelegten Teil Ihres Portfolios sollten Sie deshalb zukünftig auch dem Erhalt Ihrer Kernkompetenzen sowie der Marktbeobachtung widmen. Es geht um regelmäßige Inspektionen und Pflegedienste – dies ist umso wichtiger, je stärker Sie wirtschaftlich weiterhin von Ihrem Beruf abhängig sind. Zur Marktbeobachtung zählt nicht nur die Lage in Ihrer eigenen Branche, über die Sie ohnehin informiert sein sollten, sondern besser noch der berühmte Blick über den Tellerrand. Die gängigsten Quellen sind dabei natürlich die für Sie relevanten Branchenmagazine, aber auch entsprechende Stellenanzeigen für alle fachlichen Bereiche, in denen Sie sich zu Hause fühlen. Dabei geht es nicht darum, hektisch nach neuen Stellen zu recherchieren und lange Listen mit potenziellen Arbeitgebern zu füllen. Ziel ist es einfach, auf dem Laufenden zu bleiben. Denn auch wenn Sie zukünftig nicht auf eine Vollzeitstelle spekulieren, zeigen Ihnen solcherlei Marktanalysen und -beobachtungen doch recht genau, wie es in Ihrem Branchenumfeld aussieht. Umgekehrt könnte es auch für Sie als Downshifter zum Problem werden, wenn Sie erst bei sich abzeichnenden Schwierigkeiten beginnen, sich kundig zu machen. Ebenfalls hilfreich sind die bereits beschriebenen persönlichen Netzwerke. Alte Kollegen oder Studienfreunde freuen sich immer über einen Anruf – und Sie als

Downshifter haben jetzt endlich die Zeit, jene Kontakte zu pflegen, die Ihnen wirklich wichtig sind. Wenn Sie als Downshifter weiterhin fest oder in Teilzeit angestellt bleiben, sollten Sie Ihren Arbeitgeber nach Förder- und Unterstützungsmöglichkeiten für Ihre berufliche Weiterbildung fragen. Egal, ob es um den Umgang mit der in Ihrer Branche üblichen Standard-Software geht oder um Schlüsselqualifikationen, die Ihre Kernkompetenz weiterentwickeln: Alle zusätzlich erworbenen Fähigkeiten helfen Ihnen, Ihren Downshifting-Kurs beizubehalten. Und natürlich sind sie immer auch eine Option auf die Zukunft und einen eventuellen beruflichen Wechsel oder sogar Wiedereinstieg – falls Sie sich diesen Weg offen halten möchten.

Mit kleinen Dingen zu großen Veränderungen

Auch Nichtstun ist eine Kunst, die gelernt sein will. Natürlich sind alle bis jetzt aufgeführten Vorschläge nur Ideen und Ansatzpunkte, und es sind nicht immer die großen, umwälzenden Veränderungen, die auf Anhieb das größte Glück und die größte innere Befriedigung verschaffen. Manchmal reichen auch kleine Dinge, die wichtige Veränderungen bewirken – Dinge, die viel damit zu tun haben, das Leben mit einfachen Mitteln zu gestalten und zu genießen. Leider ist dies eine Kunst, die vielen Menschen abhanden gekommen ist.

Ein erster Tipp lautet deshalb: Fragen Sie einmal Ihre Eltern oder Großeltern, was diese in den prähistorischen Zeiten ohne Fernsehen, Internet und Freizeitparks den Tag über getan haben. Die Chancen stehen gut, dass gerade Sie als Downshifter überrascht und begeistert sein werden, was sich an längst verschüttet geglaubtem Wissen auftut.

Denkbar ist auch, dass Sie einen festen Teil Ihres Portfolios von vornherein für nichts weiter als fürs Nichtstun einplanen. Zeiten, in denen Sie mit Ihren Nachbarn plaudern oder den Wolken beim Vorüberziehen zusehen und sich intensiv fragen, warum Sie nicht schon viel früher auf diese Idee gekommen sind.

So viel zu den kleinen Dingen. Was aber, wenn Sie diese sehr wohl zu schätzen wissen, wenn jedoch Ihr nächstes Vorhaben groß ist und zu träumerisch, zu abstrakt und zu schwer erreichbar scheint? Wenn Sie, sagen wir mal, davon träumen, einen Campingplatz in Südfrankreich zu eröffnen oder ehrenamtlich als Sonderbotschafter für UNICEF zu arbeiten, aber keinen blassen Schimmer davon haben, wie Sie das erreichen sollen. Auch hier gilt in abgewandelter Form wieder etwas, das auch auf die berufliche Karriere zutrifft: Formulieren Sie die Idee aus, markieren Sie die offensichtlichen, das heißt auf den ersten Blick erkennbaren Teilschritte, die zum Ziel führen, und beginnen Sie, das Objekt der Begierde auszuspionieren. Die wichtigsten Quellen dafür sind Internet, Datenbanken, Verbände und Standesorganisationen. Anschließend befragen Sie alle Menschen, die etwas zur Erhellung und Klärung Ihrer Fragen beitragen können: Freunde, Bekannte, Mitarbeiter bei den recherchierten Stellen. Persönliche Empfehlungen sind dabei bekanntlich die wirksamsten Türöffner. Im letzten Schritt geht es schließlich darum, sich interessant zu machen und einen Fuß in die Tür zu bekommen – was sich oftmals als recht einfach herausstellt, denn Sie haben schließlich etwas anzubieten: Ihre Ideen und Ihren Enthusiasmus!

Testen Sie Ihr Portfolio

Einer der Einwände, mit denen sich viele Downshifter nach der Aufstellung ihrer Tätigkeiten und Aktivitäten regelrecht quälen, klingt auf den ersten Blick kleinlich. Er lautet: »Die Aufteilung meines Portfolios sieht gut aus – aber woher weiß ich, ob ich es mit den richtigen Dingen gefüllt habe? Woher weiß ich, dass es alle Elemente enthält, die notwendig sind?« Die Frage ist berechtigt, auch wenn Sie sich nicht zu sehr mit ihr belasten sollten. Deshalb geht es jetzt darum zu untersuchen, ob die Balance, die Sie innerhalb der verschiedenen Lebensbereiche geschaffen haben, stimmig ist. Am Beispiel des Reiseführers müssen Sie nun klären, ob Ihre Auswahl an Hotels, Restaurants und anderen lohnenswerten Zielen auch ausgewogen ist.

Ähnlich, wie Sie auch schon Ihre Finanzen einem Realitäts-Check unterzogen haben, sollte nun auch Ihr Downshifting-Portfolio den Test in der Wirklichkeit bestehen. Der entscheidende Unterschied ist, dass es dabei nicht nur um einen einzelnen Aspekt (eben die Finanzen), sondern um die verschiedenen Teile des Puzzles geht, das Sie entwickelt haben und das zusammenpassen muss. Dabei gibt es drei Dinge, die Sie aufmerksam beobachten sollten:

1. Passen die Teile in zeitlicher Hinsicht zueinander, passen sie insgesamt in den Rahmen Ihrer zeitlichen Kapazität? Oder haben Sie sich Ihr Portfolio vielleicht zu voll gepackt oder auch zu wenig darin aufgenommen?
2. Passen die Teile in finanzieller Hinsicht zueinander? Stimmen Ihre ökonomischen Überlegungen noch oder stellt sich heraus, dass gewisse Absichten ohne eine zusätzliche Finanzierung nicht zu realisieren sind?
3. Passen die Teile in emotionaler Hinsicht zueinander? Fühlen Sie sich mit der Zusammensetzung wirklich wohl? Kurz gesagt: Werden Sie mit diesem Leben glücklich und entspannt sein – glücklicher und entspannter als vorher?

Was auch immer dabei herauskommt: Der richtige Zeitpunkt zum Nachbessern ist immer! Niemand verlangt von Ihnen, auf Anhieb einen perfekten Downshifting-Plan auf die Beine zu stellen. Umwege, Sackgassen, Abkürzungen – alles ist erlaubt. Sie können Ihren neuen Wagen auch wieder verkaufen, ihn umlackieren lassen, falls Ihnen die Farbe nicht mehr passt, oder eine neue Straßenkarte anfertigen. Entscheidend in allen diesen Fällen ist jedoch, die Ursachen für jede Art von Unzufriedenheit zu ergründen. Im Einzelnen heißt das:

Haben sich Schwierigkeiten im Zusammenhang mit Frage 1 ergeben, sollten Sie sich noch einmal mit dem Thema von Kapitel 13 beschäftigen und überprüfen, wie viel freie Zeit Sie wirklich gewonnen haben und welchen Anteil davon Sie in neue Beschäftigungen investieren können und wollen.

Probleme mit Frage 2, also Unstimmigkeiten finanzieller Natur weisen wahrscheinlich darauf hin, dass Ihre neue Finanzierung nicht genau genug durchgerechnet ist oder dass einige Ziele mit ins Portfolio aufgenommen wurden, die sich auf dieser (finanziellen) Basis nicht verwirklichen lassen. Lösungsansätze finden Sie in Kapitel 4.

Wenn Sie bei Frage 3 stutzig geworden sind, stimmt entweder Ihr gesamter Downshifting-Kurs nicht oder Sie haben nicht die richtigen Elemente in Ihr Portfolio aufgenommen. Keine Panik: Arbeiten Sie noch einmal sorgfältig die Kapitel 1 und 2, gegebenenfalls auch Kapitel 13 durch.

Der Zeitplan

Die Inhalte Ihres Plans, Ihre Ziele und die sich daraus ergebenden Teilschritte sind nun klar. Ihr neuer Wagen und die Reiseroute sind gut durchorganisiert. Was noch fehlt, ist ein funktionierender Zeitplan, in dem Sie mehr oder weniger exakt die Zeitpunkte definieren, zu denen Sie die unterschiedlichen Etappen in Ihrem neuen Reiseplan erreichen wollen. Der Grund, weshalb Sie ihn erst am Ende Ihrer Downshifting-Überlegungen anfertigen sollten, liegt darin, dass den meisten Downshiftern erst jetzt vollends klar ist, wohin die Reise eigentlich gehen soll.

Dieser Zeitplan besteht aus vier verschiedenen Teilen, nämlich den vier Meilensteinen, auf deren Grundlage Sie Ihren Downshifting-Plan entworfen haben. Für jeden Meilenstein sollten Sie eine Zeitachse anfertigen, auf der Sie die notwendigen und für Sie persönlich relevanten Teilschritte notieren. Sie müssen sich dabei nicht mit allzu vielen Kleinigkeiten aufhalten. Zwei unterschiedliche Abschnitte gehören jedoch mindestens auf jede dieser vier Zeitachsen:

- eine Phase der Planung,
- eine Phase der Umsetzung.

Konkret bedeutet das: Legen Sie möglichst genau fest, wann die Planungen beginnen und enden und wann Sie mit der Umsetzung starten. Andernfalls könnte es passieren, dass Sie sich in Absichten verlieren und Jahre vergehen, ehe Sie zu greifbaren Ergebnissen kommen. Auch die Anfertigung von vier verschiedenen Zeitachsen statt einer einzigen hat ihren Grund: Planung und Umsetzung der einzelnen Meilensteine können und dürfen sich durchaus überschneiden. Im Einzelnen bedeutet das Folgendes:

- Abstand gewinnen und den Spurwechsel vorbereiten. Am Ende dieser Zeitachse sollten Sie wissen, in welchem Umfang Sie Ihr Leben von Berufsstress und Karrieredruck befreien möchten und welche Menschen Sie auf welche Weise in Ihre Pläne miteinbeziehen.
- Die Finanzen ordnen und feststellen, ob ein Ortswechsel Teil Ihres Downshifting-Plans ist. Am Ende dieser Zeitachse sollten Sie Ihre Finanzlage genau kennen und wissen, wo Sie künftig leben möchten. Dann würde der »Finanz-Realitäts-Test« folgen und gegebenenfalls ein Umzug.
- Die Job-Frage klären. Am Ende dieser Zeitachse sollten Sie wissen, unter welchen Bedingungen und in welchem Metier Sie in Zukunft Ihr Geld verdienen möchten. Dem folgt die Phase der Bewerbungen beziehungsweise der entsprechenden Verhandlungen mit dem Arbeitgeber. Der erste Tag im Job unter Downshifting-Bedingungen würde das Ende dieser Zeitachse markieren.
- Neue Statussymbole etablieren. Am Ende dieser Zeitachse sollten Sie nicht nur wissen, welche neuen Schwerpunkte Sie in Ihrem zukünftigen Leben setzen möchten, sondern auch mit den konkreten Umsetzungen begonnen haben.

Wichtigstes Hilfsmittel, um die entsprechenden Zeiträume zu kalkulieren, sind dabei die Tests, die Sie absolviert sowie die Entscheidungen, die Sie im Laufe dieses Buches getroffen haben. Betrachten wir das Beispiel der Finanzierung: Sie wissen jetzt, ob Sie mit Ihrem Downshifting-Plan direkt loslegen können oder zuvor noch finanzielle Probleme zu lösen haben. Wenn Sie Schulden haben, würde ein Punkt auf der Zeitachse »Finanzen ordnen« lauten: »Schuldnerberatung aufsuchen/Fachgespräche führen«. Das dauert von der Zusammenstellung aller notwendigen Unterlagen bis hin zum Schritt über die Türschwelle nicht länger als zwei bis vier Wochen. Anschließend könnten Sie sicher beurteilen, wie lange Sie am Abbau der Schulden zu arbeiten hätten. Beim Thema Umzug zum Beispiel kann die Phase der Planung mit allen Gesprächen, die Sie zu führen und Liegenschaften, die Sie zu besichtigen haben, durchaus mehrere Monate in Anspruch nehmen. Das gilt erst recht für Ihren Job: Vielleicht warten Sie auf eine bestimmte Stelle in einem bestimmten Unternehmen oder Sie planen die Gründung einer eigenen geschäftlichen Existenz. Auf der Basis der bisher getroffenen Entscheidungen dürften die Zeitplanungen dafür natürlich wesentlich differenzierter ausfallen. Eine solcher Zeitplan hat auch eine nicht zu unterschätzende, psychologische Hilfswirkung: Sie erkennen mit seiner Hilfe, ob Sie in der Spur liegen oder noch nachbessern müssen.

Zum Schluss der wichtigste Ratschlag. Er lautet: Tun Sie es. Warten Sie nicht, sondern fangen Sie am besten sofort an. Egal, ob Sie nun auf Weltreise gehen, Joggen, eine Band gründen oder den alten Oldtimer restaurieren wollen, den Sie vor Monaten im Schuppen Ihres Nachbarn gesehen haben. Zögern Sie nicht länger. Jedes Element Ihres Zeitplans sollte zuerst einen Schritt enthalten, den Sie sofort gehen können – nichts in der Art von »Noch eine Nacht drüber schlafen« oder »Den Rat von XY abwarten«. Also, wenn Sie dieses Buch aus der Hand legen:

- Schlagen Sie den Atlas auf und ergründen Sie endlich, wo diese einsame Insel liegt, auf die Sie als Kind schon immer einmal wollten.
- Schnüren Sie die Laufschuhe und rennen Sie los – egal, ob es regnet oder schneit.
- Kaufen Sie ein Schlagzeug oder eine Gitarre und mieten Sie einen Übungsraum.
- Rufen Sie Ihren Nachbarn und fragen Sie ihn, was er für den vergammelten Wagen in seinem Geräteschuppen haben möchte.

Damit sind Sie auch schon fast am Ende Ihrer Downshifting-Planungen – wäre da nicht noch eine letzte, entscheidende Frage, die wir hier nicht stellen würden, gäbe es nicht verblüffend viele Downshifter, die sich in letzter Konsequenz mit ihr konfrontiert sehen. Lachen Sie nicht, sie lautet: Halte ich den Kurs durch? Oder packt mich am Ende doch noch der Karriere-Blues, mithin das dumme Gefühl, auf die falsche Spur geraten zu sein?

Falls der Blues kommt, gibt es zwei Möglichkeiten: Entweder Sie besiegen ihn – oder Sie geben ihm nach. Was das bedeutet, und wann es Sinn macht, ihn niederzukämpfen, statt doch wieder zurück auf die Überholspur zu wechseln, erfahren Sie im letzten Kapitel.

15

Der Tag danach

Vermutlich kennen Sie das Gefühl: Ein wichtiges Projekt steht an, Wochen voller Anspannung und intensiver Arbeit vergehen, während die Deadline unerbittlich näher rückt. Und wenn der große Tag dann endlich da ist und das Projekt erfolgreich abgeschlossen wurde, stellt sich nicht die erhoffte und erwartete große Erleichterung ein, sondern ein Gefühl von Leere und Inhaltslosigkeit. Sie schweben auf keiner Wolke, sondern fallen in ein Loch. Der Grund: Ihre gesamte mentale Energie ist in eine einzige Richtung geflossen und dort förmlich versickert. Zum Freuen reicht die Kraft nicht mehr.

Trotz aller Euphorie und Hoffnungsfreude während der Vorbereitungen besteht genau diese Möglichkeit auch im Hinblick auf Ihren Downshifting-Plan. Je nachdem, wie intensiv Sie im Job eingespannt waren und sind, wie stark die neue Richtung, die Sie Ihrem Leben geben wollen, von der alten Spur abweicht, ist dieses Szenario mehr oder weniger wahrscheinlich. Dennoch ist gerade ein fundierter Downshifting-Plan die beste Bürgschaft für einen harmonischen und unkomplizierten Übergang. Eine Grundregel für einen solchen Plan lautet allerdings auch: Seien Sie auf alle Eventualitäten vorbereitet. Bevor Sie deshalb in Gedanken bereits allzu weit in die Zukunft schweifen, sollten Sie an dieser Stelle probehalber ein Szenario durchspielen, das auf den ersten Blick befremdlich wirkt. Stellen Sie sich vor, dass Sie den Tag danach nicht jubelnd begehen, sondern nachdenklich.

Der Gurt ist gelöst

Was in den ersten Tagen, in denen Ihr Downshifting-Plan endlich Wirklichkeit wird, passiert, hängt von einer Vielzahl verschiedener Dinge ab: Ob und in welchem Umfang Sie in Ihrem bisherigen Job weiterarbeiten. Ob Sie sich direkt neuen Aktivitäten, neuen Hobbys hingeben. Welche für Sie wichtigen Menschen Sie wie stark in Ihre Planungen mit einbezogen haben. Selbst das Wetter kann eine Rolle spielen.

Bei vielen Menschen stellt sich eine Melange aus Glück und Unsicherheit, aus positiver Anspannung und Ungewissheit ein. Der Grund für diese eigenartige Mischung liegt ganz einfach darin, dass Sie sich einerseits von vielen Lasten befreit, auf die Bremse getreten und erfolgreich die Spur gewechselt haben. Auf der anderen Seite steht jedoch der Verlust der gewohnten Rückhaltesysteme aus Ihrem früheren Leben: Ihr neuer Wagen fährt sich anders, und die Gegend, durch die Sie ihn steuern, kommt Ihnen bisweilen vor wie ein anderer Kontinent. Wenn Sie beispielsweise einen Teil Ihrer Zeit nun arbeitend zu Hause verbringen, werden Sie feststellen, dass das Haus tagsüber seltsam ruhig ist – eine Stille, die im krassen Gegensatz zur Aufregung und Hektik des Büroalltags steht. Wenn Sie zur Kaffeemaschine gehen, treffen Sie keine Kollegen mehr, und die übliche Feierabendrunde findet ohne Sie statt. Was den Beruf betrifft, also den bisherigen Anker Ihrer Identität, sind Sie nun ein Stück weit alleine und wesentlich stärker auf sich selbst angewiesen. Gerade wenn Sie aus einem großen Konzern kommen, kann der Wechsel wie der Sprung in eine andere Galaxie sein. Wer es gewohnt war, das ganz große Rad zu drehen und eine Mannschaft von Untergebenen zu führen, für den wird natürlich auch der Rollentausch schwieriger.

In allen diesen Fällen werden Sie plötzlich und vielleicht zum ersten Mal in Ihrem Leben die viel zitierte gähnende Leere spüren. Die Gründe dafür sind der bereits beschriebene Anpassungsdruck, Angst vor dem Ende der Karriere oder einem Einkommensverlust und nicht zuletzt das eigene Gewissen, das langsam aber sicher auf den Entzug der Droge »High-Speed-Karriere« reagiert. Der Tag danach kann folglich durchaus seltsam sein, und je nachdem, wie abhängig Sie waren (und vielleicht immer noch sind), ist es möglich, dass Sie sich die seltsamsten Vorhaltungen machen. In solchen Situationen neigen viele Menschen dazu, Honig über die Vergangenheit zu streichen; plötzlich kommt die alte Arbeitsbelastung wesentlich weniger bedrohlich daher, die Überstunden und Intrigen erscheinen in einem wärmeren, milden Licht. Das alles mündet dann in die Frage: »War doch eigentlich gar nicht so schlimm, oder?«

Nachfolgend finden Sie eine Aufstellung der gängigsten Überlegungen, mit denen sich Downshifter auf »Job-Entzug« konfrontiert sehen, sowie entsprechende Lösungsansätze.

Problem: Der Verlust der Kollegen und ein Gefühl der Einsamkeit. Das Büro ist nicht zuletzt eine soziale Umgebung, in der wir unsere menschlichen Bedürfnisse ausleben – ob es dabei um Freundschaften oder Seilschaften geht.

Lösung: Halten Sie weiterhin Kontakt mit der Firma und einzelnen Kollegen, etwa durch bestimmte Tage, an denen Sie wie gewohnt im Büro arbeiten, oder durch Treffen am Abend oder auch mal in der Mittagspause. Außerdem heißt es jetzt verstärkt: Ersetzen Sie die reduzierten Job-Kontakte gezielt durch neue Downshifting-Kontakte.

Problem: Existenzangst im Sinne von »Verdiene ich genug?« Trotz aller ökonomischen Überlegungen und gerade, wenn Sie finanziell einen großen Schritt gewagt haben, kann es sein, dass in dieser Hinsicht plötzlich ein großes Fragezeichen auftaucht.

Lösung: Prüfen und rechnen Sie den Finanzplan erneut durch, den Sie nach Erreichen des zweiten Meilensteins definiert haben. Jetzt geht es darum zu erkennen, dass Ihre Ängste in finanzieller oder gar existenzieller Hinsicht unbegründet sind. Wenn das nicht gelingt, sollten Sie den Taschenrechner erneut hervorholen und sich einen finanziellen Puffer verschaffen, der meistens so aussieht: Für den Anfang doch ein wenig mehr arbeiten und mehr beiseite legen, dieses Geld aber nicht anrühren, um ein verstärktes Gefühl ökonomischer Sicherheit zu erzeugen.

Problem: Sorgen um die eigene Karriere. Dies ist einer der gängigsten und hartnäckigsten Vorbehalte, der sich in unterschiedlich Ausprägungen und Selbstvorwürfen äußert wie:»Setze ich jetzt nicht das, was ich mir in all den Jahren mühsam erarbeitet habe, leichtfertig aufs Spiel? Kann ich jemals wieder zurück? Verpasse ich nicht die wichtigste Zeit meines Lebens?« oder auch »Was passiert, wenn ich im Job nicht weiterhin 100 Prozent bringe? Sind meine Tage bei der Firma dann gezählt?«

Lösung: Wenn Sie tatsächlich glauben, Sie seien unentbehrlich und alles, was Sie bisher getan haben, steht auf dem Spiel, halten Sie sich einfach jene Argumente vor Augen, die nichts mit Aussteigertum zu tun haben, sondern die auch die meisten Top-Manager sofort unterschreiben würden. Das eine wäre: Moderne Führung und reduzierte Arbeitszeiten passen bestens zusammen – wenn Sie die gar nicht schwere Kunst des Delegierens beherrschen. Und: Wer glaubt, sich durch bedingungslosen Einsatz unentbehrlich machen zu müssen, liegt falsch. Inzwischen setzt sich auch in Hochleistungsbetrieben die Erkenntnis durch, dass der Wettbewerb um die höchste Wochenarbeitszeit nicht zu besseren Arbeitsleistungen, sondern zu Herzinfarkt, geschiedenen Ehen und vernachlässigten Kindern führt. Und schließlich: Wer sich persönliche Freiräume schafft und sein Leben um bislang vernachlässigte Aspekte bereichert, arbeitet motivierter und produktiver. Garantiert. Fast alle Menschen, die im Beruf Höchstleistungen vollbracht haben und mehr oder minder ausgebrannt sind, stellen fest, dass sich ihre Leistungsfähigkeit erheblich steigert, wenn sie ihr Leben erst einmal um zusätzliche Koordinaten bereichert haben. Je nachdem, wie weit Sie mit Ihrem Downshifting-Plan gehen, tun Sie also sogar etwas für Ihre Karriere – und nicht dagegen.

Problem: Trotz aller Portfolio-Planungen wissen Sie nicht, womit Sie die neue, freie Zeit ausfüllen sollen. Dieses Problem ist geradezu klassisch für Menschen, die bisher weitgehend fremdbestimmt gearbeitet und sich darauf verlassen haben, dass andere Menschen ihnen den Weg weisen.

Lösung: Halten Sie sich (zumindest für die erste Zeit) exakt an Ihre Zeitpläne und Ihr Portfolio, genauso, wie Sie sich während der Arbeit an Abgabetermine und andere Regeln innerhalb des Unternehmens gehalten haben. Vergegenwärtigen Sie sich stets, dass es jetzt endlich an Ihnen persönlich ist, entscheidende Veränderungen vorzunehmen – und nicht mehr an anderen Menschen.

Problem: Das (unangenehme) Gefühl, ein Trendsetter zu sein. Natürlich ist auch das möglich: Sie fühlen sich in der Rolle des Trendsetters nur bedingt wohl. Bei aller Macht und Zielstrebigkeit, mit der Sie sich von gesellschaftlichen Konventionen und den Neidgefühlen Ihrer Kollegen und Nachbarn gelöst haben – jetzt suchen Sie die Gemeinschaft von Menschen, die Ihre Wünsche, Ziele und auch Sorgen teilen.

Lösung: Seien Sie sich zunächst im Klaren darüber, dass Sie keinen Ausstieg aus der Gesellschaft vorbereiten oder vollziehen. Im Gegenteil, mit Ihrem Bestreben, sich übermäßiger Arbeitsbelastung und übersteigertem Konsum zugunsten einer höheren Lebensqualität zu entledigen, gehören Sie keiner Minderheit, sondern einer wachsenden Mehrheit an. Und vermutlich wird auch Ihr Beitrag zu gesellschaftlichen Anliegen im Verlaufe Ihrer Downshifting-Karriere weit höher ausfallen als noch zu Zeiten, als Sie voll berufstätig waren. Was ebenfalls eine große Hilfe sein kann, ist die Gemeinschaft von anderen Downshiftern. Sie finden diese am ehesten im Zusammenhang mit genau den Aktivitäten, die Sie in Ihrem Downshifting-Portfolio definiert haben. Sei es auf Reisen, im Hörsaal einer Uni, bei der Betreuung eines sozialen Projekts oder im Freibad. Überall – eben nur nicht im Büro.

So viel zu den fünf gängigsten Einwänden und Selbstvorwürfen, die natürlich in den unterschiedlichsten Ausprägungen daherkommen können. Mit diesen Tipps sollte es problemlos möglich sein, den »Karriere-Blues« und die unter Umständen ersten kritischen Tage und Wochen zu überstehen. Sollte es wider Erwarten tatsächlich schwerer werden, müssen Sie sich auf all die Stärken besinnen, die Sie in den vorangegangenen Kapiteln definiert haben. Sagen Sie sich: »Ich baue kein Unternehmen, sondern meine Familie auf.« Oder: »Ich habe eine Reihe wichtiger Termine, die mein neues Hobby betreffen.« Und denken Sie immer daran: Es ist an Ihnen, den ersten Schritt zu tun. Nicht an anderen.

Zu Ihrer Beruhigung sei abschließend gesagt, dass diese inneren Kämpfe meist ohnehin nur die hartgesottenen Karriere-Junkies betreffen, und selbst für jene sind sie leicht auszutragen, gemessen an all den Planungen und Aktivitäten, die sie bisher unternommen haben. Spätestens nach zwei bis drei Monaten ist für die meisten Downshifter diese eher nachdenkliche Phase abgeschlossen.

Die Option auf den Wiedereinstieg

Es kann also einige Zeit dauern, bis Ihr neuer Wagen korrekt in der Spur liegt, bis Sie sich auf der neuen Strecke zurechtfinden. Was jedoch, wenn all das nichts hilft? Wenn Sie feststellen, dass Ihnen ohne die alte Visitenkarte etwas Entscheidendes fehlt? Zunächst gilt Folgendes: Es spricht nichts dagegen, von Zeit zu Zeit auf die Autobahn zurückzukehren. Vielleicht besorgen Sie sich dann einen dicken Mietwagen und rasen eine Weile bei Tempo 180 mit den anderen mit – um anschließend festzustellen: »Nett, das mal wieder erlebt zu haben, aber jetzt reicht's auch.« Oftmals genügt ganz einfach das Gefühl, jederzeit zurückkehren zu können, ohne dass man es wirklich tun muss. Oder Sie wählen – in Abhängigkeit von Ihren Job und den finanziellen Möglichkeiten – eine Option, die so aussieht: Im Winterhalbjahr leben Sie auf der Überholspur und arbeiten, während Sie im Sommerhalbjahr auf die Wege jenseits der Autobahn wechseln. Und wenn selbst das keine Lösung ist, steht Ihnen in letzter Konsequenz natürlich auch der Weg zum nächsten Autobahnzubringer offen, an dessen Ende Sie sich sagen: »Ich starte wieder durch.« Nirgends steht geschrieben, dass nicht auch Top-Manager das Recht auf eine längere Aus- oder Teilzeit hätten. Ihrer Karriere wird eine Phase der Neu-Orientierung und des weniger Arbeitens mit Sicherheit frische und denkenswerte Impulse verleihen.

Falls Sie sich mit dem Gedanken an einen solchen Wiedereinstieg tragen, sollten Sie vorbereitet sein. Fragen Sie sich zuerst, was Sie wirklich zurück auf die Karriere-Autobahn treibt.

- Was waren die Gründe für den Ausstieg?
- Was genau reizt Sie nun am Wiedereinsteig?

Was auch immer während Ihres mehr oder weniger langen Ausflugs in die Welt jenseits der Rennstrecke mit und in Ihnen geschehen ist – es ist höchst unwahrscheinlich, dass Sie völlig ohne positive Erfahrungen aus diesem Prozess herausgehen. Konkret heißt das: Besinnen Sie sich auf diese Erkenntnisse und wenden Sie sie an. Vermeiden Sie unter allen Umständen, in den alten Trott zurückzufallen, der ursprünglich der Auslöser für Ihren Downshifting-Plan war. Wenn Sie also die Erfahrung gemacht haben, dass Ihnen die Arbeit an langfristigen Projekten mehr Befriedigung verschafft als kurzfristiger Erfolgsdruck, lassen Sie sich beim Wiedereinstieg nicht in die Abteilung versetzen, die zur schnellen Eingreiftruppe des Unternehmens gehört. Wenn Sie angefangen haben, regelmäßig Sport zu treiben, lassen Sie die Turnschuhe zukünftig keinesfalls in der Abstellkammer vergammeln. Wenn Sie begonnen haben, regelmäßig mit Ihrem Lebenspartner ins Theater/mit Ihrem Sohn auf den Fußballplatz/mit Ihren Freunden zum Kanufahren zu gehen, nehmen Sie den Satz »Heute geht's leider nicht, da hab ich noch einen wichtigen Termin« in einem völlig neuen Zusammenhang in Ihr Vokabular auf. Wenden Sie ihn immer dann an, wenn der Job Ihnen Zeit auf Kosten des Lebens stehlen will – und nicht mehr umgekehrt.

Dann sollten Sie verstärkt den Kontakt zu den (Ex-)Kollegen suchen. Wenn man sich zum Mittagessen oder abends auf ein Bier oder ein Glas Wein trifft, lassen sich die alten Beziehungen schnell und unkompliziert auffrischen. Gleichzeitig bieten solche Treffen die Gelegenheit, in den alten Beruf und die alte Firma hineinzuschnuppern und herauszufinden, wie man am besten dorthin zurückfindet. Der letzte und wichtigste Tipp: Was auch immer Sie nach Ihrem Ausflug in die Welt jenseits der Autobahn unternehmen, erwarten Sie nicht, gleich am ersten Tag wieder so loslegen zu können, als wären Sie nie draußen gewesen. Eine Menge hat sich verändert. Nicht nur im Unternehmen, sondern auch in Ihnen selbst.

Eine neue Zeitrechnung: Vom ersten Tag bis in die Zukunft

Wie sieht's aus? Zuckt der Gasfuß oder sehen Sie bereits den Horizont jenseits der Autobahn? Haben Sie Angst, den Karriere-Blues zu bekommen oder ist es eher ein Karriere-Kater, gegen den eine kalte Dusche und etwas frische Luft helfen?

Der wahrscheinlichere Fall sieht so aus: Wenn Sie einen moderaten Downshifting-Plan gewählt haben und den Wechsel vom Job ins wahre Leben eher sanft und etappenweise vollziehen, stehen die Chancen bestens, dass Sie am Day One voller Freude und Verblüffung feststellen, wie viele positive Dinge Sie bisher verpasst haben. Gerade, wenn Sie fünf, zehn oder fünfzehn Stunden in der Woche, die bisher in den Job geflossen sind, nun in den Aufbau anderer, lebenswerter Aktivitäten investieren, wird diese Erkenntnis sich wie ein Turbo auf alle Ihre weiteren Überlegungen auswirken – gut möglich, dass Sie sich nach den ersten Tagen und Wochen spontan entschließen, noch einen weiteren Gang zurückzuschalten oder der Autobahn ganz den Rücken zu kehren.

Eine Frage, die vielleicht noch bleibt, ist die nach der Zeit. Wie lange dauert es üblicherweise, bis Sie Ihren Downshifting-Plan nicht nur entwickelt, sondern auch erfolgreich umgesetzt haben? Abhängig von Ihren individuellen Zielsetzungen gilt im Allgemeinen ein Zeitraum zwischen etwa sechs Monaten und einem Jahr. Wenn Sie mit Ihrem Job im Prinzip zufrieden sind, sich schnell mit Ihrem Arbeitgeber auf eine Reduktion der Arbeitsbelastung einigen und bereits wissen, wie und womit Sie die neu entstandene, freie Zeit ausfüllen, dürften auch einige Wochen ausreichen. Wenn Sie mehr oder weniger am Ende sind, den Beruf wechseln und in jeder Hinsicht einen echten Neuanfang wagen möchten, kann es – mit allen notwendigen Vorbereitungen – auch länger als zwei Jahre dauern.

Auch wenn Downshifting viel mit Leichtigkeit und einem von unnötigen Belastungen befreiten Leben zu tun hat – vielleicht hilft es Ihnen, wenn Sie bei der Umsetzung hin und wieder an Ihr altes Leben und Ihre High-Speed-Karriere zurückdenken und daran, weshalb Sie im Job erfolgreich waren. Wohl deshalb, weil Sie beharrlich und ausdauernd Ihre Ziele verfolgt haben. Im Unterschied zum Job gelten für das Downshifting dabei allerdings zwei spezielle Regeln:

1. Anders als bei der Eroberung neuer Märkte oder der Gestaltung der eigenen Karriere kommt es beim Downshifting nicht darauf an, das eigene Leben von einem Tag auf den anderen völlig umzukrempeln. Es kann einige Zeit dauern, bis Sie herausgefunden haben, was Sie wirklich wollen, wo Ihre Stärken und Schwächen und auf welchen

Gebieten Ihre wahren kreativen Talente liegen, kurz – bis Sie mit Ihrem Portfolio vollends zufrieden sind.

2. Der zweite Punkt betrifft ein Eingeständnis, das Sie sich selbst machen sollten: Für die meisten von uns sind Veränderungen eine zweischneidige Angelegenheit. Es wäre deshalb nur natürlich, wenn sich in den ersten ein bis zwei Monaten Ihre Stimmungslagen verändern. Je schärfer der Wechsel, desto größer kann auch die mentale Schwankungsbreite sein. Der wichtigste Trost dabei ist: Der Wunsch nach Veränderung ist wie ein boshafter, kleiner Geist. Sie können ihn nicht vertreiben – er taucht immer wieder auf. Die einzige Möglichkeit ihn loszuwerden, ist tatsächlich, ihn zu packen und sich mit ihm auseinander zu setzen.

Nachdenken über Downshifting

Denken Sie noch einmal an den Anfang zurück, an die ersten Seiten dieses Buches und an den Moment, der für Sie den Ausschlag gab, etwas zu tun, nach einem Ausweg aus Ihrem bisherigen Lebens- und Arbeitsdilemma zu suchen. Für die meisten Menschen folgt nach dem Entschluss, den Lebens- und Arbeitsweg zu verändern, meist eine mehr oder weniger lange Zeit den Nachdenkens, Planens und Abwägens. Dann trennen sich die Wege. Die einen schieben alle Ansätze, die in Richtung Veränderung gehen, wieder beiseite und machen so weiter wie bisher. Wieder andere, die eher vorsichtigen Naturen, verwenden sehr viel Zeit auf die Planung; je nach persönlicher Situation ein möglicher Ansatz. Wie eingangs schon gesagt: Ein Downshifting-Plan kann wie eine gute Versicherung sein, die Sie unter Umständen niemals brauchen. Die dritte Gruppe schließlich, die erfolgreichen Downshifter, lassen diesen Überlegungen Taten folgen.

Ahnen Sie schon, in welche Richtung Ihr Weg Sie führen wird? Falls nicht, vergegenwärtigen Sie sich noch ein letztes Mal das in diesem Buch verwendete Bild vom Auto auf der Karriere-Autobahn. Stellen Sie sich vor, wie Ihr bisheriges Leben bisher verlaufen ist. Spätestens jetzt kommen Sie vielleicht zu einem Szenario, das wir noch nicht durchgespielt haben. Es hat nichts mit Raserei und enervierenden Handy-Telefonaten auf der Überholspur zu tun. Im Gegenteil. Dieses Szenario sieht so aus: Sie stehen im Stau.

Oftmals bedeuten Job und Karriere nicht rasend schnelles Vorankommen, sondern Stillstand oder wahlweise auch Schneckentempo, während man die Abgase des Vordermannes einatmet und auf den Verkehrsfunk wartet. Wenn Sie also noch immer zögerlich sind und es Ihnen im Herzen um den schönen, schnellen Wagen und die schöne, breite Straße Leid tut, denken Sie daran: Häufig, sehr häufig führt die richtige Route über die Wege jenseits der Autobahn – vielleicht im Zickzackkurs, vielleicht auch über schmale Straßen und durch winzige Ortschaften, meist aber abseits der Kolonnen.

Wie lange also Ihre Phase des Planens und der Vorbereitungen andauert, spielt letztlich nur eine Nebenrolle – entscheidend ist, dass Sie definieren, wann und mit welchem Ergebnis sie beendet sein soll. Vielleicht dauert es drei Monate, bis Sie Ihren Plan von einem veränderten Lebens- und Arbeitsstil erfolgreich in die Tat umgesetzt haben und Sie die erste Ausfahrt nehmen, vielleicht auch mehrere Jahre. Jahre, in denen Sie Geld ansparen, das Ihnen den Umstieg in einen neuen Job erleichtert, in denen Sie eine wichtige Zusatzqualifikation erwerben, die Sie beruflich in die gewünschte Richtung führt, oder ein Haus renovieren, in dem Sie in Zukunft leben möchten. Doch die Chancen stehen bestens, dass bereits diese Zeit der Vorbereitung befreiend und sinnstiftend ist, denn zum ersten Mal seit langer Zeit, vielleicht zum ersten Mal in Ihrem Leben, arbeiten Sie entschieden und gezielt daran, Ihr Leben gemäß Ihren wirklichen Wünschen zu verändern und neu zu gestalten.

Eines ist sicher: Irgendwann kommt der Augenblick, in dem Sie den Blinker setzen und die Spur, vielleicht auch den Wagen wechseln, möglicherweise sogar der Autobahn ganz den Rücken kehren und die nächste Ausfahrt nehmen. Wann auch immer dies sein mag und egal, ob der entscheidende Schritt groß oder klein ist – dieser Moment wird zu den besten und befreiendsten gehören, die Sie erleben.

Es ist der Moment, in dem Sie den Blick auf das Geschehen jenseits der Rennstrecke richten und in Ihrem Terminkalender plötzlich Dinge entdecken, die früher keine Chance hatten, darin notiert zu werden. Es ist der Tag, an dem Ihr Job das ist, wovon Sie ahnten, dass er es eigentlich immer hätte sein sollen: Ein notwendiger, aber wesentlich besser definierter Teil des Daseins, der sich im Gegensatz zu früher harmonisch in den Rest Ihres Lebens einfügt. Es ist der Tag, an dem Sie feststellen, wie sehenswert die Welt abseits der Karriereautobahn ist, und an dem Sie morgens aufwachen und wissen, dass Sie neuen Lebenssinn gefunden haben.

Anhang

Literatur

Behrens, Bolke, »Gleichgewicht finden«, *Wirtschaftswoche* 32/2000, S. 100 ff. ▶ Beleuchtet die wachsende Bedeutung, die der Wunsch junger Führungskräfte nach Erfolg auch im privaten Bereich gewonnen hat.

Buchhorn, Eva, Schmalholz, Claus G., »Vor dem Aus«, *Manager Magazin* 6/2002, S. 169 ff. ▶ Wirft einen schonungslosen Blick auf die verrohten Sitten in der Wirtschaftswelt und gibt Tipps, woran man eine drohende Kündigung erkennt und wie man mit ihr umgeht.

Bull, Andy, Downshifting – The Ultimate Handbook. London 1998 ▶ Eines der Standardwerke über Downshifting aus dem angelsächsischen Raum. Im Unterschied zu Ghazi/Jones geht Bulls Ansatz teilweise recht weit in Richtung »Aussteigertum«.

Csikszentmihalyi, Mihaly, Lebe gut! Stuttgart 1999. ▶ Der unumstrittene Spezialist für Glück beschreibt, wie Sie einfach und dauerhaft jenen Zustand erreichen, den wir gemeinhin Glück nennen.

Csikszentmihalyi, Mihaly, Flow. Das Geheimnis des Glücks. Stuttgart 2002 ▶ Ein weiteres empfehlenswertes Buch des Glücksspezialisten

Deysson, Christian, »Digitales Delirium«, *Wirtschaftswoche* 36/2001, S. 108 ff. ▶ Eine treffende und satirische Analyse unserer modernen Kommunikationswelt. Enthält das Beispiel des Microsoft-Chefs Bill Gates und dessen Kommunikations-Gewohnheiten.

Dunham, K. J., Ullmann, F., »Auftauchen nach der Auszeit«, *Handelsblatt* 23. 10. 2002, S. 17 ▶ Gibt komprimiert wieder, welche Schwierigkeiten und Lösungsansätze es nach einer längeren Auszeit bei einem Wiedereinstieg in den Job gibt.

Ghazi, Polly, Jones, Judy, Downshifting – The Guide to Happier, Simpler Living. London 1997 ▶ Setzt sich intensiv mit dem Mitte der neunziger Jahre entstandenen Downshifting-Phänomen auseinander. Die Autoren nehmen über weite Strecken sehr stark Bezug auf die spezielle Situation der »überarbeiteten Briten«.

Giersberg, Georg, »Das Außergewöhnliche möglich machen«, *Frankfurter Allgemeine Zeitung* Nr. 285, 7. 12. 2002, S. 13 ▶ Enthält einen fundierten Überblick über das Wesen und die Tätigkeitsfelder deutscher Stiftungen.

Handy, Charles, Die Fortschrittsfalle – Der Zukunft neuen Sinn geben. *München* 1998 ▶ Charles Handy ist einer der Kult-Autoren in Sachen Trendforschung und neue Lebensweisen.

Hastedt, Claudia, Selbstkomplexität – Individualität und soziale Kategorisierung, *in: Texte zur Sozialpsychologie.* Münster 1998 ▶ Enthält eine (stark sozialpsychologisch betonte) Abhandlung zum Thema Selbstkomplexität und zum allgemeinen Stand der Forschung.

Kingston, Karen, Feng Shui gegen das Gerümpel des Alltags. Reinbek 2000 ▶ Zahlreiche und gut durchdachte Tipps, wie man mit dem Gerümpel zu Hause fertig wird.

Kucklick, Christoph, »Die Väter«, *GEO* 1/2001, S. 144 ff. ▶ Enthält eine Reihe neuer und bemerkenswerter Aspekte zum Thema Familie und Erziehung.

Küstenmacher, Werner Tiki, Seiwert, Lothar J., Simplify your Life. Frankfurt/New York 2002 ▶ Mittlerweile der Klassiker der »Simplify-

Bewegung« mit zahlreichen Tipps und Anregungen für ein einfaches und glückliches Leben.

»LBS-Familienstudie 2002«, Website LBS *Westdeutsche Landesbauspar-kasse www.lbswest.de.* In Auszügen auch *Wirtschaftswoche* 14/ 2002, S. 100ff. ▶ Wirft einen intensiven und kritischen Blick auf die Situation der Familien in Deutschland.

Mikrozenus 2000/2001, Internet: www.destatis.de ▶ Die größte jährliche Haushaltsbefragung in Europa, durchgeführt vom Statistischen Bundesamt. Gibt einen unverfälschten Blick auf die Lebens- und Arbeitssituation in Deutschland.

Orman, Suze, Trau Dich, reich zu werden. Frankfurt/New York 2000 ▶ Die Autorin schreibt über den richtigen Umgang mit Geld und zeigt den Weg auf, um reich zu werden.

Palass, Brigitta, Rust, Holger, Schmalholz, Claus G., »Jetzt sind Sie dran!«, *Manager Magazin* 1/2002, S. 144 ff. ▶ Schildert nicht nur die Ursachen des dramatischen Stellenabbaus, sondern zeigt auch Wege auf, wie man seinem Fortkommen trotz Kündigung neue Impulse geben kann.

Possemeyer, Ines, »Zivilisationsplage Stress«, *GEO* 3/2002, S. 142 ff. ▶ Beleuchtet das Phänomen Stress und seine Ursachen.

Püttjer, Christian, Schnierda, Uwe, Jetzt wechsle ich den Job – Bewerbungsstrategien für Um- und Aufsteiger. Frankfurt/New York 2002 ▶ Die Karriere-Profis geben auch Downshiftern wertvolle Tipps an die Hand, wie sie ihren Traumjob finden.

Püttjer, Christian, Schnierda, Uwe, Zeigen Sie, was Sie können – Mehr Erfolg durch geschicktes Selbstmarketing. Frankfurt/New York 2003

▶ Zeigt Ihnen, wie Sie Ihre beruflichen Stärken ausbauen und sich besser vermarkten.

Reuther, Heike, Berufliche Auszeit. München 2002 ▶ Schildert praxisnah Möglichkeiten, dem Job (zeitweise) den Rücken zu kehren.

Richter, Anke, Aussteigen auf Zeit. Köln 2002 ▶ Eine nützliche Lektüre für alle, die einen Ausstieg auf Zeit planen oder sich den Wiedereinstieg zumindest offen halten möchten.

Rickens, Christian, »Vom Rad zum Rädchen«, *Manager Magazin* 8/2002, S. 102 ff. ▶ Schildert, wie einst erfolgreiche Internet-Entrepreneure den Weg zurück ins Angestelltendasein gefunden haben.

Schäfer, Anette, »Haben oder Sein«, *Wirtschaftswoche* 49/1999, S. 172 ff. ▶ Beleuchtet die Situation von Top-Managern, die gerne mehr leben und weniger arbeiten würden, und gibt außerdem einen Einblick in das Thema »Selbstkomplexität«.

Schwarzer; Ursula, »Manager tun mir Leid«, *Manager Magazin,* Website: www.manager-magazin.de, 22. April 2002 (Abrufbar im Archiv) ▶ Enthält einige erhellende Anmerkungen des Altmeisters der Management-Lehre, Peter Drucker, zum Thema Management und Erfolgsdruck.

Seiwert, Lothar J., Das neue 1 × 1 des Zeitmanagement. Offenbach 2001 ▶ Eines der meistgekauften Bücher zum Thema Zeitmanagement.

Seiwert, Lothar, J., Wenn du es eilig hast, gehe langsam. Frankfurt/New York 2001 ▶ Eines der Standardwerke zum Thema Zeitsouveränität, das sich zudem perfekt in den Downshifting-Ansatz einfügt!

Sennett, Richard, Der flexible Mensch – Die Kultur des neuen Kapitalismus. Berlin 2000 ▶ Beschreibt treffend unsere neue Arbeitswelt und deren Auswirkungen auf das einzelne Individuum.

Sprenger, Reinhard K., Die Entscheidung liegt bei dir! Wege aus der alltäglichen Unzufriedenheit. Frankfurt/New York 2000 ▶ Mittlerweile eines der Standardwerke zum Thema Eigenverantwortung und positiver Lebensveränderung.

Steinbeck, John, Die Straße der Ölsardinen, München 2001 ▶ Der amerikanische Nobelpreisträger John Steinbeck schildert in diesem Roman humor- und liebevoll das Leben von Aussteigern zu Anfang des letzten Jahrhunderts an der kalifornischen Pazifikküste.

Informations- und Anlaufstellen

Arbeitsamt. Internet: (www.arbeitsamt.de) ▶ Einer der ersten Ansprechpartner zu Fragen der Kündigung sowie der Fort- und Weiterbildung; unterhält auch Kontakte zu anderen Bildungsträgern.

Arztauskunft. Internet: www.arztauskunft.de ▶ Wenn Sie sich wegen des Berufs körperlich und seelisch so weit am Ende fühlen, dass Sie ärztliche Hilfe benötigen (sei es etwa für einen generellen Gesundheits-Check oder auch wegen Alkoholabhängigkeit), finden Sie über diesen Arzt-Suchservice der gemeinnützigen Stiftung Gesundheit einen auf Burnout und Überarbeitung spezialisierten Mediziner in der Nähe Ihres Wohnorts.

Beruf & Familie gemeinnützige GmbH, Lyoner Str. 15, 60528 Frankfurt a. M., Tel.: 069/66 07 56 444, Internet: www.beruf-und-familie.de ▶ Beruf & Familie ist eine Initiative der gemeinnützigen Hertie-Stiftung, deren Ziel es ist, eine familienbewusste Personalpolitik in Unternehmen und Institutionen zu fördern, bei der familiäre Interessen nicht als Hemmnis, sondern als Chance der Wirtschaft begriffen werden.

Bundesverband Deutscher Stiftungen, Alfred Krupp Haus, Binger Straße 40, 14197 Berlin, Tel.: 030/89 79 470, Internet: www.stiftungen.org ▶ Erteilt Auskünfte zum Spektrum und den Tätigkeitsfeldern der bundesdeutschen Stiftungen.

»Community für innovative Dienstleister in Deutschland«.
▶ Unter der Leitung des Bundesministeriums für Bildung und Forschung und des Fraunhofer Instituts für Arbeitswirtschaft und Organisation (IAO)

sollen Dienstleistungen aller Art entwickelt, gefördert und miteinander vernetzt werden. Die Website bietet neben Informationen allgemeiner Art solche über konkrete Projekte. **DL2100,** Internet: www.dl2100.de

Genios, Internet: www.genios.de ▶ Eine der größten Wirtschaftsdaten-banken im deutschsprachigen Raum, die zahllose Infos zu den meisten deutschen (und internationalen) Unternehmen bereithält; recherchierbar sind außerdem viele Tageszeitungen und Wirtschaftsmagazine wie etwa das Handelsblatt oder die Wirtschaftswoche. Genios-Recherchen sind kostenpflichtig.

GULP, Internet: www.gulp.de ▶ Eine auf die Vermittlung und Zusam-menstellung von IT-Fach-Teams spezialisierte Job-Börse. Neben der rei-nen Auftragsvermittlung bietet GULP ein umfassendes Portal mit Infor-mationen, Diensten und Produkten rund um das IT-Projektgeschäft.

Industrie- und Handelskammern (IHK), Internet: www.ihk.de ▶ Ers-ter Anlaufpunkt für jeden, der mit einer Gründung liebäugelt.

Institut für Arbeitsmarkt- und Berufsforschung (IAB), Internet: www.iab.de ▶ Das Institut ist Teil der Bundesanstalt für Arbeit und bie-tet zahlreiche Infos beispielsweise zu gesetzlichen Regelungen, die für Downshifter nützlich sein können, oder auch Untersuchungen und Ana-lysen zum Arbeitsmarkt.

Meinungsforschungsinstitut Emnid, Internet: (www.emnid.de) ▶ Führt auch Umfragen zum Thema Arbeit und Beruf durch.

Verband Angestellter Führungskräfte (VAF), Hauptgeschäftsstelle Köln, Postfach 260 280, 50515 Köln, Tel.: 02 21/9 21 82490, Internet: www.vaf.de ▶ Der VAF bietet Beratungen bei Abschluss, Änderung oder Beendigung von Anstellungsverträgen. Er hält Studien und Infos zur besonderen Situation angestellter Führungskräfte bereit.

Verband der Führungskräfte e. V. VdF, Geschäftsstelle Essen, Alfred-
straße 77–79, 45130 Essen, Tel.: 02 01/77 20 11, Internet: www.vdf.de
▶ Der VdF vertritt die Interessen von Fach- und Führungskräften. Er bietet unter anderem einen juristischen Service, Bewerbungs- und Berufs-
einstiegsberatung.

Stiftungsindex, Internet: www.stiftungsindex.de ▶ Bietet eine Aufstellung aller im Internet vertretenden deutschen Stiftungen.

Danksagung

Viele Menschen haben zum Entstehen und Gelingen dieses Buches beigetragen. Dank schulde ich deshalb an erster Stelle jenen, deren Job- und Lebens-Situation für mich den Ausschlag gab, ein Buch zu diesem Gegenstand zu schreiben – besonders all denjenigen, die mich (freiwillig und manchmal auch etwas unfreiwillig) an ihren Überlegungen zum unerschöpflichen Thema »Arbeit oder Leben« teilhaben ließen und mit Inspirationsstoff versorgten.

Ganz besonderer Dank gilt meiner Frau Gunda, die mich in den (gar nicht Downshifting-tauglichen) Monaten der Fertigstellung unterstützte, und meinen Kindern, die mich in Zukunft wieder seltener am Schreibtisch und dafür öfter bei selbstkomplexen Tätigkeiten sehen werden. Versprochen.

Und schließlich möchte ich mich sehr herzlich bei Christiane Kramer, meiner Lektorin vom Campus-Verlag, bedanken. Unser gemeinsames Ringen um den richtigen Ansatz und die vielen Verbesserungen am Ursprungs-Manuskript waren vor allem ihr Verdienst.

Ich hoffe sehr, dass dieses Buch einige Menschen dazu inspiriert, das zu tun, worauf es beim Downshifting ankommt: Weniger zu arbeiten und das Leben durch neue und wertvolle Aspekte zu bereichern. Besonders freuen würde es mich, wenn Sie, liebe Leserinnen und Leser, mir mitteilen, wie es Ihnen persönlich mit Ihren Downshifting-Plänen ergangenen ist. Ob Sie erfolgreich waren – oder auch, ob Sie an gewissen Stellen vor Schwierigkeiten standen. Ich freue mich über jedes Feedback! Und wenn Sie auf der Suche nach anderen Downshiftern sind: Den ersten hätten Sie schon. Schreiben Sie mir einfach: downshifting@hajoneu.de

Register

Einfach zufrieden!

Werner Tiki Küstenmacher,
Lothar J. Seiwert
SIMPLIFY YOUR LIFE
Einfacher und glücklicher leben
10. Auflage, 2003 · 355 Seiten
ISBN 3-593-36818-8

Schluss mit der Kompliziertheit des Lebens! Werner Tiki Küstenmacher und Lothar J. Seiwert zeigen in ihrem Bestseller, wie man mit Hilfe des *simplify*-Prozesses sein Leben systematisch vereinfachen kann. Sie präsentieren die verblüffenden Techniken und Regeln des gezielten Vereinfachens, die auch Ihr Leben Schritt für Schritt von unnötigem Ballast befreien werden. Erfahren Sie neben vielem anderen: • Wie man die Stapel auf dem Schreibtisch ein für alle Mal besiegt • Wie die Seele von einer aufgeräumten Wohnung profitiert • Wie man sein Leben »entschleunigt« • Wie man finanziell gewinnt, indem man loslässt • Wie man sein innerstes Lebensziel findet. Auch als Hörbuch erhältlich!